# FRM

一级中文教程

中

金融市场与产品

高顿教育研究院 编著

## 图书在版编目（CIP）数据

FRM一级中文教程. 中 / 高顿教育研究院编著. ——上海：上海世界图书出版公司，2023.5（2025.3重印）

ISBN 978-7-5232-0370-5

Ⅰ.①F… Ⅱ.①高… Ⅲ.①金融风险—风险管理—资格考试—教材 Ⅳ.①F830.9

中国国家版本馆CIP数据核字（2023）第074885号

| | |
|---|---|
| 书　　名 | FRM一级中文教程（中）<br>FRM Yiji Zhongwen Jiaocheng（Zhong） |
| 编　　著 | 高顿教育研究院 |
| 责任编辑 | 李　晶 |
| 装帧设计 | 汤惟惟 |
| 出版发行 | 上海世界图书出版公司 |
| 地　　址 | 上海市广中路88号9-10楼 |
| 邮　　编 | 200083 |
| 网　　址 | http://www.wpcsh.com |
| 经　　销 | 新华书店 |
| 印　　刷 | 上海普顺印刷包装有限公司 |
| 开　　本 | 787 mm×1092 mm　1/16 |
| 印　　张 | 59.25 |
| 字　　数 | 1029千字 |
| 版　　次 | 2023年5月第1版　2025年3月第3次印刷 |
| 书　　号 | ISBN 978-7-5232-0370-5 / F·88 |
| 定　　价 | 300.00元（全三册） |

版权所有　翻印必究

如发现印装质量问题，请与印刷厂联系

（质检科电话：021-36522998）

# 目 录

## 第三部分　金融市场与产品

**第二十七章　衍生品概述 / 388**
　　第一节　衍生品的基本概念 / 390
　　第二节　衍生品市场参与者 / 393
　　第三节　衍生品的风险 / 395

**第二十八章　远期合约与 OTC 市场 / 397**
　　第一节　远期合约的特征 / 399
　　第二节　OTC 市场 / 401

**第二十九章　期货合约与期货交易市场 / 408**
　　第一节　期货合约的特征 / 410
　　第二节　期货交易市场 / 418
　　第三节　交易指令与价格规律 / 428

**第三十章　期货对冲机制 / 433**
　　第一节　多头对冲与空头对冲 / 434
　　第二节　对冲的利弊 / 436
　　第三节　基差风险 / 438
　　第四节　最优对冲比率 / 441
　　第五节　股指期货对冲 / 444
　　第六节　长期对冲 / 446

## 第三十一章　金融远期与金融期货 / 449

第一节　金融远期定价 / 450

第二节　金融远期估值 / 457

第三节　远期 vs 期货 / 462

## 第三十二章　外汇市场 / 464

第一节　外汇市场的基本概念 / 465

第二节　外汇市场投资工具 / 468

第三节　外汇风险的类型 / 470

第四节　汇率的决定因素 / 472

## 第三十三章　大宗商品远期与期货 / 478

第一节　大宗商品的基本概念 / 479

第二节　大宗商品远期定价 / 482

第三节　期货价格与预期未来现货价格的关系 / 487

## 第三十四章　利率互换合约 / 491

第一节　互换合约概述 / 492

第二节　利率互换合约分析 / 498

第三节　比较优势 / 504

第四节　利率互换合约的估值 / 508

## 第三十五章　货币互换 / 514

第一节　货币互换的现金流分析 / 515

第二节　货币互换估值 / 519

## 第三十六章　期权概述 / 524

第一节　期权的基本概念 / 525

第二节　期权的收益与利润 / 526

## 第三十七章　期权市场 / 533

第一节　场内期权 / 534

第二节　场外期权 / 536

第三节　与期权相关的金融工具 / 537

## 第三十八章　期权属性概述 / 539

### 第一节　期权定价与估值概述 / 540

### 第二节　美式期权 vs 欧式期权 / 540

### 第三节　期权平价公式 / 546

## 第三十九章　期权策略 / 549

### 第一节　单个期权策略 / 550

### 第二节　价差策略 / 552

### 第三节　组合策略 / 561

### 第四节　组合收益的制造方法 / 564

## 第四十章　奇异期权 / 565

### 第一节　奇异期权的含义 / 566

### 第二节　单一资产期权 / 566

### 第三节　多个资产期权 / 574

### 第四节　基于波动性的互换 / 575

### 第五节　静态期权复制策略 / 576

## 第四十一章　期权定价：二叉树 / 579

### 第一节　无套利定价思想 / 580

### 第二节　单步二叉树 / 583

### 第三节　多步二叉树 / 586

### 第四节　其他标的资产的期权定价 / 593

## 第四十二章　期权定价：BSM 模型 / 595

### 第一节　BSM 模型的前提假设 / 596

### 第二节　BSM 模型定价公式 / 598

### 第三节　隐含波动率与认股权证 / 603

## 第四十三章 期权敏感度计量：期权的希腊字母 / 605

第一节 概述 / 606

第二节 期权的希腊字母 / 607

第三节 资产组合保险 / 619

## 第四十四章 银行 / 621

第一节 银行的概念 / 623

第二节 银行面临的风险 / 624

第三节 商业银行监管 / 625

第四节 投资银行业务 / 630

第五节 商业银行与投资银行的利益冲突 / 634

第六节 "发起-分销"模式 / 635

## 第四十五章 保险公司与养老金 / 638

第一节 保险公司概述 / 640

第二节 人寿保险 / 641

第三节 年金合约 / 647

第四节 财产与意外险 / 647

第五节 健康险 / 650

第六节 道德风险与逆向选择 / 650

第七节 保险投资 / 651

第八节 保险业监管 / 651

第九节 养老金计划概述 / 653

## 第四十六章 共同基金与对冲基金 / 655

第一节 共同基金 / 657

第二节 交易型开放式指数基金（ETFs）/ 660

第三节 基金的价值计量 / 661

第四节 不当交易行为 / 662

第五节 对冲基金／664

第六节 共同基金与对冲基金的比较／669

# 第四十七章 中央对手方（CCPs）清算制度／672

第一节 CCPs 的基本概念／674

第二节 OTC 市场 CCPs 的运作模式／676

第三节 OTC 市场 CCPs 的监管／678

第四节 标准化与非标准化交易／679

第五节 两种清算制度的比较／680

第六节 CCPs 的优点与缺点／683

第七节 CCPs 面临的风险／685

# 第三部分

金融市场与产品

**考情分析**

"金融市场与产品"(financial markets and products)是 FRM® 一级考试的第三门科目,分值约占 30%。该科目既涉及金融市场的众多基础概念,又涉及金融产品的定价与估值。

在原版教材中,第三部分"金融市场与产品"和第四部分"估值与风险模型"均涉及固定收益产品和期权类衍生品,知识存在交叉和重复。为了优化逻辑,本书将第三部分的债券和利率衍生品章节移至第四部分,并将第四部分的期权定价和希腊字母章节移至第三部分。

"金融市场与产品"一共有二十一章,包含四个知识模块:"远期与期货"(第二十七章至第三十三章)、"互换"(第三十四章至第三十五章)、"期权"(第三十六章至第四十三章),以及"金融机构"(第四十四章至第四十七章)。

**本部分框架图**

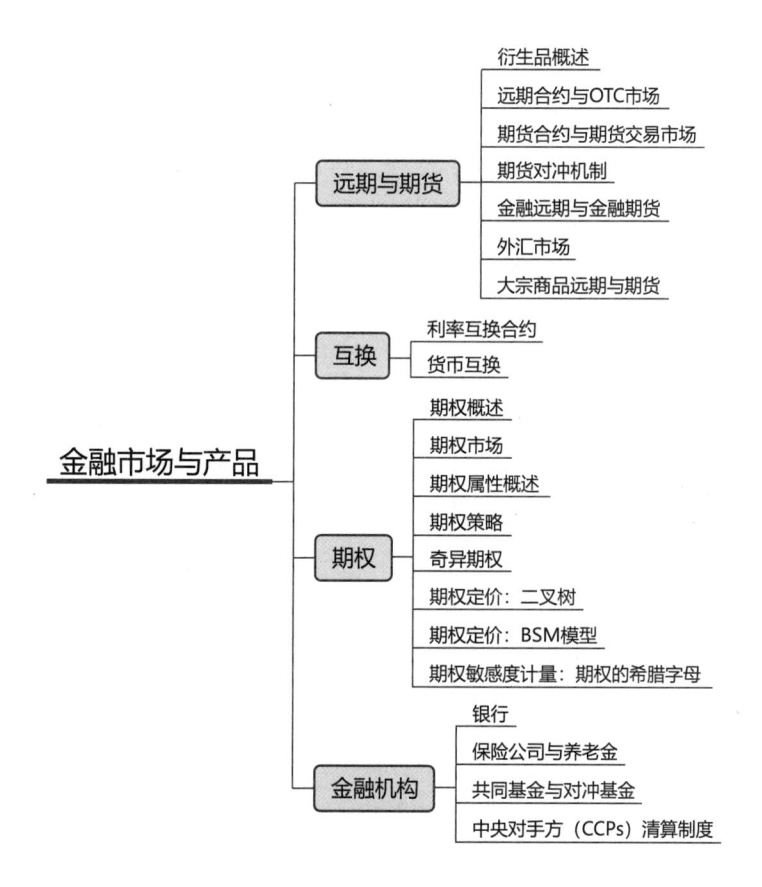

```
                         ┌─ 衍生品概述
                         ├─ 远期合约与OTC市场
                         ├─ 期货合约与期货交易市场
              ┌─ 远期与期货 ─┼─ 期货对冲机制
              │          ├─ 金融远期与金融期货
              │          ├─ 外汇市场
              │          └─ 大宗商品远期与期货
              │
              │          ┌─ 利率互换合约
              ├─ 互换 ───┤
              │          └─ 货币互换
              │
              │          ┌─ 期权概述
              │          ├─ 期权市场
              │          ├─ 期权属性概述
金融市场与产品 ─┤          ├─ 期权策略
              ├─ 期权 ───┼─ 奇异期权
              │          ├─ 期权定价:二叉树
              │          ├─ 期权定价:BSM模型
              │          └─ 期权敏感度计量:期权的希腊字母
              │
              │          ┌─ 银行
              │          ├─ 保险公司与养老金
              └─ 金融机构 ┼─ 共同基金与对冲基金
                         └─ 中央对手方(CCPs)清算制度
```

## 第二十七章

# 衍生品概述

## 知识引导

衍生品是一种特殊的金融工具,是指基于其标的资产派生出来的金融产品。在公元前 4500 至前 4000 年之间,居住在底格里斯河(Tigris)和幼发拉底河(Euphrates)地区的苏美尔人(Sumer)开始使用写作和数学来开发一种革命性的用于记录金融交易的会计方法。苏美尔人使用存放在黏土容器中的黏土代替货币,并使用后来的黏土书写片来代表要交易的商品,用于记录被交易商品的交货日期。这些类似于期货(futures)合约,并被认为是金融衍生品的鼻祖。随后的漫长岁月中,在古希腊、中世纪的欧洲、18 世纪的日本,以及 19 世纪的美国芝加哥都曾有衍生品的身影。全球衍生品市场在过去的几十年中得到飞速发展,在金融领域中的地位也越来越重要。"股神"巴菲特极其形象地将衍生品描述为"大规模杀伤性金融武器"。根据国际清算银行(BIS)的数据,2021 年年底全球衍生品市场规模高达 679 万亿美元,是全球 GDP 的 7 倍以上。然而,随着衍生品市场井喷式的发展,市场上的参与者对衍生品的诟病也层出不穷。许多学者与业内人士都将滥用衍生品归结为导致 2007—2008 年次贷危机的原因。具有讽刺意味的是,衍生品本质上是一种非常有效的风险管理工具,只有被投资者不当使用才会导致灾难性的后果。

## 考点聚焦

本章主要介绍衍生品的基本概念。考生要掌握衍生品的定义、分类及应用;对衍生品市场的参与者、规模以及风险有所了解。本章的主要考查方式为定性理解,有少量计算。

**本章框架图**

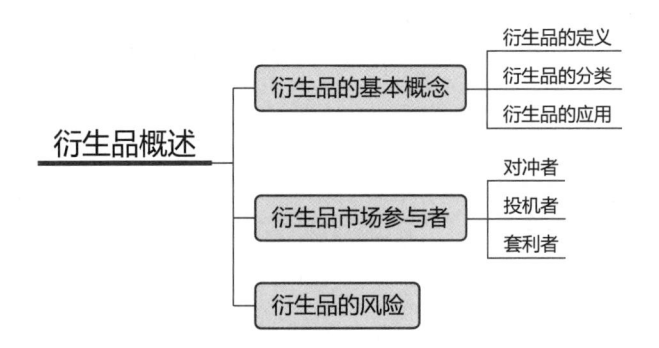

```
                                    ┌─ 衍生品的定义
                    ┌─ 衍生品的基本概念 ─┼─ 衍生品的分类
                    │                 └─ 衍生品的应用
                    │                 ┌─ 对冲者
        衍生品概述 ──┼─ 衍生品市场参与者 ─┼─ 投机者
                    │                 └─ 套利者
                    └─ 衍生品的风险
```

# 第一节　衍生品的基本概念

## 一、衍生品的定义

> 定义（define）衍生品（★）

### 1. 基本定义

衍生品（derivatives）是一种特殊的金融工具，是指基于其标的资产（underlying assets）派生出来的金融产品。衍生品的价格依赖于其对应的标的资产。我们通常把标的资产的交易市场称为现货市场（spot market），与衍生品市场相对应。标的资产涵盖范围广阔：利率、股票、债券、大宗商品，甚至气温等。例如，我们通常听到的股票期权，就是一类以股票作为标的资产的衍生品。

衍生品的定价与传统金融产品有所不同，衍生品的价格是根据其标的资产的价格"衍生"出来的。与此同时，需要注意的是，并非所有存在标的物的金融产品都为衍生品。共同基金和交易型开放式指数基金（exchange-traded funds，ETFs）也都存在标的物（成分证券），但我们一般不将其视为衍生品。

### 2. 标的资产

根据其标的资产类型，衍生品可以分为金融衍生品、实物资产衍生品及其他衍生品三种。

（1）金融衍生品：标的资产包括权益类证券、固定收益证券、货币等。

（2）实物资产衍生品：标的物主要是大宗商品，包括能源、基础原材料和农副产品三个类别。

（3）其他衍生品：标的资产可以千奇百怪，如天气、总统竞选、人的寿命、保险公司在地震灾害中面临的索赔等，甚至衍生品自身，均可作为标的资产来构建衍生品。

### 3. 衍生品的本质

衍生品本质上等同于具有法律效力的合约（contract），规范了合约双方的权利与义务。合约涉及两方：买方（buyer/holder）和卖方（seller/writer）。

（1）买方：合约的买方即购买衍生品合约的人，我们称其为衍生品合约的多头或其在衍生品上持有多头头寸（long position）。多头在标的资产价格上升的时候获利。

（2）卖方：合约的卖方即卖出衍生品合约的人，我们称其为空头或其在衍生品上持有空头头寸（short position）。空头在标的资产价格下跌的时候获利。

> **备考小贴士**
>
> 关于衍生品的定义，考生需要定性掌握。

## 二、衍生品的分类

描述（describe）衍生品的特征并比较（compare）线性与非线性衍生品（★）

根据衍生品收益（payoff）与标的资产价值的关系，可将衍生品分为线性衍生品和非线性衍生品。

### 1. 线性衍生品

线性衍生品（linear derivatives）的收益与标的资产价值的关系为线性关系。线性衍生品包括远期、期货、互换。以远期合约为例，远期合约的买卖双方将在未来某个时间点以事先定好的价格对合约中的标的资产进行交易，合约价值与标的资产价值呈现出线性关系。后续内容将对此进行详细介绍。

### 2. 非线性衍生品

非线性衍生品（non-linear derivatives）的收益与标的资产价值的关系为非线性关系。期权就是一种非线性衍生品。购买期权的一方需要支付权利金（premium）给期权的出售方，以获得未来可以买入或卖出某标的资产的权利，而期权的出售方则有义务配合买方完成交易。期权合约的价值与标的资产价值呈现出非线性关系。后续内容将对此进行详细介绍。

> **备考小贴士**
>
> 关于衍生品的分类，考生需要定性掌握。

## 三、衍生品的应用

> 描述（describe）衍生品的用途（★）

在金融世界中，衍生品的应用非常广泛。

第一，公司经常使用衍生品来管理各类风险，如利率风险、外汇风险以及大宗商品价格变化带来的风险。

第二，公司发行的债券会嵌入衍生品，使得公司有权利提前赎回债券或给予债券的持有者提前回售债券并获得本息给付的权利。有时候，嵌入衍生品的公司债券还可以给予投资者将公司债券转为公司股票的权利。

第三，员工薪酬计划有时会利用衍生品给予员工在未来以事先约定好的价格购买公司股票的权利。

第四，资本投资机会往往含有内嵌期权。实物期权（real option）是把金融市场的规则引入企业内部战略投资决策的期权，用于公司的规划与管理战略投资，其标的资产不再是金融资产，而是实物资产。

第五，购房者的房屋抵押贷款中也常常嵌入衍生品。例如，当利率下跌，购房者有权利提前偿还其贷款并以更低的利率再融资。

衍生品应用广泛，然而在2007—2008年次贷危机中却饱受诟病。在次贷危机爆发前的一段时间，美国的银行业放松其房屋抵押贷款的标准，催生了大量次级贷款（subprime mortgages）。与此同时，银行业创造了复杂的衍生工具，其价值和房屋抵押贷款的违约损失挂钩。当房屋价格开始下跌，大量的贷款者违约，市场上房屋供给量增加，房价进一步下跌。最终导致75年来最严重的全球性经济危机爆发。

> **备考小贴士**
>
> 关于衍生品的应用，考生需要定性掌握。

## 第二节　衍生品市场参与者

区分（differentiate）不同类型的市场参与者：对冲者、投机者和套利者（★★）

### 一、对冲者

计算（calculate）并比较（compare）利用远期合约和期货合约进行的对冲策略（★★）

对冲者（hedgers）是指使用衍生品工具来减少或消除其风险敞口的衍生品市场参与者。例如，股票持有者可使用期权类衍生品，对冲股票未来价格下跌风险；大宗商品交易商可使用衍生品，对冲商品未来交易价格变化的风险；跨境公司可使用衍生品，锁定未来交易汇率，对冲汇率变动风险。

以对冲外汇风险为例。假设某美国公司将于 6 个月后支付 EUR 1 million 的货款，为对冲欧元未来升值的风险，该公司可购买标的为 EUR USD 汇率，名义金额为 1 million EUR，执行价为 EUR USD 1.1950（1 EUR 购买价为 1.1950 美元）的看涨期权。如果 6 个月后的汇率低于 1.1950，即欧元贬值，则该公司可以以更低的市场汇率兑换欧元，不行使期权权利。如果 6 个月后的汇率高于 1.1950，即欧元升值，则该公司可以行使期权权利，以更低的合约汇率 EUR USD 1.1950 换取欧元。由此可见，无论未来美元兑欧元的市场汇率是涨是跌，该公司都可以以不超过 EUR USD 1.1950 的汇率兑换欧元。因此，该公司使用看涨期权成功对冲了欧元在未来的升值风险。

### 二、投机者

计算（calculate）并比较（compare）利用期货和期权合约进行的投机策略的收益（★★）

投机者（speculators）是指希望承担风险，以此获得高额回报的市场参与者。衍生品往往具有高杠杆性，其潜在收益和损失都很巨大，因此对投机者有着很强的吸引力。假设某股票当前价值 USD 50，投机者认为股票价格会在 3 个月后上涨。与此同时，执行价格为 USD 52 的股票期权每份价格为 USD 2，而该股票的期货价格为 USD 52。如果想从股票上涨中获利，有以下三种策略。

策略 1：购买 100 股股票，共花费 USD 5 000。

策略 2：用 USD 5 000 购买 2 500 份股票看涨期权。

策略 3：以 USD 5 000 作为保证金，做多 2 500 股股票期货，此处假设可以使用 USD 5 000 作为保证金来建立 2 500 股股票的仓位，当前期货价格为 USD 52（关于期货保证金的内容，我们将在后续章节进行详细介绍）。如果 3 个月后股票价格涨至 USD 55，则三种策略的利润如下。

策略 1：(55−50)×100 = USD 500

策略 2：(55−52)×2 500−2×2 500 = USD 2 500

策略 3：(55−52)×2 500 = USD 7 500

由此可见，利用期权和期货进行投机交易，可以获得更高的收益。不过需要注意的是，衍生品策略也蕴含着巨大的风险，如果 3 个月后股票价格跌至 USD 45，则三种策略的亏损如下。

策略 1：(45−50)×100 = −USD 500

策略 2：−2×2 500 = −USD 5 000

策略 3：(45−52)×2 500 = −USD 17 500（其中，投机者的保证金 USD 5 000 将全部损失，另外需要追缴 USD 12 500 进行平仓。事实上当股价跌至 USD 50 时，如果投机者无法遵守追加保证金的要求，其仓位有可能被交易所强制平仓）

三种策略的交易利润见表 27.1。

表 27.1　　　　　　　　　　　三种策略的交易利润

| 3 个月后的股票价格/USD | 策略利润/USD | | |
| --- | --- | --- | --- |
| | 策略 1：买入股票并持有 | 策略 2：购买股票看涨期权 | 策略 3：做多股票期货 |
| 40 | −1 000 | −2 500 | −30 000 |
| 45 | −500 | −2 500 | −17 500 |
| 50 | 0 | −2 500 | 0 |
| 55 | 500 | 2 500 | 7 500 |
| 60 | 1 000 | 15 000 | 25 000 |

## 三、套利者

> 描述（describe）套利者的套利策略并计算（calculate）套利收益（★★）

套利者（arbitrageurs）是指利用资产或组合在两个及两个以上市场之间的价格差异，从中获取利益的衍生品市场参与者。

假设某资产不带来现金流入，其价格为 USD 100，借款利率为 3%，资产的 1 年远期价格为 USD 105，则投资者可利用以下策略进行套利。

（1）以 3%的利率借入 USD 100，购买 1 单位资产。

（2）签订远期合约，1 年后以每单位 USD 105 出售 1 单位该资产。

（3）1 年后出售资产获得 USD 105，并归还本金和利息共 USD 103 [100×(1+3%)]，因此获得无风险回报 USD 2。

然而，套利机会并不会一直存在。随着套利活动的进行，不同市场上的资产的价格会因供求变化而自行趋同，套利机会随之消失。

> **备考小贴士**
> 关于对冲者、投机者，以及套利者各自的投资策略收益，考生需要定量掌握。

# 第三节 衍生品的风险

> 描述（describe）衍生品的风险（★）

衍生品市场吸引了很多不同类型的投资者参与其中，这也是整个市场成功的原因。然而，衍生品具有高杠杆性，如果使用不当，则蕴含大量风险。有些交易员在应该进行对冲交易的时候选择投机，一旦遭受损失，则会抱着侥幸心理进行更大的投机来弥补亏损。历史上，AIB 的 John Rusnak、巴林银行的 Nick Leeson、法国兴业银行的 Jérôme Kerviel、UBS 的 Kweku Adoboli，都因为违规操作衍生品而造成所在集团的巨额损失甚至倒闭。而这些违规操作的交易员也面临数年的监禁和罚款。这些都是血淋淋的教训，需要大家引以为戒。

**备考小贴士**

关于衍生品的风险，考生需要定性掌握。

# 第二十八章

# 远期合约与OTC市场

## 知识引导

远期合约是一种传统的金融衍生品,它允许买方和卖方在未来的特定日期以预先协商好的价格买入或卖出一定数量的资产。而远期合约的发展历史则可以追溯到古代的贸易活动,但现代远期合约的发展可以追溯到 19 世纪末和 20 世纪初的美国。在那个时候,美国农产品市场面临着价格波动的问题。农民和生产商在种植和销售大豆等农产品时,价格波动给他们带来了很大的不确定性。为了规避这种风险,他们开始寻求一种方法来锁定未来的价格。于是,芝加哥商业交易所在 1919 年推出了第一个大豆远期合约。随着金融市场的发展,远期合约开始涵盖更多的资产类别,包括股票、债券、外汇、商品等。在 20 世纪 70 年代,随着金融创新的推动,远期合约开始被更广泛地应用于金融市场。例如,对冲风险、投机和套利交易等方面。许多金融机构和公司都使用远期合约来规避价格波动的风险,保护自己的利润。同时,许多投资者也利用远期合约来进行投机交易,以获取价格波动带来的收益。远期合约逐步成为金融市场上不可或缺的一部分。

## 考点聚焦

本章主要介绍远期合约。主要内容包括远期合约的基本概念、远期合约的损益、OTC 市场的基本特征和功能以及相关信用风险管理。考生要重点掌握远期合约的损益和 OTC 市场交易特征及优劣势。本章的主要考查方式以定性理解为主,有少量计算。

**本章框架图**

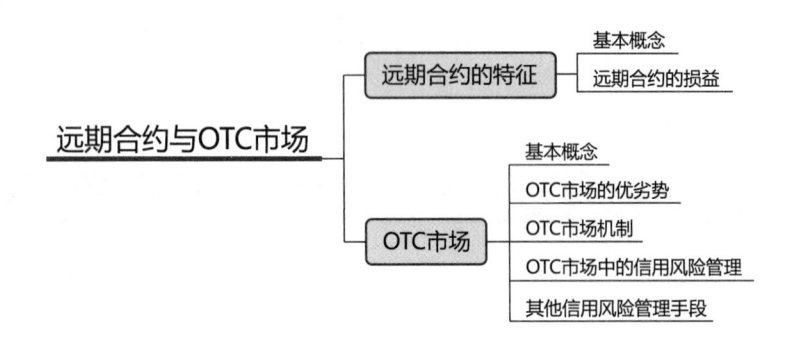

```
远期合约与OTC市场
├── 远期合约的特征
│   ├── 基本概念
│   └── 远期合约的损益
└── OTC市场
    ├── 基本概念
    ├── OTC市场的优劣势
    ├── OTC市场机制
    ├── OTC市场中的信用风险管理
    └── 其他信用风险管理手段
```

# 第一节 远期合约的特征

## 一、基本概念

> 区分（differentiate）远期合约与期货合约（★）

远期合约是一种场外衍生品合约。签约时买卖双方约定在未来某一时刻，买方（buyer）即多头（the long）会以约定价格从卖方手中购买标的资产，而卖方（seller）即空头（the short）会以合约签订时约定的固定价格出售资产并获得资金。标的资产的类别品级、交易数量、交易方式、交易价格均将在合约中事先约定。其中，交易价格是事先约定的固定价格，也称为"远期价格"（forward price）。而与之对应的**现货市场**（spot market），则是买卖双方立即交易的市场。

例如，某年10月1日，A公司同B公司签署了一份远期合约。合约规定，A公司将在当月15日，以USD 570/吨的价格向B公司购买100吨热力煤。假设在10月15日当天，热力煤的市场价格为USD 600/吨。如果A公司和B公司没有签署远期合约，A公司需要在现货市场以USD 600/吨的价格购买热力煤；如果签署了合约，则只需向B公司支付USD 57 000（570×100），之后，B公司需向A公司交付100吨热力煤。

在该合约当中，热力煤为远期合约的标的资产；100吨为合约规定的标的资产数量；购买煤的A公司为远期合约的买方（多头方）或持有远期合约的多头头寸，B公司则为卖方（空头方）或持有远期合约的空头头寸；远期价格为USD 570/吨，该价格固定且不变，USD 600/吨则为现货市场价格。

## 二、远期合约的损益

识别（identify）并计算（calculate）远期合约的损益（★★）

假设签订远期合约时约定的远期价格记为 $K$，到期时标的资产价格为 $S_T$。

如果持有多头头寸（long position），按照合约约定，到期时远期合约的多头将以 $K$ 的价格买入市场上价值为 $S_T$ 的标的资产。故远期合约损益（payoff）为：

$$\text{Payoff} = S_T - K \qquad (28.1)$$

如果持有空头头寸（short position），按照合约约定，到期时远期合约的空头将以 $K$ 的价格卖出市场上价值为 $S_T$ 的标的资产。故远期合约损益为：

$$\text{Payoff} = K - S_T \qquad (28.2)$$

图 28.1 中，将 $S_T$ 作为横坐标，远期合约损益为纵坐标，则可看出，其损益和标的资产价格呈现出线性关系。这也意味着，多头的收益无限，损失有限（当 $S_T = 0$）；而空头的亏损无限，收益有限（当 $S_T = 0$）。

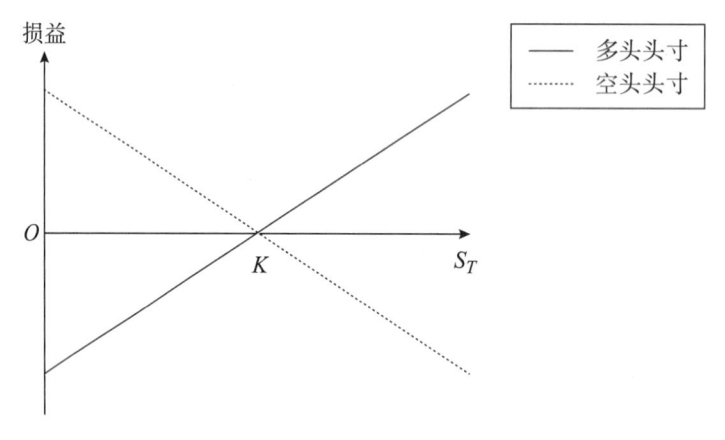

图 28.1 远期合约的损益

以外汇远期为例，表 28.1 显示了外汇市场上交易商的报价，bid 为交易商买入价，ask 为交易商卖出价。

A 公司得知将在 6 个月后支付 EUR 1 million，那么该公司可持有外汇远期合约的多头头寸，未来以约定的汇率买入欧元来对冲外汇风险，与交易商签订的外汇远期约定欧元兑换美元汇率为 1.1948（做市商 6 个月远期卖出价）。

B公司得知将在6个月后收到EUR 1 million，那么该公司可持有外汇远期合约的空头头寸，未来以约定的汇率卖出欧元来对冲外汇风险，与交易商签订的外汇远期约定欧元兑换美元汇率为1.1944（交易商6个月远期买入价）。

合约到期时，如果欧元兑换美元汇率为1.2500，A公司和B公司的损益分别是：

A公司多头获益：1 000 000 × (1.2500 − 1.1948) = USD 55 200

B公司空头亏损：1 000 000 × (1.1944 − 1.2500) = − USD 55 600

表28.1　　　　　　　　　EURUSD即期汇率与远期汇率

| 汇率 | 买入价（Bid） | 卖出价（Ask） |
| --- | --- | --- |
| 即期（Spot） | 1.1768 | 1.1771 |
| 1个月远期（One-Month Forward） | 1.1802 | 1.1805 |
| 3个月远期（Three-Month Forward） | 1.1858 | 1.1862 |
| 6个月远期（Six-Month Forward） | 1.1944 | 1.1948 |

## 第二节　OTC市场

### 一、基本概念

比较（compare）交易所和OTC市场（★）

如前所述，OTC（Over the Counter）市场也被称为场外市场，这些市场没有集中、统一的交易制度和场所。它主要由买卖双方议价交易。在OTC市场中，交易商（dealer）扮演着很重要的角色，交易商充当买卖双方的对手。

## 二、OTC 市场的优劣势

### 1. 优势

（1）定制化合约（customized contract）。OTC 市场的合约由合约双方自由协定，没有固定的合约模板。交易商品的品级可以根据双方的需要量身定做（tailored），而且私密性（privacy）也更好。

（2）清算方式灵活。传统上，OTC 衍生品市场进行双边结算，交易双方自行约定清算、结算条款以及抵押品的设定。然而，在次贷危机之后中央对手方被更多地应用，其市场规模非常庞大。其中利率衍生品是场外衍生品市场上最活跃的金融工具，占据约 80% 的市场份额，而利率互换则是利率衍生品中最重要的一类。

### 2. 劣势

（1）存在信用风险（credit risk），也称作违约风险/交易对手方风险（default risk/counterparty risk）。在场外交易市场的早期，交易通常是双边清算，缓释信用风险的措施相对不常见。如果一方遇到财务困难，无法履行其义务，另一方可能会遭受损失。需要留心的是，由于双边清算制度的存在，衍生品的信用风险敞口比相同本金的债券或贷款要少很多。如无抵押品，则衍生品的信用风险敞口为 max（V，0），其中，V 是衍生品对于交易者的价值。同时，衍生品预期的损失还与衍生品的期限成正比。原因有二：第一，期限越长，交易对手越可能陷入财务危机；第二，期限长会导致决定衍生品价值的市场因素产生更多的变化。

（2）缺少监管（unregulated）。场外交易市场没有固定且集中的交易场所，市场较为分散，且缺乏统一的组织和章程，不易管理和监督。然而，在 2008 年金融危机之后，美国推出多德·弗兰克法案，加强了对场外衍生品的监管。

（3）缺乏透明度（less transparent）。OTC 市场由于交易灵活度较高，一方面体现在合约条款的个性化设定，另一方面为了保证私密性，该类合约也存在很强的不透明性。通常除了合约的交易双方，没有其他市场参与者可以从公开平台获取合约的细节性内容。

> **备考小贴士**
>
> 对于 OTC 市场与交易所的区别，考生需要定性掌握。

## 三、OTC 市场机制

### 1. 交割方式

OTC 市场通常有两种交割方式：实物交割（delivery of the underlying asset）和现金交割（exchange of cash），以远期合约为例：

对于**实物交割**，是在远期合约到期时，买方向卖方支付按合约价计算的现金，卖方向买方交付实物标的资产（physical underlying asset）。通俗来讲，实物交割也可以理解为"一手交钱，一手交货"。例如，A 公司同 B 公司签署在到期日 A 向 B 以 USD 570/吨的价格向 B 公司购买 100 吨热力煤，并以实物进行交割的远期合约。在到期日，A 向 B 支付 USD 57 000 现金，B 向 A 交付 100 吨热力煤。

对于**现金交割**，是在远期合约到期时，买方向卖方支付按合约价计算的现金，卖方向买方支付与标的资产市场价等价的现金，而非实物资产。因此，现金交割可以理解为双方进行现金的互换。在实际交割过程中，除外汇类远期外，由于双方需支付的现金币种相同，为了简化交易，将合约双方支付的现金进行轧差，由亏损方向盈利方支付现金差额即可。接上例，若 A 公司同 B 公司签署的远期合约为现金交割合约，在到期日，假设热力煤的市场价涨至每吨 USD 600。在交割时，A 本应向 B 支付 USD 57 000 现金，B 本应向 A 支付按市场价换算的 USD 60 000 现金，当两方进行现金差额结算时，变为只需 B 向 A 支付 USD 3 000 现金差额即可。

### 2. 市场参与者

OTC 市场的参与者可分为两类：一类参与者为最终使用者（end users），另一类参与者为交易商（dealers）。

常见的**最终使用者**有企业、基金管理人和其他金融机构，该类使用者通常为了锁定标的资产价格，使用衍生工具进行对冲，并根据自身需求签订定制化的合约条款。由于 OTC 市场较为分散，合约信息透明度较低，因此在实际交易过程中，最终使用者想要找到与之匹配的交易对手方是非常困难的：当个性化条款约束增加，交易对手方匹配容易度就会降低。

**交易商**的角色通常由大型金融机构承担。该角色的出现一定程度上解决了上述最终使用者和交易对手方匹配难的问题。交易商本身并无特定对冲需求，而是针对常见的衍生品品种，向市场提供各类买卖报价（bid and ask quotes），从而与各类最终使用者达成交易，赚取买卖价差，并促进交易市场的流动性。

例如，假设一家公司计划在一个月内购买 100 吨动力煤。为了对冲风险，它与交易商签订了一个月的远期合约。一个月后，资产价格为 USD 592，合同以现金结算。当考虑对冲收益时，请计算公司的总成本。做市商的买入价和卖出价，见表 28.2。

表 28.2　　　　　　　　　　　做市商报价

|  | 买价（USD/吨） | 卖价（USD/吨） |
| --- | --- | --- |
| 现货价格 | 570 | 572 |
| 1 个月的远期价格 | 580 | 583 |
| 2 个月的远期价格 | 590 | 595 |

为了达到对冲风险的目的，该公司应签订一个月期限的远期合约，有：

现货成本：592 × 100 = USD 59 200

远期合约的损益：(592 − 583) × 100 = USD 900

总成本：USD 59 200 − USD 900 = USD 58 300

此时，因为公司从做市商手中购买远期，公司为买方，做市商为卖方，远期合约的损益用的价格为做市商 1 个月远期价格的卖价报价。

## 四、OTC 市场中的信用风险管理

> 识别（identify）OTC 市场的风险并解释（explain）如何管理风险（★）

### 1. 双边净额结算

OTC 市场上的交易双方约定主协议（master agreement），并将其应用于双方交易的所有衍生产品。如果一方违约，则所有两者间现存的衍生品交易全部合并为一笔，这就是双边净额结算（bilateral netting）制度。

假设 A 公司和 B 公司存在如表 28.3 所示的交易。

表 28.3　　　　　　　　　A 公司和 B 公司的交易

| 交易 | A 公司/百万美元 | B 公司/百万美元 |
| --- | --- | --- |
| 1 | +50 | −50 |

(续表)

| 交易 | A 公司/百万美元 | B 公司/百万美元 |
| --- | --- | --- |
| 2 | −25 | +25 |
| 3 | +10 | −10 |
| 4 | −15 | +15 |
| 总和 | +20 | −20 |

如果 B 公司陷入财务危机，并宣布破产，在没有双边净额结算的情况下，B 公司不得不在交易 1 和 3 上违约，A 公司在这两笔交易中共遭受损失 6 千万美元。如果采用双边净额结算制度，那么 A 公司从 4 笔交易中共亏损 2 千万美元。

如果 A 公司陷入财务危机，并宣布破产。在没有双边净额结算的情况下，B 公司在交易 2 和 4 上会遭受总额为 4 千万美元的损失。如果采用双边净额结算，则 B 公司总计损失 2 千万美元。实际情况下，B 公司需要支付给 A 公司的清算人 2 千万美元以结算现存的所有合约。

根据国际清算银行（BIS）的估计，若强制采取双边净额结算，则衍生品市场参与者的总敞口仅是交易总价值的 25%，可大大减少信用风险敞口。

2. 抵押担保制度

> 描述（describe）抵押担保制度并比较（compare）抵押担保与保证金（★）

管理场外衍生品市场的信用风险的另一种工具是使用抵押品（collateral）作为担保。主协议中的信用支持附件（credit support annex，CSA）明确了抵押品证券的类别以及价值计量。通常情况下，签订的衍生品合约的价值会每日计量，根据其净值计算是否需要增加抵押品。在交易所市场中，保证金即为一种抵押品。假设 A 公司与 B 公司签订的衍生品合约的净价值在某天上升了 2 百万美元（A 公司损失 2 百万美元，B 公司获利 2 百万美元），那么根据 CSA，A 公司需向 B 公司追加价值 2 百万美元的抵押品。

**备考小贴士**

对于抵押担保与保证金，考生需要进行辨析、区分。

## 五、其他信用风险管理手段

### 1. 特殊目的实体

> 解释（explain）特殊目的实体的应用（★）

特殊目的实体（special purpose vehicles/special purpose entities，SPV/SPE）的职能是购买、包装证券化资产和以此为基础发行的证券化产品。特殊目的实体的作用是实现破产隔离（bankruptcy isolation），帮助证券发行公司管理其信用风险。

例如，B 公司创建了特殊目的实体——A 公司。通常，B 将资产转让给 A，并且有可能无法控制这些资产（在某些司法管辖区，B 甚至不被允许拥有 A）。如果 B 破产，A 有能力继续履行其义务；反之，亦然。

特殊目的实体经常被用于从抵押贷款或其他类型贷款等资产组合中创建衍生工具。设立特殊目的实体的公司不对衍生品的收益负责，而购买衍生品的投资者的收益可能会受到标的贷款组合违约的影响。

最常见的资产为住房抵押贷款。该类资产支持证券（asset backed securities，ABS）为住房抵押贷款支持证券（mortgage backed securities，MBS）。特殊目的实体的信用评级通常为 AAA，但这并不意味着资产支持证券就不会违约。以住房抵押贷款支持证券为例，购买住房抵押贷款支持证券的投资者是否能按时收回利息和本金，取决于房屋贷款者是否能够按时偿还贷款。

> **备考小贴士**
>
> 对于特殊目的实体的含义和应用，考生需要定性掌握。

### 2. 衍生产品公司

衍生产品公司（derivative product companies，DPC）是一类由证券公司或银行成立的子公司，职责是代表母公司交易衍生产品。假设 A 公司与证券公司交易衍生品，衍生产品公司会成为 A 公司的交易对手。因为衍生品交易中 AAA 评级通常意味着无须提供抵押品，在衍生产品公司建立的过程中，母公司会通过各种方法使其以很少的资本金拥有 AAA 的评级。与此同时，母公司的评级可以很低，但只要 DPC 的高评级不变，其衍生品交易就相对安全。衍生产品公司通常使用量化模型来管理风险，以每日交易金额为基础配置资本金，衍生产品公司涉及的衍生品类型包括但不限于信用违约互换及利率衍生品等。自 2007—2008 年信用危机之后，衍生产品公司已几乎不再运营。

### 3. 信用违约互换

信用违约互换（credit default swap，CDS）是信用衍生品市场中最常见的品种。信用违约互换是买方和卖方之间签订的类似保险的合同。买方定期向卖方支付保险费，如果合约中指定的实体（除买卖双方外的第三方）违约，则卖方向买方赔付。例如，信用保护的买方 A 作为借款方，贷款给了企业 B。为了规避贷款企业 B 的违约风险，信用保护买方向信用保护卖方 C 支付一系列现金流（相当于保费）。如果贷款企业 B 没有发生信用风险事件，信用保护卖方 C 便无须向信用保护买方 A 支付任何现金流。如果贷款企业 B 发生违约，信用保护卖方 C 将向买方 A 支付一定金额，以弥补贷款企业 B 违约给买方 A 带来的损失。

# 第二十九章

# 期货合约与期货交易市场

## 知识引导

期货合约是一种标准化的远期合约。在市场上，一些投资者有套期保值的需求，另一些投资者则希望通过投机来获利。无论这些投资者的目的如何，都可以通过期货合约来满足自身的需求。美国的期货市场起源于芝加哥地区。芝加哥地处五大湖（美国的粮仓），19世纪30年代末，它是全美最大的谷物集散地，由于农产品生产具有周期性和季节性的特点，再加上交通不便、仓库少以及信息传播条件有限等问题，农场主、贸易商和加工商都需要一种工具来管理粮食价格波动的风险。为了解决这些问题，1848年，包括农场主、贸易商和加工商在内的82位商人共同设立了芝加哥谷物交易所，即芝商所期货交易所（CBOT）的前身。1865年，交易所推出了标准化合约和保证金制度，诞生了现代意义上的期货交易及其基本交易原则。

## 考点聚焦

本章主要介绍期货合约。主要内容包括期货合约的特征、期货交易市场以及期货交易指令与价格规律。考生要重点掌握期货合约损益、期货交易所特点和保证金制度、期货交易指令以及期货和远期的区别。本章的主要考查方式既有定性理解，也有定量计算。

**本章框架图**

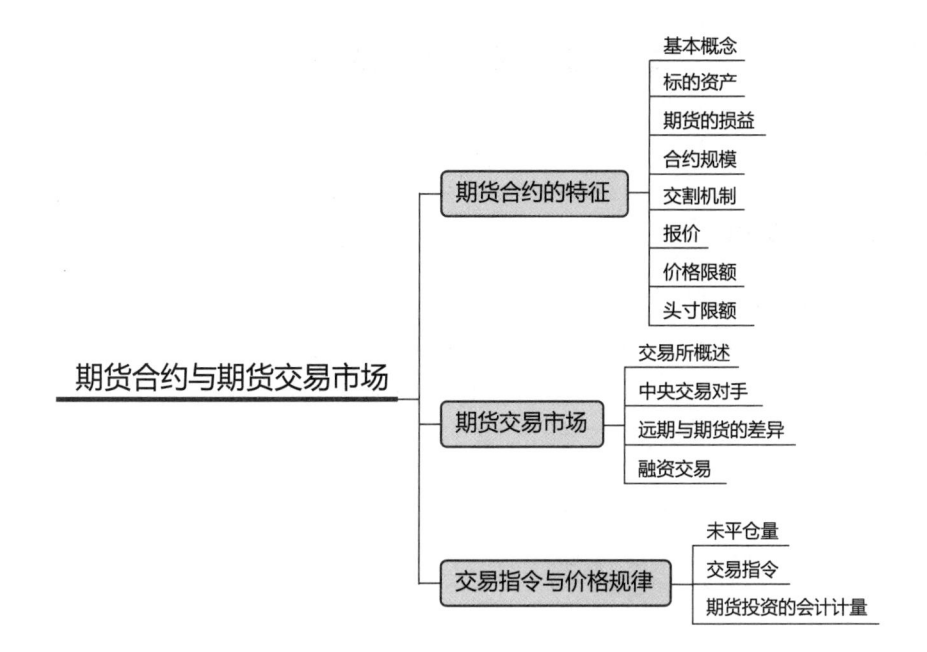

```
期货合约与期货交易市场
├── 期货合约的特征
│   ├── 基本概念
│   ├── 标的资产
│   ├── 期货的损益
│   ├── 合约规模
│   ├── 交割机制
│   ├── 报价
│   ├── 价格限额
│   └── 头寸限额
├── 期货交易市场
│   ├── 交易所概述
│   ├── 中央交易对手
│   ├── 远期与期货的差异
│   └── 融资交易
└── 交易指令与价格规律
    ├── 未平仓量
    ├── 交易指令
    └── 期货投资的会计计量
```

## 第一节　期货合约的特征

### 一、基本概念

期货合约是一种特殊的远期合约，它是一个标准化的（standardized）且在期货交易所中交易的合约。如表 29.1 所示，标准化意味着在期货交易所中交易的合约关于合约标的资产的种类、品级、交割时间、交割数量，以及交割方式都是标准化的。

表 29.1　芝加哥期货交易所（CBOT）小麦期货合约（1）

| 交易单位 | 5 000 蒲式耳 |
|---|---|
| 报价 | 美分/蒲式耳 |
| 交易时间 | 周日到周五，下午 7：00~上午 7：45（美国中部时间）<br>周一到周五，上午 8：30~下午 1：20（美国中部时间） |
| 最小变动单位 | 每蒲式耳 1/4 美分（每张合约 12.50 美元） |
| 产品代码 | CME Globex 代码：ZW<br>CME ClearPort 代码：W<br>Clearing 代码：W<br>TAS 代码：ZWT |
| 合约月份 | 3 月、5 月、7 月、9 月、12 月 |
| 交割方式 | 实物交割 |
| 最后交易日期 | 合约交割当月 15 号的前一个交易日 |
| 结算过程 | 参见 CBOT 小麦结算过程 |
| 仓位限制 | 参见 CBOT 仓位限制 |
| 交易所规则手册 | 参见 CBOT 14 |
| 价格限制 | 参见 CBOT 农产品当天价格限制 |
| 供应商代码 | 参见供应商代码列表 |
| 最后交割日 | 交割月份当月最后交易日后的第二个工作日 |
| 交割等级 | 2 号软红冬麦、1 号软红冬麦 3 美分溢价以及交易所 14104 规则规定的其他可替代品种 |

## 二、标的资产

> 定义（define）和描述（describe）期货合约的特征，包括标的资产、合约价格与规模、交易规模、持仓量、交割，以及持仓限额（★）

期货合约的标的资产（underlying asset）类别非常丰富。根据表 29.2，CME 集团内交易的期货，其标的资产主要分为货币类、利率类、指数类、金属类、能源类、农产品类，以及牲畜类。

如果标的资产是大宗商品，那么实际交割商品的品级需要非常明确。例如，CME 集团关于玉米的品级的规定如下：如果标的玉米的品级是"No. 2 Yellow"，但实际交割的是"No. 1 Yellow"，那么交割价格比"No. 2 Yellow"的玉米高 1.5 美分/蒲式耳；而"No. 3 Yellow"玉米的交割价格则比"No. 2 Yellow"的玉米低 1.5 美分/蒲式耳。同时，交易所需要确保每个品级玉米的实际质量，因为空头总是希望选择交割质量较差的产品。

表 29.2　　　　　　　　　　CME 集团下各交易所主要交易品种

| 期货类型 | 交易所 | 合约名称 | ClearPort 代码 | 合约规模 |
| --- | --- | --- | --- | --- |
| 货币类 | CME | 澳元 | AD | 100 000 澳元 |
| | CME | 英镑 | BP | 62 500 英镑 |
| | CME | 加元 | C1 | 100 000 加元 |
| | CME | 欧元 | EC | 125 000 欧元 |
| 利率类 | CME | 欧洲美元 | ED | 1 000 000 美元 |
| | CBOT | 10 年国债 | 21 | 100 000 美元 |
| 指数类 | CBOT | 小型道琼斯工业平均指数 | YM | 5 * 道琼斯指数 |
| | CME | 小型纳斯达克 100 指数 | NQ | 20 * 纳斯达克指数 |
| | CME | 标准普尔 500 指数 | SP | 250 * 标普 500 指数 |
| 金属类 | COMEX | 纽约期金 | GC | 100 盎司 |
| | COMEX | 白银 | SI | 5 000 盎司 |
| | COMEX | 黄铜 | HG | 25 000 磅 |

(续表)

| 期货类型 | 交易所 | 合约名称 | ClearPort 代码 | 合约规模 |
|---|---|---|---|---|
| 能源类 | NYMEX | 纽约期油 | CL | 1 000 桶 |
| | NYMEX | 取暖油 | HO | 42 000 加仑 |
| | NYMEX | 天然气 | NG | 10 000 百万英热单位 |
| | NYMEX | 汽油（RB） | RB | 42 000 加仑 |
| 农产品类 | CBOT | 玉米 | C | 5 000 蒲式耳 |
| | CBOT | 大麦 | O | 5 000 蒲式耳 |
| | CBOT | 黄豆 | S | 5 000 蒲式耳 |
| | CBOT | 小麦 | W | 5 000 蒲式耳 |
| 牲畜类 | CME | 饲牛 | 62 | 50 000 磅 |
| | CME | 活牛 | 48 | 40 000 磅 |
| | CME | 瘦猪 | LN | 40 000 磅 |

### 三、期货的损益

由于期货合约本质上和远期合约相同，都是在合约初期双方约定标的资产在未来的一个固定价格，也是合约双方对标的资产未来价格涨跌的一个博弈。因此，期货合约的损益与远期合约具有相似性。

与远期合约不同的是，远期合约往往在到期时进行交割结算，而在期货交易所交易的期货合约，通常在到期前进行平仓（closed out）操作。所谓平仓，就是指在合约到期之前，提前结束合约。平仓的具体操作为期货交易者在原有仓位的基础之上，通过买入（卖出）与其所持期货品种、数量及交割月份相同，但交易方向相反的合约来对冲掉原有仓位，该操作也被称为反向平仓（offset position）。

假设在合约签订初期，期货合约价为 $F_0(T)$，在 $t$ 时刻进行期货平仓时，期货价格为 $F_t(T)$。

如果持有多头头寸（long position），按照反向平仓操作，平仓者需要在 $t$ 时刻进入一份在 T 时刻到期的空头（short position）合约。故平仓时的损益为：

$$Payoff = F_t(T) - F_0(T) \tag{29.1}$$

如果持有空头头寸（short position），按照反向平仓操作，平仓者需要在 $t$ 时刻

进入一份在 $T$ 时刻到期的多头（long position）合约。故平仓时的损益为：

$$Payoff = F_0(T) - F_t(T) \qquad (29.2)$$

图 29.1 中，将 $F_t(T)$ 作为横坐标，期货合约的平仓损益为纵坐标，则可看出，期货的平仓损益和期货合约价呈线性关系。和远期合约的损益类似，多头的收益无限，损失有限（当 $F_t(T) = 0$）；而空头的亏损无限，收益有限（当 $F_t(T) = 0$）。

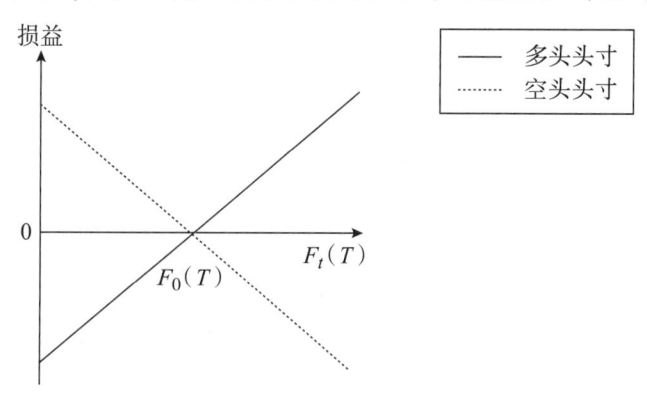

**图 29.1　期货合约的平仓损益**

## 四、合约规模

交易所希望合约可以同时吸引零售客户和大型机构客户，因此需要仔细地设置合约规模（contract size）。通常来讲，标的资产为金融资产的期货合约规模比较大，而标的资产为农产品的期货合约规模比较小。事实上，交易所已经创造了一些迷你合约来吸引零售客户。例如，CME 集团同时提供常规纳斯达克合约（100×NASDAQ 100 index）和迷你纳斯达克合约（20×NASDAQ 100 index）。有意思的是，迷你纳斯达克合约的交易比常规合约更加活跃。

## 五、交割机制

### 1. 交割方式

描述（describe）实物交割机制和现金交割机制（★★）

和远期合约一样，期货合约的交割方式也分为实物交割和现金交割两类：

(1) 实物交割（physical delivery）

期货合约到期时，多头按照合约价支付给空头相应金额，空头将标的资产交付给多头，该方式被称为实物交割。这是最古老且最常见的期货合约交割方式。

(2) 现金交割（cash settlement）

期货合约到期时，多空双方根据此时标的资产的现货价格和期货合约价之差进行结算，而无须交割实物，该方式被称为现金交割。虽然这种交割方式非常简便，但监管者认为这种现金交割的期货类似赌博，因此希望实物交割的期货越多越好。然而，有些期货合约天然不能进行实物交割，如标的资产是天气或者房地产价格的期货合约；还有些期货合约实物交割的成本高并且过程复杂，如 CME 集团的标准普尔 500 股指期货就采用现金交割方式，因实物交割需要交付指数中的具体股票，过程复杂且成本较高。

> **备考小贴士**
>
> 关于实物交割与现金交割方式的差异，考生需要定性掌握。

### 2. 交割地点

对于大宗商品类期货，资产交割的运输成本使得交割地点（delivery location）的选择尤为重要。例如，CME 集团针对原油期货合约的交割地点有具体规定。与此同时，一些合约的交割地点也会影响标的资产的价格。

### 3. 交割时间

期货合约会根据交割月份来命名，而每类合约具体的交割时间（delivery time）并不完全相同。一些合约的交割日期是固定的，而有些合约则可以在交割月中的任何一天进行交割。交易所会决定期货合约的交割月份、开始交易的时间，以及停止交易的时间。例如，CME 集团交易的玉米期货的交割月份有 3 月、6 月、9 月，以及 12 月。2020 年 12 月交割的合约从 2017 年 10 月 9 日开始交易，直至 2020 年 12 月 14 日交易结束。

每日的结算价格（settlement price）是当天交易收盘时的期货价格，该价格将被用于每日结算。具体来讲，如果今日的结算价高于上一个交易日的结算价，则期货的多方盈利，空方亏损。如果今日结算价低于上一个交易日的结算价，则期货空方盈利，多方亏损。

随着期货合约临近到期，期货价格会不断趋近于现货价格，到期时两者价格相等。

> **备考小贴士**
>
> 关于期货合约的特征,考生需要定性掌握。

## 六、报价

交易所会提供期货合约的报价（price quotes）以及最小变动价格。以 CME 集团交易的小麦期货为例，如表 29.3 所示，价格最小的变动单位是每蒲式耳 0.25 美分，1 张期货合约是 5 000 蒲式耳，因此 1 张合约的最小价格变动是 12.50 美元。

**表 29.3　芝加哥期货交易所（CBOT）小麦期货合约（2）**

| | |
|---|---|
| 合约规模 | 5 000 蒲式耳 |
| 报价 | 美分/蒲式耳 |
| 交易时间 | 周日到周五，下午 7：00—上午 7：45（美国中部时间）<br>周一到周五，上午 8：30—下午 1：20（美国中部时间） |
| 最小变动价格 | 每蒲式耳 0.25 美分（每张合约 12.50 美元） |
| 产品代码 | CME Globex 代码：ZW<br>CME ClearPort 代码：W<br>Clearing 代码：W<br>TAS 代码：ZWT |
| 交割月份 | 3 月、5 月、7 月、9 月、12 月 |
| 交割方式 | 实物交割 |
| 最后交易日期 | 合约交割月的 15 号前一个交易日 |
| 结算过程 | 参见 CBOT 小麦结算过程 |
| 仓位限制 | 参见 CBOT 仓位限制 |
| 交易所规则手册 | 参见 CBOT 14 |
| 价格限制 | 参见 CBOT 农产品当天价格限制 |
| 供应商代码 | 参见供应商代码列表 |
| 最后交割日 | 交割月份最后交易日后的第二个工作日 |
| 交割品级 | 2 号软红东麦、1 号软红冬麦 3 美分溢价以及交易所 14104 规则规定的其他可替代品种 |

> **备考小贴士**
>
> 关于期货合约的报价，考生需要定性掌握。

## 七、价格限额

对于大多数期货合约，交易所会设置期货价格最大的浮动范围，即价格限制（price limit）。如果期货价格波动到价格上限以上或下限以下，那么通常当日的交易会暂停。如果某期货合约的价格达到价格上限，则该合约涨停（limit up）。如果某期货合约的价格达到价格下限，则该合约跌停（limit down）。涨停与跌停两者之间的范围，英文为"limit move"。CME集团最普遍的玉米合约价格限制为25美分，是其最小变动价格（0.25美分）的100倍。表29.4中，CME集团的比特币期货合约涨跌停板是前一个结算价格的上下7%、13%，以及20%三档，且日内交易价格不允许超过前一个结算价格的上下20%。

交易所限制价格的目标在于限制市场操纵。然而，如果市场上有了新的信息，那么价格限制会妨碍真实市场价格的实现。

表 29.4　　　　　　　　CME 集团比特币期货

| 交易品种 | 比特币期货 | 交易单位 | 5BTC | 报价单位 | USD/BTC |
|---|---|---|---|---|---|
| 最小变动价格 | 5美元 | 涨跌停板 | 特殊价格波动限制为前一个结算价格的上下7%、13%，以及20%三档，日内交易价格不允许超过前一个结算价格的上下20% | 合约交割月份 | 1—12月 |

（续表）

| 交易品种 | 比特币期货 | 交易单位 | 5BTC | 报价单位 | USD/BTC |
| --- | --- | --- | --- | --- | --- |
| 交易时间 | ME Globex（BTC 期货）：周日 17：00—周五 16：00（美中时间）；每日系统维护关闭时间：16：00—17：00（美中时间）。CME ClearPort：周日 17：00—周五 17：45（美中时间）；周一至周四 17：45—18：00（美中时间）无交易报告 | 交割品级 | CME 规定的交割品级 | 交割地点 | 芝加哥商品交易所 |
| 交易代码 | BTC | 上市交易所 | 芝加哥商品交易所 | 附加信息 | — |

## 八、头寸限额

头寸限额（position limits）是指交易所规定的会员或者客户按单边计算的、可以持有某一期货合约投机头寸的最大数量，是交易所为防范操纵市场价格的行为，防止期货市场风险过度集中于少数投机者而定的制度。有些交易所的持仓限额制度还对近期月份和远期月份、套期保值者和投机者、机构投资者和个人投资者等区别对待，以及实行总量持仓与比例持仓相结合、相反方向头寸不可抵消计算等规定。一般来讲，头寸限制都以"手"（lot）作为单位，每种标的资产"一手"的含义不同。例如，对于大豆、玉米和橡胶期货，一手代表 10 吨；而对于铜、铝等金属期货，一手通常代表 5 吨；股指期货的一手就是一张合约，这和商品期货不同。通常交易头寸限制都非常大，高达几万手，大多数交易者不会因此受到影响。

## 第二节 期货交易市场

### 一、交易所概述

> 描述（describe）期货交易所在期货交易中的作用（★）

1. 基本概念

交易所（exchange）也被称为场内市场，该市场主要为众多的金融工具提供集中交易的场所和平台，且必须根据国家相关证券法律规定，有组织地、规范地进行。

国内的期货交易所有郑州商品交易所、上海期货交易所、上海国际能源交易中心、大连商品交易所和中国金融期货交易所。

国外的期货交易所以 CME 集团最为出名，该集团是全球最大的期货交易所。集团架构中包括：芝商所商业交易所（CME）、芝商所期货交易所（CBOT）、纽约商业交易所（NYMEX），以及商品交易所（COMEX）。除了 CME 集团以外，世界上还有其他 9 家大规模的期货交易所，如表 29.5 所示。

表 29.5　　全球十大期货交易所交易的合约数量

| 交易所 | 交易的期货和期权合约数量/百万 |
| --- | --- |
| CME Group | 4 089 |
| National Stock Exchange of India | 2 465 |
| Intercontinental Exchange | 2 125 |
| CBOE Holdings | 1 810 |
| B3 | 1 809 |
| NASDAQ | 1 677 |
| Eurex | 1 676 |
| Moscow Exchange | 1 585 |
| Shanghai Futures Exchange | 1 364 |
| Dalian Commodity Exchange | 1 101 |

数据来源：www.fia.org

**2. 期货交易所的运作机制**

（1）公开喊价系统（open-outcry system）

期货交易所的公开喊价系统是一种传统的交易方式。在公开喊价系统中，交易员会聚集在交易所的交易大厅，通过大声喊价的方式进行交易。交易员会根据市场情况和自身判断，大声报出买入或卖出的价格和数量，直到达成交易或者市场价格变化。

公开喊价系统的优势在于交易员可以通过面对面的交流和观察他人的行为来获取更多市场信息，更好地把握市场走势。此外，交易员在交易过程中可以通过声音和手势等方式传达更多的信息，增加交易的透明度和互动性。

然而，公开喊价系统也存在一些劣势。首先，这种交易方式需要交易员到交易所大厅进行交易，具有一定的地域限制，不够灵活。其次，由于交易员需要大声喊价，容易出现交易误解或者信息不对称的情况，影响交易效率和公平性。另外，由于都是人工喊价交易，交易速度也会相对较慢。这些问题促使期货交易所开始寻求更加高效、便捷、透明的交易方式。

（2）电子交易（electronic trading）

随着计算机技术和互联网的普及，期货交易所开始引入电子交易系统。电子交易是指通过计算机网络进行交易，交易员可以通过电子交易平台提交订单、查看市场行情和成交情况。电子交易可以实现快速、高效的交易，同时也提供了更多的交易工具和功能。

与公开喊价相比，电子交易的优势在于交易更为便捷和高效，同时也减少了交易误解和信息不对称的可能性。通过电子交易系统，交易员可以通过电脑终端或者手机客户端进行交易，不受地域限制，可以随时随地进行交易。交易系统会自动匹配买卖双方的订单，实现交易的自动化和高效化。此外，电子交易系统还可以提供更多的交易工具和数据分析功能，帮助交易员更好地进行决策。

然而，电子交易系统也存在一些劣势。首先，交易过程缺乏面对面的交流和观察，容易导致交易员获取的市场信息不够全面。其次，电子交易系统也存在着系统故障和网络延迟等风险，可能影响交易的稳定性和可靠性。

综合来看，公开喊价系统和电子交易系统各有优劣势。公开喊价系统更加注重交易员之间的交流和互动，但受地域限制且容易出现信息不对称；电子交易系统更加便捷高效，但缺乏面对面交流和存在系统故障风险。在实际交易中，交易员会根据自身需求和偏好选择适合自己的交易方式。

## 二、中央交易对手

### 1. 基本概念

跟过去相比，如今的交易所更积极地参与到组织交易的过程中。具体来说，它们采用中央对手方（central counterparties，CCPs）机制，负责清算成员之间的所有交易。

中央对手方是在结算过程中介入证券交易买卖双方之间，成为"买方的卖方"和"卖方的买方"的机构，图 29.2 展示了中央对手方所扮演的角色。多边净额结算一般要求结算机构作为中央对手方，成为所有结算参与人唯一的交易对手。

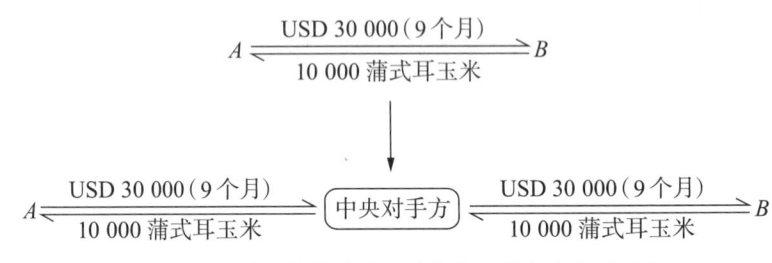

$$A \xrightleftharpoons[10\,000 \text{蒲式耳玉米}]{USD\ 30\,000\,(9\text{个月})} B$$

$$A \xrightleftharpoons[10\,000 \text{蒲式耳玉米}]{USD\ 30\,000\,(9\text{个月})} \boxed{\text{中央对手方}} \xrightleftharpoons[10\,000 \text{蒲式耳玉米}]{USD\ 30\,000\,(9\text{个月})} B$$

**图 29.2　玉米远期转换为玉米期货，引入中央对手方**

中央对手方的一个优势在于担保交收。如果买卖中的一方不能正常向中央对手方履约，中央对手方也应当先对守约的一方履约，然后按照结算规则对违约方采取相应的处置措施，弥补其违约造成的损失，这就使得双方规避了信用违约风险。

中央对手方的另一个优势在于帮助交易者进行快速平仓。假设 A 拥有一份期货合约的多头头寸，现在想要平仓，A 只需要通过中央对手方签订一份该期货合约并持有空头头寸即可。如果不存在中央对手方，A 有两种方式进行平仓。

（1）A 可以找到该期货合约的对手方来平仓，但对手方未必愿意这样做。

（2）A 可以找到第三方，与之签订一份期货合约作为空头方，但 A 必须得考虑第三方的信用情况。

这两种情况都有可能导致 A 不能快速平仓。

### 2. 信用风险管理

描述（describe）交易所如何降低信用风险并解释（explain）清算制度的发展（★★）

最初，交易所的主要作用只是提供一个场所，会员可以在这里会面并达成交易协议。这些早期的交易所还定义了标准合同，解决了会员之间的争端，并驱逐了那些在交易中违反协议的会员。然而，他们几乎没有提供其他服务。例如，没有任何机制保护成员免受与交易对手违约相关的损失。随着社会经济的进步，交易所不断发展进步，拥有越来越多的功能。交易所在管理信用风险方面，具体有以下三种方式：

（1）净额结算

> **描述（describe）净额结算制度和过程（★★）**

净额结算（netting）意味着多空双方的头寸被整合为 CCP 对每一个交易者的净头寸。假设 A 先作为空头签订 2 份期货合约，又作为多头签订 5 份期货合约，那么最终的头寸整合为一个交易，即 A 作为多头签订了 3 个期货合约。这仅仅是一个交易者的情况，实际市场中有众多如 A 一样的交易者，因此，CCP 对每一个交易者都有一个净头寸。

在多边净额结算的模式下，如果没有共同对手方提供担保结算，一旦出现个别结算参与人结算违约，就可能导致违约连锁反应，产生大量的结算失败。有时结算机构不得不对全部交易重新进行清算，致使结算系统不能及时恢复正常运行。中央对手方的介入承接了交易双方的对手方风险，解决了个别结算参与人结算违约引起连锁结算失败的问题。

（2）逐日盯市和保证金制度

> **描述（describe）如何实施保证金制度，解释（explain）如何决定初始保证金（initial margin）和变动保证金（variation margin），并对其进行计算（calculate）（★★★）**

① 逐日盯市

逐日盯市（daily settlement）也称每日结算制度，是期货市场所特有的一种制度。远期合约仅在合约到期时结算一次，而期货合约则有所不同。为了避免违约风险，每个交易日结束后 CCP 都会根据当日盈亏状况对投资者的账户进行结算，并根据当天的结算价格（settlement price）来确定收益：

如果今日的结算价格高于上一个交易日的结算价格，则期货的多方盈利，空方损失；如果今日的结算价格低于上一个交易日的结算价格，则期货的空方盈利，多方损失。

多空双方的盈利与损失额度相同，加总为0，即多空双方的盈利和损失是"零和游戏"。

> **备考小贴士**
> 
> 关于交易所的逐日盯市制度，考生需要定性掌握。

② 初始保证金

随着金融市场的进一步发展，交易所开始通过收取保证金（margin）的方式来管理违约风险。保证金是指投资者必须存入其经纪人或交易所的抵押品，以弥补持有人所面临的信用风险。在期货交易中，清算会员在开仓时必须按期货合约规模缴纳一定比率的金额作为初始保证金（initial margin）。该比例由交易所设定，反映了期货价格的波动。交易所有权根据市场情况变化，更改初始保证金比例。

在逐日盯市制度下，每个交易日结算产生的盈亏都会反映在保证金账户当中，当保证金余额降至一定程度，会触发来自交易所的保证金补缴提醒。触发提醒的基准线被称为维持保证金（maintenance margin），补缴提醒被称为保证金催缴（margin call）。维持保证金的额度设置通常要大幅低于初始保证金，二者中间的差额可以理解为保证金账户的一个亏损"缓冲带"。当保证金账户结算当日亏损时，只要账户余额仍高于维持保证金水平，就不会收到交易所的保证金催缴。若账户亏损至维持保证金水平之下，则会收到交易所的保证金补缴，要求清算会员将其账户余额补充至最低初始保证金水平。

③ 变动保证金

在每个交易日，亏损方将损失支付给CCP，同时CCP将盈利支付给盈利方。这些盈利和损失的具体金额被称为变动保证金（variation margin），每天发生一次，确保交易者当日无负债。如果市场波动剧烈，则追加保证金的频率会高于一天一次。对于CCP而言，一份合约对应一个多方和一个空方，因此CCP虽然会参与现金的划拨，但并不需要动用自身资金。

对于一个清算会员，其账户很可能同时持有多个期货合约，其中有多头头寸也有空头头寸。那么，在每日结算制度下，多头与空头会有相反方向的变动保证金划拨。因此，在CCP所采用的针对变动保证金的净额结算制度下，会员只收取或支付轧差后的净额即可。

在CCP制度下，亏损方一旦无法支付变动保证金，CCP就必须将其期货头寸强制平仓并用自己的资金支付给盈利方，从而大大降低信用风险。

④ 保证金的利息支付

对于变动保证金，由于其为每日结算金额，因此CCP并不对其支付利息。

对于初始保证金，由于其为清算会员出资，因此CCP会支付相应的利息。如果利息不高，清算会员可选择用证券代替现金来充当保证金，如美国短期国债。用证券充当保证金时，则需根据市场面值，结合一定折扣比例（haircut）折算转化为保证金。折扣率与证券的波动率成正比。

基于上述保证金制度，以表29.6为例，介绍一份期货合约多头头寸的保证金账户变化。

表29.6 期货合约保证金账户变化示例

| 头寸 | 合约大小 | 合约份数 | 期货价格 | 初始保证金 | 维持保证金 |
|---|---|---|---|---|---|
| 多头 | 100盎司 | 2 | USD 600.00 | USD 4 000 | USD 3 000 |
| 日期 | 期货结算价 | 每日盈亏（代表亏损） | 累计盈亏（代表亏损） | 保证金账户余额 | 保证金催缴/变动保证金 |
|  | 600.00 |  |  | 4 000 |  |
| 6.5 | 597.00 | (600) | (600) | 3 400 | — |
| 6.6 | 598.20 | 240 | (360) | 3 640 | — |
| 6.9 | 596.70 | (300) | (660) | 3 340 | — |
| 6.10 | 593.30 | (680) | (1 340) | 2 660+1 340=4 000 | 1 340 |
| 6.11 | 594.20 | 180 | (1 160) | 4 180 | — |
| 6.12 | 589.50 | (940) | (2 100) | 3 240 | — |
| 6.13 | 587.00 | (500) | (2 600) | 2 740+1 260=4 000 | 1 260 |
| 6.16 | 587.00 | 0 | (2 600) | 4 000 | — |

（3）违约基金

为了保证CCP的安全，所有清算会员必须缴纳违约基金（default fund contribution）。一旦某会员违约且其保证金不足以弥补损失，则需要用它缴纳的违约基金来补偿。

清算会员违约时，CCP 首先使用违约方提交的初始保证金来吸收损失。若初始保证金不足，CCP 还可使用违约方提交的违约基金来弥补损失。如果这些资金仍然不足，则使用其他成员的违约基金额度。如果损失大于违约成员的初始保证金和所有成员的违约基金之和，则 CCP 自身的所有者权益将面临风险。

## 三、远期与期货的差异

### 1. 交易所市场与 OTC 市场的差异

> 描述（describe）交易所市场与 OTC 市场，并评估（evaluate）二者的优势和劣势（★★★）

（1）市场规模

根据国际清算银行（BIS）统计，1998—2021 年衍生品市场的规模不断扩大。其中，OTC 市场增速尤其明显。表 29.7 中，交易所市场的规模是按照标的资产价值计量的，而 OTC 市场的规模是按照名义本金来计量的。假设在交易所市场，某期权合约给予买方以 USD 50/股的价格购入 100 股的权利，则该合约的规模为 USD 5 000。在 OTC 市场，假设某远期合约约定未来以约定汇率购入 100 万英镑，则该合约规模被记为 100 万英镑，而非远期合约本身的价值。表 29.7 的数据显示，OTC 市场在 1998—2021 年期间增长了 8.3 倍。2021 年的全球 GDP 为 96.1 万亿美元，而 OTC 市场的规模则是全球 GDP 的 6.2 倍。

表 29.7　　　　　　　衍生品市场规模（1998—2021 年）

（单位：万亿美元）

| 时间 | 交易所市场 | OTC 市场 |
| --- | --- | --- |
| 1998 年 6 月 | 13.39 | 72.11 |
| 2021 年 12 月 | 80.09 | 598.42 |

图 29.3 显示，OTC 市场的规模在 2014—2017 年之间有所减少，这是由于场外衍生品监管更加严格，部分场外交易产品转向场内交易。

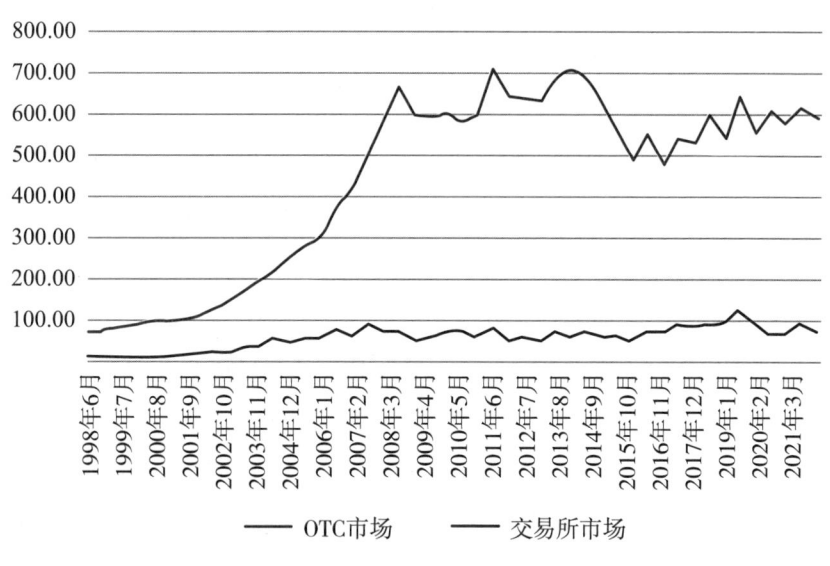

图 29.3　衍生品市场规模（1998—2021 年）

（2）市场特征

交易所市场与 OTC 市场在交易方式、地点和监管力度等方面存在一些明显的区别：

在交易方式上，交易所有着严格的交易规则和制度，所有交易均为标准化合约交易。在交易过程中，买卖双方的交易信息会被传递到由交易所成立的清算所，由清算所进行撮合和结算。交易所中的中央对手方通常会承担交易双方的风险，保证交易的安全性和可靠性。而 OTC 市场的交易规则相对灵活，交易双方可以根据自身需求签署定制化合约。交易多为对手方之间进行交易，因此 OTC 市场的交易具有一定的对手方违约风险，包括交易对手方无法按时履行合约、无法支付应付款项、或者无法提供合规的交易品种等。这种风险可能导致交易对手方无法履行合约，从而给另一方造成损失。

在交易地点上，交易所设有固定交易地点，通常是指交易大厅或交易室，交易员和投资者在这里进行买卖交易。例如，纽约证券交易所（NYSE）的固定交易地点是纽约曼哈顿的华尔街，伦敦证券交易所（LSE）的固定交易地点是伦敦市中心的希尔斯街。芝加哥商品交易所（CME）的固定交易地点是芝加哥的交易大厅。而在 OTC 市场，无需到特定的交易场所，可以在任何地点进行交易。交易可以通过电话、电子交易平台、在线交易系统等多种方式进行。这种灵活性使得 OTC 市场的交易更加便捷和自由，不受时间和空间的限制。

在监管力度上，交易所市场受到交易所和相关监管机构的严格监管，保护投资者权益。不同国家的期货市场采用不同的监管方式。在美国，期货市场接受商品期货交易委员会（Commodity Futures Trading Commission，CFTC）的监管，该政府机构旨在确保期货市场公开、透明、具有竞争力，以及财务状况良好。并且 CFTC 的部分责任已经转交给美国全国期货协会（National Futures Association，NFA），该协会是美国期货及外汇交易的非商业独立监管机构。而对于 OTC 市场，监管相对较为松散，交易双方通常需要自行承担风险，监管机构对市场的监管力度较小。

交易所市场与 OTC 市场的对比如表 29.8 所示。

表 29.8　　　　　　　　交易所市场与 OTC 市场的对比

| 交易所市场 | OTC 市场 |
| --- | --- |
| 标准化合约 | 定制化合约 |
| 清算所中央对手方参与交易 | 对手方直接交易（存在违约风险） |
| 有固定交易场所 | 无固定交易场所 |
| 受严格监管 | 监管力度小 |
| 交易量较小 | 交易量较大 |

## 2. 远期合约与期货合约的差异

比较（compare）期货和远期合约的差异（★★★）

远期与期货合约有一个非常重要的共同特征：在买卖双方刚签订合约时，买卖双方之间不发生任何现金流的交换。随着时间流逝，合约价值会发生变化。如果到期时，现货价格 $S_T$ 高于合约约定价格 $K$，那么，对于多头来说合约价值大于 0，而对于空头来说合约价值小于 0。

然而，远期与期货合约的不同之处在于以下几处。

第一，远期合约在场外交易，期货合约在场内交易。

第二，远期合约客制化，期货合约标准化。

第三，远期合约存在违约风险，清算所保证期货交易顺利进行。

第四，远期合约监管不足，期货合约监管力度大。

第五，远期合约到期时一次性兑现所有的收益支付，期货合约实行每日盯市制度，确保当日无负债。

第六，远期合约往往进行实物交割，期货合约通常在到期前平仓（closed out）。平仓也被称为平头寸，是指期货交易者买入（或卖出）与其所持期货合约的品种、数量以及交割月份相同但交易方向相反的期货合约来了结期货交易的行为，即反向交易。

远期与期货合约的对比如表29.9所示。

表29.9　　　　　　　　　远期与期货合约的对比

| 远期合约 | 期货合约 |
| --- | --- |
| OTC市场交易 | 交易所交易（exchange-traded） |
| 个性化合约（customized contract） | 标准化合约（standardized contract） |
| 存在违约风险 | 无违约风险 |
| 监管较少 | 高度监管 |
| 无保证金要求 | 存在保证金要求 |
| 到期结算交割 | 每日盯市制度（mark-to-market） |
| 到期实物交割 | 到期日前反向平仓 |

**备考小贴士**

关于远期与期货的对比，考生需要重点掌握。

### 四、融资交易

融资买入（buying on margin）交易又称保证金交易或垫头交易，是指投资者从经纪商处借入部分资金来购买股票。例如，某零售交易者想要购入 1 000 股价格为 USD 60/股的股票，经纪商要求初始保证金为 50%且维持保证金为 25%。那么，零售交易者只需存 USD 30 000（60×1 000×50%）现金或对应价值的证券到保证金账户即可购入 1 000 股。而剩下的 USD 30 000［60×1 000×(1-50%)］本质上是经纪商提供的贷款，经纪商以股票作为抵押品。保证金账户的余额等于股票的价值减去经纪商提供的贷款，后续股票价格涨跌会反映在账户中。随着股价的下跌，股票总价值下降，同时保证金余额等额下降，保证金比率（保证金在账户余额中的占比）低于25%时，投资者需追加保证金至维持保证金水平。例如，在前述案例中，如果股价跌至 USD 39/股，则初始保证金=30 000-（60 000-39 000）=USD 9 000，需补充保证金=39 000×25%-9 000=USD 750。

## 第三节 交易指令与价格规律

### 一、未平仓量

与远期合约不同，大多数期货合约并不会被持有到期，而是在合约到期前反向平仓以了结头寸。而市场上的未平仓量（open interest）表示某一特定期货合约品种在特定交易日结束时尚未平仓的合约总数，也称为持仓量。未平仓量是一个反映市场活跃度和流动性的指标，也是分析市场趋势和预测价格走势的重要参考。

对于每个期货合约，一份多头持仓合约必然对应着一份空头持仓合约（有人买必然对应有人卖）。在每个交易日，期货合约的持仓量都会随着投资者新开仓或者平仓而发生变化。以下行为会影响期货合约的持仓量：

（1）当两个会员签订一份新的期货合约，即为开仓，那么未平仓量+1。

（2）合约签订后，一个会员进行了平仓，而另一个会员继续持有，那么未平仓量将保持不变。

（3）如果签订期货合约的双方同时平仓，那么未平仓量将-1。

假设某期货合约品种为黄金期货，某一交易日结束时，黄金期货合约总交易量为 3 000 手，从多头角度来看，其中 1 800 手为多头平仓数，1 200 手为多头新签合约数。从空头角度来看，其中 1 400 手为空头平仓数，1 600 手为空头新签合约数。有以下两种角度来计算该交易日未平仓量的变化：

（1）从多头的头寸变化来看：多头新签 1 200 手合约导致未平仓量增加 1 200 手，而空头平仓（以多头身份反向进仓）1 400 手导致未平仓量减少 1 400 手，总未平仓量减少 200 手。

（2）从空头的头寸变化来看，空头新签 1 600 手合约导致未平仓量增加 1 600 手，而多头平仓（以空头身份反向进仓）1 800 手导致未平仓量减少 1 800 手，总未平仓量减少 200 手。

未平仓量的增加通常意味着市场交易活跃度的增加，因为每个新的买卖双方都会增加未平仓量。相反，未平仓量的减少通常意味着市场交易活跃度的减少，因为买卖双方都已经平仓了。例如，如果价格上涨但未平仓量下降，这可能表明市场上涨动力不足，可能是空头头寸在减少。相反，如果价格上涨且未平仓量增加，这可能表明市场上涨动力强劲，可能是多头头寸在增加。

## 二、交易指令

### 1. 交易指令的类型

描述（describe）并比较（compare）不同类型的交易指令（★★）

（1）市价指令

市价指令（market order）是指交易将按照市场当前能立即成交的价格快速成交的一种指令。在使用这种指令时，具体成交的价格取决于指令执行时的市场行情价格。

（2）限价指令

限价指令（limit order）是交易所明确规定的只有在某一价格水平或优于该价格

水平才可执行的客户交易指令。即客户指定一个特定的价格，经纪人必须以该价格或比该价格更有利的价格进行交易。

（3）止损指令

止损指令（stop-loss order）又被称为停损指令或 STOP 指令，是指当市场价格达到客户预计的价格水平时或者是更加不利的价格的时候即变为市价交易指令的一种指令。客户利用止损交易指令可以有效地减少损失。投资者出于风控的目的，可以设置止损指令。当价格条件满足的时候，变为市价指令，尝试以最快、最有效的方式进行交易止损。但是，需要明确的是，实际成交价格基于当前市场情况而定。

（4）止损限价指令

止损限价指令（stop-limit order）是止损交易指令和限价交易指令的结合，避免了止损指令执行价格不确定的不足，可以帮助投资者限制其在某期货头寸上的亏损并限定成交价格区间。一旦市场价格达到了止损价格或是变得比止损价格更不利时，这一交易指令就变成了限价交易指令。例如，某投资者所拥有的空头期货头寸的市场价格为 USD 19，那么他可以下达止损限价指令，用于未来买入期货终止亏损。该指令的止损价格是 USD 20，限价是 USD 20.5。一旦市场价格触及 USD 20，该指令即变为限价交易指令，即在 USD 20.5 及以下执行。这样，买入期货的成交价格一定在 USD 20 到 USD 20.5 之间，使原先的空头头寸得以对冲，限制了由于价格上涨导致的空头头寸的亏损。

（5）触及市价指令

触及市价指令（market-if-touched order）是指预先设定价格，待市场价格达到设定价格或者更有利的价格时，自动转化为市价交易指令，以当前市场上能够成交的价格快速成交（但成交价格与设定价格无关）。与限价指令类似，一个旨在买入的触及市价指令中设置的触发价格一般比市场价格要低，而一个卖出的触及市价指令中设置的触发价格则比市场价格要高。触及市价指令与限价交易指令的差异主要在于一旦被触发，触及市价指令即转变成一个市价交易指令，进而它将以能够成交的价格被立即执行——这个价格则可能与最初指定的价格不同（更好或者更坏）。

（6）自行裁定指令

自行裁定指令（discretionary order）是指给予经纪人决策权，以最佳的价格为客户买卖证券的指令，又称全权委托指令。全权委托是一种委托形式，账户的所有人将交易权委托给其他人（通常是一个交易商），受托人在交易时不需要事先征得账户所有人的同意。

> **备考小贴士**
>
> 关于不同交易指令的影响，考生需要分别定性掌握。

2. 交易指令的时效

通常来讲，一个指令的时效性为1天，如果当天没有被执行则被取消。一些交易者可以自行规定指令的有效期。其中，全部成交否则取消指令（fill or kill order）是指所下委托单要么在几秒钟之内全部成交，要么立即取消。开放指令（open order/good-till-cancelled order）在期货到期前除非被主动取消，否则都有效。

### 三、期货投资的会计计量

1. 传统会计准则

描述（describe）按市场计价法对期货合约进行会计计量（★）

传统会计准则规定期货合约的利得和损失在发生时确认。例如，假设某公司的财年在12月结束，它在6月卖出了100份期限为2年的黄金期货合约，当时的期货价格为USD 1 500/盎司。每份合约包括100盎司黄金。

在第一个财年的12月，期货价格是USD 1 440/盎司。

第一个财年的利润为：(1 500-1 440)×100×100 = USD 600 000

在第二个财年的12月，期货价格是USD 1 360/盎司。

第二个财年的利润为：(1 440-1 360)×100×100 = USD 800 000

第三财年的6月份，合约以USD 1 450/盎司平仓。

第三个财年的利润为：(1 360-1 450)×100×100 = -USD 900 000

由于传统会计准则将期货部分的损益计入当期财务报表中。因此，这样的确认方式会导致财务报表中的利润波动（earning volatility）较大，与套期保值的初衷相悖。

> **备考小贴士**
>
> 关于传统的会计准则，考生只需理解其含义和应用，无须掌握具体计算。

## 2. 套期保值会计处理

**描述（describe）套期保值会计的应用（★）**

为了弥补传统会计在管理报表波动性上的缺陷，套期保值会计（hedge accounting）应运而生。套期保值会计出现于 20 世纪 70 年代，将期货的盈亏和被对冲标的的盈亏在同一期计入损益。这样，二者对损益影响相互抵消，将使套期保值锁定成本或收益水平的经济实质得以反映。根据上面的例子，如果这家公司两年以后出售黄金现货，当采用套期保值会计方法，那么全部期货的利得或损失统一在第三年年末与黄金现货的利得或损失一起计算，计入损益，即（1 500－1 450）×100×100＝USD 500 000。需要注意的是，监管机构对套期保值会计的使用有严格的规定，包括：被套期保值的标的和用于套期保值的工具都要非常明确；套期保值活动必须有效（即被套期保值的标的和套期保值的工具之间的经济关系必须真实存在）等。

各个监管主体对于期货投资的税务处理也不同。从税务角度出发，套期保值交易必须满足一个条件：该交易的目的是降低风险敞口。这和会计对套期保值的定义有所不同。因此，一个期货交易可能在税务上被视为套期保值，但在会计上却不属于套期保值。

> **备考小贴士**
>
> 关于套期保值会计，考生只需理解其含义和应用，无须掌握具体计算。

# 第三十章

# 期货对冲机制

**知识引导**

期货作为一种标准化的远期,可以帮助投资者进行风险管理,主要表现在期货可用于对冲风险(又称套期保值)或投机。一些投资者面临着汇率、利率、大宗商品价格等因素的波动,可采用期货来降低风险敞口,即进行风险对冲。然而,如果投资者本身不具有相应的风险敞口,进行期货投资的目标仅仅是为了盈利,则该行为被称为投机。需要注意的是,使用期货对冲掉全部风险往往是不可能的,因此寻找方法将风险降到最低水平是至关重要的。下文先将期货看作远期来研究对冲策略,之后再讨论期货的每日结算制度对长期对冲的影响和相应的策略。

**考点聚焦**

本章主要介绍期货对冲机制,具体包括多头与空头对冲、关于对冲的争论、基差风险、最优对冲比率、股指期货对冲,以及长期对冲问题。考生应重点关注基差风险、最优对冲比率,以及股指期货对冲。本章的考查既有概念定性考查,也涉及一些定量计算。

**本章框架图**

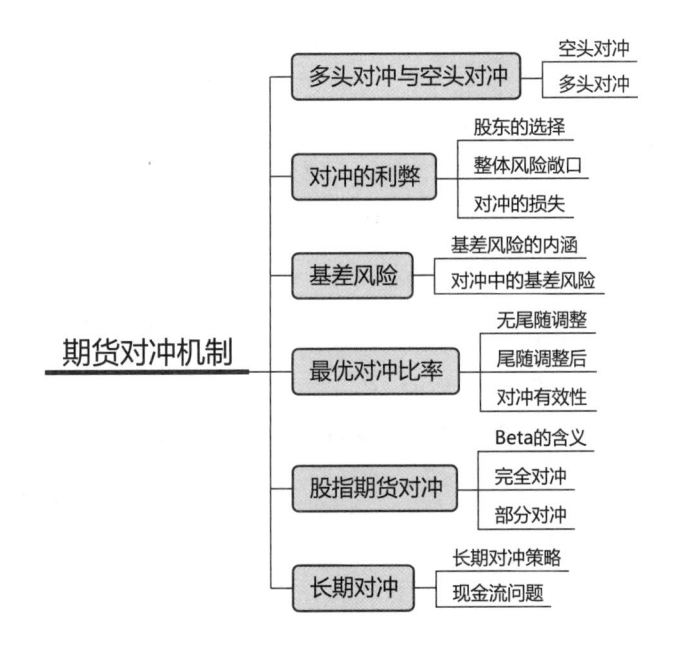

```
                          ┌─ 多头对冲与空头对冲 ─┬─ 空头对冲
                          │                    └─ 多头对冲
                          │                    ┌─ 股东的选择
                          ├─ 对冲的利弊 ────────┼─ 整体风险敞口
                          │                    └─ 对冲的损失
                          │                    ┌─ 基差风险的内涵
                          ├─ 基差风险 ──────────┴─ 对冲中的基差风险
           期货对冲机制 ──┤                    ┌─ 无尾随调整
                          ├─ 最优对冲比率 ──────┼─ 尾随调整后
                          │                    └─ 对冲有效性
                          │                    ┌─ Beta的含义
                          ├─ 股指期货对冲 ──────┼─ 完全对冲
                          │                    └─ 部分对冲
                          │                    ┌─ 长期对冲策略
                          └─ 长期对冲 ──────────┴─ 现金流问题
```

# 第一节　多头对冲与空头对冲

> 定义（define）空头对冲与多头对冲的差异并识别（identify）各自的用途（★★）

## 一、空头对冲

如果对冲方已经拥有或者确定会拥有某项资产，同时希望在未来某个确定的时间将该资产出售，可以采用空头对冲（short hedge）。

假设某公司将在 3 个月后收到 500 万桶原油且公司希望尽快将其卖出。然而，3 个月后原油的价格却无法确定，这对于公司来讲是一个重要的风险来源：原油的价格每增减 USD 0.01，公司就会盈利或亏损 USD 50 000。此时，为了锁定未来原油的售价，公司可做空 5 000 份 3 个月后交割的 CME 集团的原油期货合约（每份合约：1 000 桶原油）。

如果**采用实物交割**，公司可根据之前签订的期货合约上的价格卖出原油，因此规避了价格下跌的风险。

如果公司在快到期前对期货进行**反向平仓**并在现货市场上按照到期时的**现货价格卖出原油**，公司也规避了价格下跌的风险。这是因为在快到期时，期货价格会非常接近现货价格，甚至与现货价格相同。具体来讲，如果原油到期现货价格升高，公司出售原油的收入加上期货平仓中的损失，最终每桶原油的售价为期货价格，如下列情况一；反之，如果到期现货价格降低，公司在期货平仓中的盈利加上出售原油的收入使最终每桶原油的售价依旧为期货价格，如下列情况二。

假设当前原油的现货价格为 USD 58.5/桶，3 个月期货价格为 USD 60/桶。

**情况一**：期货到期时，现货价格和期货价格均为 USD 70/桶。

公司出售原油收入：5 000 000×70 = USD 350 000 000

公司期货合约（空头）损失：5 000×(60-70)×1 000 = -USD 50 000 000

公司净收入为：350 000 000 - 50 000 000 = USD 300 000 000

每桶原油售价：$\frac{300\,000\,000}{5\,000\,000}=$ USD 60

**情况二**：期货到期时，现货价格和期货价格均为 USD 53/桶。

公司出售原油收入：5 000 000×53＝USD 265 000 000

公司期货合约（空头）盈利：5 000×(60−53)×1 000＝USD 35 000 000

公司净收入为：265 000 000+35 000 000＝USD 300 000 000

每桶原油售价：$\frac{300\,000\,000}{5\,000\,000}=$ USD 60

注意，无论情况一还是情况二，对冲的结果都是将原油价格锁定在期货价格 USD 60/桶，而非初始现货价格 USD 58.5/桶。

## 二、多头对冲

当投资者已知在将来需要买入一项资产并希望在今天锁定价格时，可以采用多头对冲（long hedge）。

假设某公司 3 个月后需要 250 000 磅铜，同时公司希望对冲风险。那么，公司可做多 10 份 3 个月后交割的 CME 集团的铜期货（每份合约：25 000 磅铜）。如果采用实物交割，公司可根据之前签订的期货合约上的价格买入铜，因此规避了价格上升的风险。

如果公司在快到期前对期货进行反向平仓并在现货市场上按照到期时的**现货价格买入铜**，公司也规避了价格上涨的风险。

假设当前铜的现货价格为 USD 3.00/磅，3 个月期货价格为 USD 2.90/磅。

**情况一**：期货到期时，现货价格和期货价格均为 USD 3.30/磅。

公司买入铜成本：250 000×3.30＝USD 825 000

公司期货合约（多头）盈利：10×(3.30−2.90)×25 000＝USD 100 000

公司总成本为：825 000−100 000＝USD 725 000

每磅铜成本：$\frac{725\,000}{250\,000}=$ USD 2.90

**情况二**：期货到期时，现货价格和期货价格均为 USD 2.70/磅。

公司买入铜成本：250 000×2.70＝USD 675 000

公司期货合约（多头）损失：10×(2.90-2.70)×25 000 = USD 50 000

公司总成本为：675 000+50 000 = USD 725 000

每磅铜成本：$\frac{725\ 000}{250\ 000}$ = USD 2.90

注意，无论情况一还是情况二，对冲的结果都是将铜的价格锁定在期货价格 USD 2.90/磅，而非初始现货价格 USD 3.00/磅。

> **备考小贴士**
>
> 关于空头对冲与多头对冲，考生需要重点掌握二者之间的差异。

# 第二节　对冲的利弊

> 描述（describe）对冲的利弊及对冲对公司盈利的影响（★）

根据上文可知，利用期货合约可降低来自资产价格变动的风险，进而降低公司盈利的波动性，提高该公司对投资者的吸引力。对冲的拥护者认为，公司应集中精力发展主业，采取措施将来自利率、汇率和其他市场因素的风险降到最低水平。然而在实务中，很多公司却不进行对冲，原因包括股东的选择、整体风险敞口，以及对冲的损失。

## 一、股东的选择

股东作为公司的投资者，通常可以充分分散投资并制定自己的对冲策略。一方面，股东不需要投资于某一家已经做好风险分散的公司，这是因为股东可以自行投资一篮子证券，覆盖不同行业、不同地域的多家公司，达到分散化的目的。另一方面，公司可采用拓展新的业务线、并购其他公司的手段来分散化风险。然而，公司应该始终考虑其股东是否比公司更容易进行这种类型的多元化。如果投资者自身进行分散化更容易，那么企业应该当且仅当出现协同效应（synergy）时才进行企业并购或新旧业务整合。注意，这里的协同效应（synergy）是指并购后企业竞争力增强，导致净现金流量超过两家公司预期现金流之和，或者合并后公司业绩比两个公司独立存在时的预期业绩高，即"1+1>2"。

与此同时，一些专业人士却表示不赞同股东自行对冲风险。一方面，上市公司的股东对公司风险的了解往往不及管理层。因此，管理风险的任务应该由管理层承担。另一方面，那些了解公司风险的股东可能会发现对冲头寸并没那么容易。例如，当只需不足1份期货合约即可对冲风险时，实务中却无法这样建仓。

现实中，无论公司是否对冲、采取何种对冲策略，都需要董事会和股东进行充分的沟通。

## 二、整体风险敞口

一家公司在对冲之前，必须深入了解整个公司的风险敞口。假设某黄金饰品公司每3个月都需要购入200盎司黄金用于饰品生产，该公司担忧黄金价格上涨，因此可做多一系列的远期合约来对冲风险。如果未来黄金价格上升，那么黄金饰品的价格会随之上升，形成天然的价格对冲，此时做多远期合约会带来额外的盈利。如果未来黄金价格下降，那么黄金饰品的价格则随之下跌，形成天然的价格对冲，此时做多远期合约会带来额外的亏损。因此，从公司整体的风险敞口出发，对冲反而增加了其盈利的波动性，与最初的目标相反。

当然，随着黄金价格的涨跌，市场对于黄金饰品的需求也会随之调整。然而，对冲需求变化所需的远期合约量与对冲黄金价格变化所需的远期合约量不可混为一谈。这是因为，前面关于对冲的讨论主要关注采购端的成本问题，而如果考虑市场需求的话则是供货端的问题，因此如果要使用期货进行对冲，二者需要分别进行。另外，一旦公司高估了其风险敞口，做多远期合约的份数超过合理范围，那么就不再是对冲风险，而是一种投机行为。因为，一旦黄金价格下跌，过多的期货合约会导致多头面临严重的亏损。

### 三、对冲的损失

很多人认为风险对冲的目标在于为公司增加利润,这种说法并不正确。风险对冲真正的目的在于降低公司利润的波动性。公司对冲之后的利润可能低于不对冲时的利润,也可能高于不对冲时的利润,但是对冲会使公司利润的不确定性降低。然而,正是由于对冲可能导致公司利润低于不对冲时的利润,使一些企业司库(corporate treasurers)对于对冲充满敌意。假设某石油生产企业司库通过做空石油期货来锁定价格。如果现货价格下跌,做空期货会带来盈利。如果石油价格上涨,期货合约亏损,相较于不做期货对冲而言,做对冲会降低公司利润。因此,很多司库更偏好利用期权来管理风险。与期货不同,期权类似保险,买入看跌期权之后,如果石油价格下跌则得到保障。如果石油价格上涨则无须行权,而企业的成本为前期所支付的期权费。

> **备考小贴士**
>
> 关于对冲的利弊,考生需要定性理解。

## 第三节 基差风险

### 一、基差风险的内涵

> 定义(define)并计算(calculate)基差(★★★);定义(define)交叉对冲(★★)

#### 1. 基差与基差风险

基差(basis)是指现货价格与期货价格之间的差,其金额是非固定的,计算公式为:

$$基差 = 现货价格 - 期货价格 \tag{30.1}$$

**交叉对冲**（cross hedge）是指期货合约的标的资产与被对冲资产不一致。如果出现这种情况，则基差的公式为：

$$基差 = 被对冲资产的现货价格 - 用于对冲的期货合约的价格 \tag{30.2}$$

**基差风险**（basis risk）是指对冲工具（期货）与被对冲资产之间价格波动不同步所带来的风险。基差的波动给对冲风险的企业带来了无法回避的风险，直接影响企业的对冲效果，特别是当企业采用替代品种对冲风险时。在对冲前，企业应认真研究基差的变化规律，合理选择期货品种；在对冲实施中，企业要密切跟踪基差变化，测算基差风险，并在基差出现重大不利变化时及时调整对冲操作，以控制基差风险。

**2. 基差风险的来源与类型**

讨论（discuss）各种基差风险的来源（★★★）

基差风险主要来自以下三种情形：

（1）期货合约的期限和对冲者所偏好的对冲期限不匹配。

（2）对冲者在期货合约到期之前进行平仓。在交割月之前，期货价格和现货价格可能并不相同。

（3）被对冲的资产和期货工具的标的资产不一致，因此现货价格和期货价格的走势也会不同。

为了尽量降低期限不匹配带来的基差风险，对冲者应该保证期货合约的到期日尽量紧随被对冲资产的到期日。例如，某期货合约的到期日为3月、6月、9月和12月。那么，3月份的期货合约应针对12月、1月和2月到期的被对冲资产；而6月份的期货合约应针对3月、4月和5月到期的被对冲资产。换言之，3月份的期货应该被用于期限短于3个月的对冲活动，而6月份的期货可以被用于期限在3—6月之间的对冲活动。

**备考小贴士**

关于基差概念和基差风险的来源，考生需要重点定性理解。

## 二、对冲中的基差风险

下文将分别讨论空头对冲与多头对冲面临的基差风险，字母含义如下：

$F_0$——对冲开始时的期货价格；

$F_t$——平仓时的期货价格；

$S_t$——平仓时被对冲资产的现货价格；

$b_t$——平仓时的基差（$b_t = S_t - F_t$）。

### 1. 空头对冲的基差风险

对冲者未来要卖出资产，因此需要采用空头对冲。

（1）$t$ 时刻，对冲者卖出资产，收到 $S_t$，并且期货空头的收益为 $F_0 - F_t$。

（2）对冲者收到的净资金为：

$$S_t + (F_0 - F_t) = F_0 + b_t \tag{30.3}$$

从式（30.3）可知，如果 $S_t = F_t$，则 $b_t = 0$，对冲者收到的净资金等于对冲开始时的期货价格 $F_0$；如果 $S_t \neq F_t$，则 $b_t \neq 0$，即对冲者面临基差风险。

### 2. 多头对冲的基差风险

对冲者未来要买入资产，因此需要采用多头对冲。

（1）$t$ 时刻，对冲者买入资产，支付 $S_t$，并且期货多头的收益为 $F_t - F_0$。

（2）对冲者支付的净资金为：

$$S_t - (F_t - F_0) = F_0 + b_t \tag{30.4}$$

从式（30.4）可见，如果 $b_t = 0$，对冲者支付的净资金等于对冲开始时的期货价格 $F_0$；如果 $b_t \neq 0$，则对冲者面临基差风险。多头对冲支付的净资金与空头对冲收到的净资金相等，这就意味着，当基差放大时，空头对冲的收入资金将会增加，因基差变动而获益；而多头对冲的支付资金也会增加相同程度，因基差变动而受损。当基差缩小时，情况正好相反。由于 $F_0$ 在对冲开始时是确定的，因此不确定性聚集在 $t$ 时刻的基差 $b_t$ 上。

## 第四节 最优对冲比率

### 一、无尾随调整

> 计算（calculate）并理解（interpret）最优对冲比率、最优期货合约数量，以及对冲有效性（★★★）

对冲比率（hedge ratio）是指为规避资产价格风险，对冲者在建立对冲交易头寸时所确定的期货合约的总头寸与被对冲资产总头寸之间的比率。假设某投资者拥有 10 000 蒲氏耳的玉米现货，面临着价格风险。此时，他做空 5 000 蒲氏耳的玉米期货，对冲比率为 5 000/10 000＝0.5。

最优对冲（optimal hedge）是指对冲者手中的现货资产与期货共同构成了一个投资组合，如果能够使该投资组合风险最低，则该对冲为最优。最优对冲比率（optimal hedge ratio），又称为最优套期保值比率，是指达到最优对冲时的对冲比率。

假设根据历史数据，被对冲资产价格的变动（$\Delta S$）与期货价格的变动（$\Delta F$）呈现出以下线性关系：

$$\Delta S = a + b\Delta F + \varepsilon \tag{30.5}$$

式（30.5）中，$\Delta S$ 与 $\Delta F$ 是整个对冲期间的价格变动；$b$ 表示期货价格变动（增加或减少）1 个单位则现货价格变动（增加或减少）$b$ 个单位；$\varepsilon$ 为线性回归的残差项。

假设 $h$ 是对冲比率，则对冲后的资产价格变动为：

$$\Delta S - h\Delta F = a + (b - h)\Delta F + \varepsilon \tag{30.6}$$

最优对冲比率 $h^*$ 使式（30.6）右边的方差最小（意味着组合风险最小），即 $h = b$，由此推导出：

$$h^* = \rho \times \frac{\sigma_S}{\sigma_F} \tag{30.7}$$

其中，$\rho$ 代表现货价格变动与期货价格变动的相关系数；$\sigma_S$ 代表现货价格 $S$ 变动的标准差；$\sigma_F$ 代表期货价格 $F$ 变动的标准差。

为了达到最优对冲所需的最优期货合约数量，可通过最优对冲比率进一步求得：

$$N^* = h^* \times \frac{Q_A}{Q_F} \qquad (30.8)$$

其中，$Q_A$ 代表被对冲资产头寸的数量；$Q_F$ 代表 1 份期货合约的规模；$h^*$ 代表最优对冲比率。

### 例题 30.1

某航空公司将在一个月后购买 200 吨飞机燃料，并决定用燃料油期货来进行对冲。根据历史数据，已知期货价格的标准差 $\sigma_F$ 为 0.0313，现货价格的标准差 $\sigma_S$ 为 0.0263，现货价格与期货价格的相关系数 $\rho_F^S$ 为 0.928，每份燃料油期货的规模为 50 吨。请计算最优对冲比率和最优期货合约数量。

### 名师解析

$$h^* = \rho_{S,F} \times \frac{\sigma_S}{\sigma_F} = 0.928 \times \frac{0.0263}{0.0313} = 0.7798$$

$$N^* = 0.7798 \times \frac{200}{50} = 3.1192$$

最优对冲比率为 0.7798；最优期货合约数量为 3.1190 份，最终近似到最近的整数：3 份。

> **备考小贴士**
> 
> 考生需要掌握无尾随调整下，最优对冲比率、最优期货合约数量的计算。

## 二、尾随调整后

解释（explain）并计算（calculate）尾随调整后的最优对冲比率和最优期货合约数量（★）

如果期货不存在每日结算制度，那么上文中关于最优对冲比率的计算无误。然而，由于现实中期货存在每日结算制度，因此需要对上文中的公式进行尾随调整（tailing）。每日结算意味着对冲者在持续进行每日一次的对冲活动，因此尾随调整后（tailing the hedge）的对冲是指最优对冲比率的计算期限也要控制为 1 天。

尾随调整后的最优对冲比率：

$$h^* = \hat{\rho} \times \frac{\hat{\sigma}_S}{\hat{\sigma}_F} \tag{30.9}$$

尾随调整后的最优期货合约数量：

$$N^* = \hat{h} \times \frac{V_A}{V_F} \tag{30.10}$$

式（30.9）和（30.10）中，$\hat{\sigma}_S$ 代表被对冲资产现货价格每日收益率的标准差；$\hat{\sigma}_F$ 代表期货价格每日收益率的标准差；$\hat{\rho}$ 代表每日现货价格与期货价格的相关系数；$V_A$ 代表被对冲资产的总价值；$V_F$ 代表期货头寸的总价值。

要特别注意的是，式（30.7）和（30.9）中的标准差不同，式（30.7）中的标准差代表对冲期间内价格的标准差，是金额形式。式（30.9）中的标准差代表每日收益率的标准差，是比率形式。与此同时，式（30.10）中假定头寸的价值在对冲期间恒定。

> **备考小贴士**
>
> 考生须掌握尾随调整后的最优对冲比率、最优期货合约数量的计算。

### 三、对冲有效性

由式（30.5）至式（30.7）的推导可知，最优对冲比率是一元线性回归方程（30.5）中的最优拟合线的斜率系数。对冲有效性（hedge effectiveness）是指 $\Delta S$ 的方差被对冲消除的比例，即 $\Delta F$ 对 $\Delta S$ 的解释程度。回归方程的拟合优度越高，意味着 $\Delta F$ 对 $\Delta S$ 的解释程度越高，$\Delta S$ 的方差被对冲消除的比例越高，对冲有效性越好。根据一元线性回归的知识，该解释程度为拟合优度 $R^2$，且 $R^2 = \rho^2$。

$$R^2 = \rho^2 = \left(\rho \times \frac{\sigma_S}{\sigma_F}\right)^2 \times \left(\frac{\sigma_F}{\sigma_S}\right)^2 = h^2 \times \frac{\sigma_F^2}{\sigma_S^2} \qquad (30.11)$$

> **备考小贴士**
>
> 考生需要掌握对冲有效性的计算。

## 第五节　股指期货对冲

**解释（explain）如何利用股指期货调整投资组合 beta 值（★★）**

股票指数期货（stock index futures），简称股指期货，是指以股票价格指数作为标的物的金融期货合约。股票指数期货合约的价值等于期货合约价格（即点数）与合约乘数之积。例如，迷你标普 500 指数期货合约，合约乘数为 USD 50。如果该合约当前价格为 2 175，每份合约价值为 2 175×50＝USD 108 750。

股指期货是一种常见的风险管理工具，用来对冲投资者在股票市场的敞口。如果投资者认为未来 3 个月股票市场的波动会加剧，那么他可以通过股指期货消除持有股票的敞口。如果该投资者认为未来 3 个月股票市场会出现一波牛市，也可以利用股指期货暂时地增加股票风险敞口。而相比于直接投资股票，股指期货的好处在于交易成本非常低且操作灵活。若某投资者非常善于选择股票但对未来市场的整体走向没有把握，他可以构建投资组合并对冲掉来自总体市场的风险，于是剩下的超额收益则来自其强大的择股能力。

### 一、Beta 的含义

根据 CAPM 模型，投资组合的期望回报取决于无风险利率、市场组合回报，以及系统性风险 beta，如式（30.12）所示：

$$E(R_p) - R_F = \beta(R_M - R_F) \qquad (30.12)$$

其中，$E(R_p)$ 代表投资组合预期回报；$R_F$ 代表无风险收益率；$R_M$ 代表市场组合回报，$\beta$ 代表系统性风险，衡量投资组合回报对市场组合回报的敏感性。当 $\beta = 1.5$，则说明市场组合的超额回报增加 1 个单位，投资组合的超额回报增加 1.5 个单位。

## 二、完全对冲

假设某投资者希望利用标普 500 期货来对冲其拥有投资组合的系统性风险（该组合已经充分分散化）。那么，该组合作为被对冲资产，其日回报率的标准差则等于 $\beta$ 倍股指期货日回报率的标准差。而投资组合由于是充分分散化的，因此可认为投资组合与股指期货的相关系数为 1。因此，最优的做空股指期货合约数量为：

$$N^* = \beta \times \frac{V_A}{V_F} \qquad (30.13)$$

需要注意的是，对于股指期货，$V_F$ = 期货合约价格（即点数）× 合约乘数。

**例题 30.2**

假设某投资者拥有价值 USD 10 million 的股票组合，且 6 个月的标普 500 指数期货价格为 2 500，合约乘数为 USD 250。如果该股票组合的 $\beta$ 为 1.5，若投资者想要完全对冲市场风险，请计算所需做空的股指期货的合约份数。

**名师解析**

根据式（30.13）有：

$$N^* = \beta \times \frac{V_A}{V_F} = 1.5 \times \frac{10\ 000\ 000}{250 \times 2\ 500} = 24$$

由此可知，若想要完全对冲 USD 10 million 股票组合的风险，需要做空 24 份标普 500 指数期货。

**备考小贴士**

关于对冲期货合约数量的计算，考生需要重点掌握。

## 三、部分对冲

前文中,利用式(30.13)计算得到的期货合约数量,可以使投资组合得到完全对冲。换句话说,投资组合加上股指期货所构成的整体对市场的敏感度 $\beta=0$。然而,如果投资者想适当调整投资组合的系统性风险,那么利用股指期货也可以达到改变原投资组合 beta 值的目的,即进行部分对冲(partial hedge)。

假设投资组合的目标 beta 值为 $\beta^*$,现有的 beta 值为 $\beta$。

当 $\beta > \beta^*$,即投资者希望降低风险敞口,则需要做空的股指期货合约数量为:

$$N^* = (\beta - \beta^*) \times \frac{V_A}{V_F} \tag{30.14}$$

当 $\beta^* > \beta$,即投资者希望增加风险敞口,则需要做多的股指期货合约数量为:

$$N^* = (\beta^* - \beta) \times \frac{V_A}{V_F} \tag{30.15}$$

> **备考小贴士**
>
> 根据考纲要求,考生需要掌握利用股指期货进行组合 beta 值的调整的计算。

# 第六节 长期对冲

## 一、长期对冲策略

> 解释(explain)如何利用集中式展期策略进行长期对冲(★★)

有些时候,对冲者无法找到与被对冲资产期限相匹配的高流动性期货合约。这是因为绝大多数的高流动性期货合约的到期时间相对较短,因此对冲者需要采用集中式展期策略(stack and roll strategy)。该策略是指,当我们拥有长期的资产头寸时，可以利用一系列的短期期货来进行风险对冲。具体来讲，先利用短期期货合约1对冲，并于期货合约1到期前平仓。平仓的同时，新开仓短期期货合约2，利用短期期货合约2对冲，并于期货合约2到期前平仓，以此类推。因此，这种策略通过将一个个短期对冲头尾相连的方式续短为长，完成了长期对冲。

假设当前日期为20×2年1月，A公司计划在20×3年4月购买10 000桶原油。尽管洲际交易所提供了最长96个月期限的期货合约，但此时市场上期限在6个月以上的期货合约缺乏流动性。因此，A公司决定使用期限为6个月的布伦特原油期货合约构建一个长期对冲策略。(ICE洲际交易所的单份布伦特原油合约规模为1 000桶)

20×2年1月，A公司做多10份布伦特原油期货。(到期日为20×2年7月)

20×2年6月，A公司将上述20×2年7月到期的合约平仓，并新建10份布伦特原油期货合约的多头头寸。(到期日为20×2年12月)

20×2年11月，A公司将上述20×2年12月到期的合约平仓，并新建10份布伦特原油期货合约的多头头寸。(到期日为20×3年5月)

20×3年4月，将上述20×3年5月到期的合约平仓。

假设上述合约的价格如表30.1所示。

表30.1　　　　　　　　各期货合约在相应时间的期货价格

|  | 20×2年1月 | 20×2年6月 | 20×2年11月 | 20×3年4月 |
| --- | --- | --- | --- | --- |
| 20×2年7月到期合约 | 91 | 95 |  |  |
| 20×2年12月到期合约 |  | 98 | 88 |  |
| 20×3年5月到期合约 |  |  | 92 | 103 |

因此，该长期策略最终的损益，等于上述每个多头头寸的损益加总：

10×1 000×(95−91)+10×1 000×(88−98)+10×1 000×(103−92)= USD 50 000

在实务中，公司往往每个月都面临着资产价格波动的风险，而非仅担忧未来某个月的资产价格涨跌。因此，采用集中式展期策略可以为公司提供长期的保护。

## 二、现金流问题

描述（describe）长期对冲存在的部分风险（★★）

期货合约采取每日结算制度，因此期货合约的现金流与被对冲资产的现金流往往不匹配。这种不匹配在长期对冲的情况下尤为显著，因此公司必须保证有足够的融资渠道，保证一旦期货合约亏损可以及时弥补保证金，直到被对冲资产的利得实现。

20世纪90年代，德国金属公司（Metallgesellschaft，MG）承诺在10年内以固定价格向美国的油品零售商提供汽油、取暖油和航空燃油。为了对冲风险，德国金属公司做多一系列的短期期货合约（即采取集中式展期策略）。然而，当油价开始下跌之后，该公司在短期期货合约上遭受了即时的损失，10年的远期合约的利得却没办法立刻实现。德国金属公司非但没有达到回避或降低风险的目的，反而招致了灾难性的后果。

> **备考小贴士**
>
> 关于长期对冲，考生需要定性理解。

# 第三十一章

## 金融远期与金融期货

**知识引导**

关于远期和期货的知识，在前面的章节中已经进行了统一的论述。本章重点关注以金融资产作为标的的远期合约和期货合约。金融远期是一种远期合约（forward contracts），是指双方约定在未来的某一确定时间，按事先约定好的价格买卖一定数量的某种金融资产的合约。金融期货交易则是在金融远期基础上发展起来的，是标准化的金融远期产品。

**考点聚焦**

本章主要介绍金融资产与定价原理、金融远期定价、金融远期估值，以及金融远期与金融期货的对比。考生需要重点关注远期定价和估值的区别以及各自的计算，本章考查方式以定量计算为主。

**本章框架图**

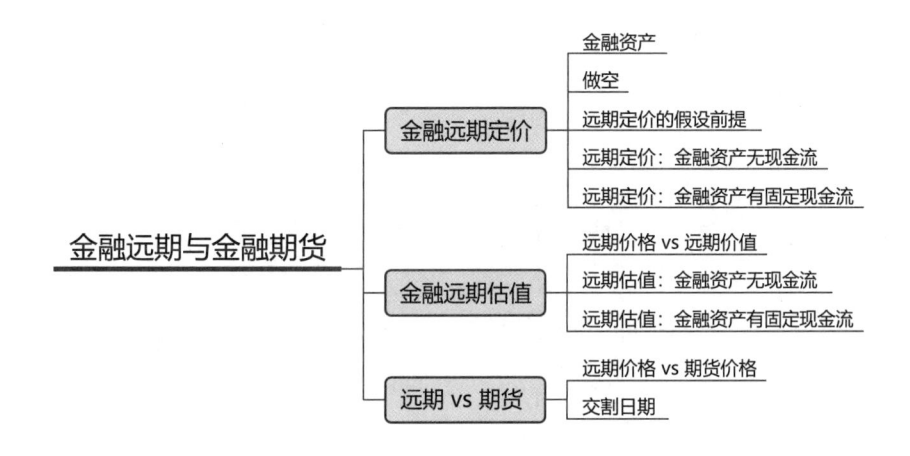

```
                          ┌─ 金融资产
                          ├─ 做空
                          ├─ 远期定价的假设前提
              ┌─金融远期定价┤
              │           ├─ 远期定价：金融资产无现金流
              │           └─ 远期定价：金融资产有固定现金流
              │
金融远期与金融期货┼─金融远期估值┬─ 远期价格 vs 远期价值
              │           ├─ 远期估值：金融资产无现金流
              │           └─ 远期估值：金融资产有固定现金流
              │
              └─远期 vs 期货┬─ 远期价格 vs 期货价格
                          └─ 交割日期
```

# 第一节 金融远期定价

## 一、金融资产

> 定义（define）并描述（describe）金融资产（★）

金融资产（financial asset）是机构或个人所拥有的以价值形态存在的资产，是一种无形的、索取实物资产的权利，是一切可以在金融市场上进行交易、具有现实价格和未来估价的金融工具的总称。

（1）投资资产（investment asset）是投资者持有以获利为目的的资产。所有的金融资产和少数非金融资产都属于投资资产。

（2）非投资资产又被称作消费资产（consumption asset），是购买者不以投资而以消费为目的所持有的资产。

在对期货合约和远期合约进行定价的过程中，理论上，同一个标的资产相同期限的期货合约价格和远期合约价格应当是近似的。

## 二、做空

> 定义（define）做空并计算（calculate）做空带有分红股票的利润（★★）

理解做空交易（short selling）有助于我们理解金融期货和远期是如何定价的。

当投资者认为资产价格下跌时，可以通过做空交易来赚取利润，如：

20×2年1月，A股票价格为100元/股，投资者H预期未来股价将会下跌，于是从其股票经纪商手中借入10 000股股票。

20×2年1月，投资者将借入的10 000股股票卖出，其收入为：

$$100 \times 10\,000 = 1\,000\,000\,(元)$$

20×2 年 3 月，A 公司向其股东派发每股 10 元的红利，投资者 H 需要将本应派发给经纪商的红利 100 000 元(10×10 000)支付给经纪商。

20×2 年 8 月，若 A 股票的价格跌至 40 元/股，则投资者 H 可以该市场价格买入 10 000 股股票，并把股票还给经纪商，结束做空，其做空收益为：

$$（100-40）\times 10\ 000-10\times 10\ 000=500\ 000（元）$$

20×2 年 8 月，若 A 股票的价格升至 130 元/股，此时投资者若以该市场价格买入股票并结束做空，则其做空的损失为：

$$（130-100）\times 10\ 000+10\times 10\ 000=400\ 000（元）$$

尽管有部分观点认为，做空交易会对金融市场的稳定性造成威胁，但也有观点认为，做空是金融市场的价格发现机制（price discovery process）不可或缺的一部分。

## 三、远期定价的假设前提

### 1. 假设前提

远期定价的假设前提是基于市场的有效性和完全竞争的假设，即市场上不存在任何限制条件或摩擦，所有市场参与者都可以自由交易，并且具有相同的信息和融资条件。这些假设为远期定价提供了一个理想化的市场环境，使得投资者可以通过远期合约来进行有效的风险管理和定价。具体而言，有以下几点：

（1）无摩擦成本：假设市场上不存在任何信息不对称或交易摩擦成本，包括交易费用、税收、流动性风险等。投资者可以在任何时间点以零交易成本进行自由交易；

（2）无风险利率融资：假设市场上存在一个无风险利率，投资者可以以无限制的融资条件获得资金，并以相同的无风险利率进行借入或贷出资金；

（3）允许卖空：假设投资者可以无限制卖空标的资产，并且忽略资产的借入费用；

（4）套利机会：假设当套利机会存在时，市场参与者可以立即套利并从中获得超额收益。

### 2. 定价通用符号

金融远期与金融期货涉及众多计算公式，考生需要特别注意：时间 t 或 T 放在下标位置和放在括号中，两者在意义上是完全不同的。下面是本章所涉及的公式的通用符号：

$r$——无风险利率；

$t$——0时刻到$T$时刻之间的任意时间点；

$T$——远期或期货的交割日；

$S_0$——远期合约签订时（即期初），标的资产的现货价格；

$S_t$——远期合约签订后至到期前（即期中），标的资产的现货价格；

$S_T$——远期合约到期时（即期末），标的资产的现货价格；

$F_0(T)$——0时刻签约，$T$时刻到期的远期合约的价格；

$f_0(T)$——0时刻签约，$T$时刻到期的期货合约的价格；

$V_0(T)$——$T$时刻到期的远期合约的期初价值；

$v_0(T)$——$T$时刻到期的期货合约的期初价值；

$V_t(T)$——$T$时刻到期的远期合约在$t$时刻的价值；

$V_T(T)$——远期合约到期时的价值；

$FV$——资产在期末的价值，即终值；

$PV$——资产在期初的价值，即现值；

$I_0$——标的资产收益额在0时刻的现值；

$I_t$——标的资产收益额在$t$时刻的现值；

$Q$——标的资产收益率。

## 四、远期定价：金融资产无现金流

> 根据标的资产现货价格，计算（calculate）远期价格并描述（describe）现货和远期价格之间的套利关系（★★★）

当标的资产没有期间现金流时，如不分红的股票、无息债券等，则其远期定价应当为：

$$F_0(T) = S_0(1+r)^T \tag{31.1}$$

若上式不成立，则投资者可以采取以下策略进行无风险套利。

策略一（表31.1）：当 $F_0(T)>S_0(1+r)^T$ 时，投资者借入资金 $S_0$，购买现货价格为 $S_0$ 的资产，并做空远期合约 $F_0(T)$，在 $T$ 时刻将资产售出。

表 31.1　　　　　　　　　　策略一

| 头寸 | 期初头寸价值 | 期末头寸价值 |
| --- | --- | --- |
| 借入资金 | $-S_0$ | $-S_0(1+r)^T$（归还本息） |
| 资产 | $S_0$ | $S_T$ |
| 做空远期合约 | 0 | $F_0(T)-S_T$ |
| 合计 | 0 | $F_0(T)-S_0(1+R)^T$ |

$F_0(T)>S_0(1+r)^T$，因此投资者在期末时的净头寸价值 $F_0(T)-S_0(1+r)^T>0$，即投资者以一个净成本为 0 的组合获得了一笔无风险套利利润。当越来越多的投资者采取策略一的操作时，将抬升资金成本 $r$、提高资产价格 $S_0$、压低远期价格 $F_0(T)$，并最终使上述套利机会消失。

策略二（表31.2）：当 $F_0(T)<S_0(1+r)^T$ 时，投资者借入现货价格为 $S_0$ 的资产，并将其做空卖出，获得的资金 $S_0$ 以无风险利率 $r$ 进行投资，然后做多远期合约 $F_0(T)$，在 $T$ 时刻将资产买回并归还。

表 31.2　　　　　　　　　　策略二

| 头寸 | 期初头寸价值 | 期末头寸价值 |
| --- | --- | --- |
| 做空资产 | $-S_0$ | $-S_T$（归还资产） |
| 投资 | $S_0$ | $S_0(1+r)^T$（投资本息） |
| 做多远期合约 | 0 | $S_T-F_0(T)$ |
| 合计 | 0 | $S_0(1+r)^T-F_0(T)$ |

$F_0(T)<S_0(1+r)^T$，因此投资者在期末时的净头寸价值 $S_0(1+r)^T-F_0(T)>0$，即投资者以一个净成本为 0 的组合获得了一笔无风险套利利润。当越来越多的投资者采取策略二的操作时，将压低投资回报 $r$、拉低资产价格 $S_0$、抬升远期价格 $F_0(T)$，并最终使上述套利机会消失。

我们可以通过式（31.1）来对远期合约进行合理定价。假设 $A$ 公司股票的现货价格为 USD 60/股，年复利无风险收益率为 4%，则其一年期远期合约的合理定价为：

$$F_0(T) = S_0(1+r)^T = 60 \times (1+0.04)^1 = 62.4$$

在有些情况下，投资者也可以使用连续复利（continuous compounding）的无风险利率进行远期定价，定价公式为：

$$F_0(T) = S_0 e^{rT}$$

> **备考小贴士**
>
> 考生需要重点掌握如何利用现货持有套利模型（标的资产无现金流）计算远期合约的价格。

## 五、远期定价：金融资产有固定现金流

### 1. 收益额固定

一些金融资产在未来会带来固定金额的收益，如支付固定股息的股票以及固定收益证券。则远期合约的定价公式需要做如下调整：

$$F_0(T) = (S_0 - I_0)(1+r)^T \tag{31.2}$$

注意，$I_0$ 代表的是未来收益额在 $t=0$ 时以无风险利率求得的现值。根据式（31.2）可知，标的资产未来收益升高，会导致 $I$ 增加，进而导致远期价格降低。

假设投资者拥有一项资产，则他可获得期间的收益。然而，如果投资者持有的是远期合约，虽然他未来可以以固定价格买入该资产，但他无法获得期间的收益，因此远期价格会减少。

若式（31.2）不成立，则产生套利机会：

（1）当 $F_0(T) > (S_0 - I_0)(1+r)^T$ 时，套利者可借款买入现货的同时做空远期合约，到期出售标的资产，期末净收益为 $F_0(T) - (S_0 - I_0)(1+r)^T$；

（2）当 $F_0(T) < (S_0 - I_0)(1+r)^T$ 时，套利者可卖空标的资产，将收取的资金以无风险利率投资，同时做多远期合约，期末净收益为 $(S_0 - I_0)(1+r)^T - F_0(T)$。

当无风险利率以连续复利的形式表达时，远期合约的定价公式则为：

$$F_0(T) = (S_0 - I_0) e^{rT}$$

### 例题 31.1

假设 LPAA 公司的当前股价为 USD 141.17/股，预计该公司将在 3 个月后每股分红 USD 9.2。假设当前美国无风险利率为 4%（annual compounding），请问该公司股票的 6 个月远期价格应为多少？

**名师解析**

题目中给出的条件：

$S_0 = 141.17$

$I_0 = 9.2/(1+4\%)^{3/12} = 9.1102$

$r = 0.04$

$T = 0.5$

代入式（31.2），得到远期价格：

$$F_0(T) = (S_0 - I_0)(1+r)^T = (141.17 - 9.1102) \times 1.04^{6/12} = 134.68$$

因此，我们可以求得 LPAA 公司的 6 个月远期股价为 USD 134.68/股。

> **备考小贴士**
>
> 考生需要重点掌握如何利用现货持有套利模型（标的资产收益金额固定）计算远期合约的价格。

#### 2. 收益率固定

有一些金融资产，在远期合约的期限内，可以提供固定的收益率。换句话说，金融资产的收益是以回报率的形式存在，而非固定的金额。假设标的资产的回报率为 $Q$ 并每年进行复利增长，获得的利息再投资于更多的标的资产。那么，标的资产的规模每年以 $Q$ 增长。到期时，标的资产的价值为期初的 $(1+Q)^T$ 倍。

假设有如下的一个交易策略：

（1）在期初买入一个单位的资产 $S_0$；

（2）在期初做空一份远期合约，在 $T$ 时刻以 $F_0(T)$ 的价格，卖出 $(1+Q)^T$ 份合约。

可得：

$$S_0 = F_0(T)\left(\frac{1+Q}{1+r}\right)^T$$

或者

$$F_0(T) = S_0\left(\frac{1+r}{1+Q}\right)^T \tag{31.3}$$

对比式（31.2）与式（31.3），收益无论是以金额的方式出现还是以收益率的方式出现，都会降低远期价格，其内在逻辑是一样的。只不过，收益金额是绝对数值，而收益率是百分比。

若式（31.3）不成立，则产生套利机会：

(1) 当 $F_0(T) > S_0\left(\frac{1+r}{1+Q}\right)^T$，套利者可借款买入现货的同时做空远期合约，到期出售标的资产，期末净收益为 $F_0(T) - S_0\left(\frac{1+r}{1+Q}\right)^T$；

(2) 当 $F_0(T) < S_0\left(\frac{1+r}{1+Q}\right)^T$，套利者可卖空标的资产，将收取的资金以无风险利率投资，同时做多远期合约，期末净收益为 $S_0\left(\frac{1+r}{1+Q}\right)^T - F_0(T)$。

在连续复利的情况下，标的资产的回报率记为 q，无风险利率记为 r，远期合约的定价公式则为：

$$F_0(T) = S_0 e^{(r-q)T}$$

## 例题 31.2

假设某金融资产当前市场交易价格为 USD 50，市场无风险利率为 2.5%（annual compounding）。已知该金融资产每年的收益率为 2%（annual compounding）。根据现货持有套利模型，该资产 5 年期的远期合约价是多少？

### 名师解析

题目给出的条件：

$S_0 = 50$

$Q = 2\%$

$r = 2.5\%$

$T = 5$

代入式（31.3），得到远期价格：

$$F_0(T) = S_0 \left(\frac{1+r}{1+Q}\right)^T = 50 \times \left(\frac{1+2.5\%}{1+2\%}\right)^5 = \text{USD } 51.24$$

因此，我们可以求得该金融资产 5 年远期合约价格为 USD 51.24。

> **备考小贴士**
>
> 考生需要重点掌握如何利用现货持有套利模型（标的资产收益率固定）计算远期合约的价格。

## 第二节　金融远期估值

### 一、远期价格 vs 远期价值

**辨析（distinguish）远期合约的定价和估值（★★★）**

远期价格（forward price）为基于市场确定的一个公平合理的价格，该价格使得参与者无法在现货与远期合约的组合中找到任何套利机会，即为无套利价格。远期价格在合约签订的期初（0 时刻）就已经确定，并且在合约期内不会发生变化，其表示在到期时合约双方交易标的资产的一个固定价格。

与定价不同，远期价值（forward value）是指在远期合约签订后至到期前的某一时间点确定远期合约合理的货币价值。通俗来讲，估值是指衡量投资者因拥有远期合约而得的收益或损失，其价值与标的资产在估值时点的市场价格息息相关。因此，远期价值为动态价值，会随着标的资产价格变化而变化。

## 二、远期估值：金融资产无现金流

> 计算（calculate）远期合约的价值（★★★）

假设投资者在期初（0时刻）以 $F_0(T)$ 的合约价格进入某远期合约的多头头寸，注意，期初合约双方互相不支付任何费用。在合约到期前的 $t$ 时刻，投资者又进入一个远期空头头寸，约定价格为 $F_t(T)$，两个期货合约可以完全对冲。远期合约在 $t$ 时刻的价值 $V_t(T)$ 实际上是合计头寸在未来 $T$ 时刻的现金流折现至 $t$ 时刻的现值，整个流程如表31.3所示。

表31.3　远期合约的价值

| 头寸 | 0时刻（期初） | $t$ 时刻（期中） | $T$ 时刻 |
| --- | --- | --- | --- |
| 期初做多远期合约 | $V_0(T)=0$ | $V_t(T)$ | $V_T(T)=S_T-F_0(T)$ |
| 期中做空远期合约 | N/A | 0 | $V_t(T)=F_t(T)-S_T$ |
| 合计 | 0 | $V_t(T)$ | $F_t(T)-F_0(T)$ |

根据表31.3，双方期初不支付任何金额，因此期初远期合约的价值为：

$$V_0(T)=0 \tag{31.4}$$

期中，站在多头角度，远期合约的价值为：

$$V_t(T)=\frac{F_t(T)-F_0(T)}{(1+r)^{T-t}} \tag{31.5}$$

期末，站在多头角度，远期合约的价值为：

$$V_T(T)=S_T-F_0(T) \tag{31.6}$$

为方便理解，下文在探讨远期估值时，均基于合约多头头寸的角度。根据零和博弈的原则，空头头寸只需要在多头头寸的结论上加一个"负号"既可。

将式（31.1）中隐含的等价关系，即 $F_0(T)=S_0(1+r)^{T-t}$ 代入式（31.5），可得到标的资产无现金流时的金融远期价值（一般不做限定时，视为讨论多头价值）。

期初，远期合约价值为：

$$V_0(T)=0$$

期中，远期合约价值为：

$$V_t(T) = S_t - \frac{F_0(T)}{(1+r)^{T-t}} \tag{31.7}$$

期末，远期合约价值为：

$$V_T(T) = S_T - F_0(T)$$

假设某股票不支付任何红利，其当前市场交易价格为 USD 50，市场无风险利率为 2.5%，以此为标的资产的远期合约期限为 6 个月。当合约持续到第 3 个月月末时，股票的交易价格上升到 USD 53，请问此时该远期合约的价值是多少？

利用式（31.1），可得该远期合约价格为：

$$F_0(T) = S_0(1+r)^T = 50 \times (1+2.5\%)^{6/12} = USD\ 50.62$$

利用式（31.7），可得该远期合约价值为：

$$V_t(T) = S_t - \frac{F_0(T)}{(1+r)^{T-t}} = 53 - \frac{50.62}{(1+2.5\%)^{\frac{6}{12}-\frac{3}{12}}} = USD\ 2.69$$

> **备考小贴士**
> 
> 考生需要重点掌握如何计算标的资产无现金流的远期合约的价值。

## 三、远期估值：金融资产有固定现金流

### 1. 收益额固定

将式（31.2）中隐含的等价关系，即 $F_0(T) = (S_0 - I_0)(1+r)^{T-t}$ 代入式（31.5），可得到标的资产收益额固定时的金融远期价值。

期初，远期合约价值为：

$$V_0(T) = 0$$

期中，远期合约价值为：

$$V_t(T) = S_t - I_t - \frac{F_0(T)}{(1+r)^{T-t}} \tag{31.8}$$

期末，远期合约价值为：

$$V_T(T) = S_T - F_0(T)$$

假设某股票当前市场交易价格为 USD 50，市场无风险利率为 2.5%。已知该股票 3 月底会支付股利 USD 5。当为期 1 年的合约持续到 2 月底时，股票的交易价格上升到 USD 53。请问此时该远期合约的价值是多少？

利用式（31.2），可得该远期合约价格为：

$$I = \frac{5}{(1+2.5\%)^{3/12}} = USD\ 4.97$$

$$F_0(T) = (S_0 - I_0)(1+r)^T = (50 - 4.97)(1+2.5\%) = USD\ 46.16$$

利用式（31.8），可得该远期合约价值为：

$$V_t(T) = S_t - I_t - \frac{F_0(T)}{(1+r)^{T-t}} = 53 - \frac{5}{(1+2.5\%)^{\frac{1}{12}}} - \frac{46.16}{(1+2.5\%)^{\frac{12}{12}-\frac{2}{12}}} = USD\ 2.77$$

**备考小贴士**

考生需要重点掌握如何计算标的资产收益额固定的远期合约的价值。

### 2. 收益率固定

将式（31.3）中隐含的等价关系，即 $F_0(T) = S_0\left(\frac{1+r}{1+Q}\right)^T$ 代入式（31.5），可得到标的资产收益率固定时的金融远期价值。

期初，远期合约价值为：

$$V_0(T) = 0$$

期中，远期合约价值为：

$$V_t(T) = \frac{S_t}{(1+Q)^{T-t}} - \frac{F_0(T)}{(1+r)^{T-t}}$$

(31.9)

期末，远期合约价值为：

$$V_T(T) = S_T - F_0(T)$$

假设某股票当前市场交易价格为 USD 50，市场无风险利率为 2.5%。已知该金融资产每年的收益率为 2%。当合约到达第 3 年年末的时候，金融资产交易价格为 USD 53。请问该资产 5 年期的远期合约当前的价值是多少？

利用式（31.3），可得该远期合约价格为：

$$F_0(T) = S_0 \left(\frac{1+r}{1+Q}\right)^T = 50 \times \left(\frac{1+2.5\%}{1+2\%}\right)^5 = \text{USD } 51.24$$

利用式（31.9），可得该远期合约价值为：

$$V_t(T) = \frac{S_t}{(1+Q)^{T-t}} - \frac{F_0(T)}{(1+r)^{T-t}} = \frac{53}{(1+2\%)^{5-3}} - \frac{51.24}{(1+2.5\%)^{5-3}} = \text{USD } 2.17$$

**例题 31.3**

假设 KAKO LOKA 公司当前股价为 USD 62.48/股，根据历史数据可知，该公司每年的分红派息率为 2.8%。已知当前美国无风险利率为 4%。投资者 TC 在半年前签订了一份做多 KAKO LOKA 公司股票的 18 个月远期合约，远期价格为 USD 59.00/股。请问目前该远期多头的头寸价值是多少？

**名师解析**

根据题目中给出的条件：

$S_t = 62.48$

$r = 0.04$

$T-t = 1$

$F_0(T) = 59$

$Q = 0.028$

以上条件代入式（31.9），可以求得：

$$V_t(T) = \frac{S_t}{(1+Q)^{T-t}} - \frac{F_0(T)}{(1+R)^{T-t}} = \frac{62.48}{1+0.028} - \frac{59}{1+0.04} = 4.05$$

即此时远期合约的估值为 USD 4.05/股。

**备考小贴士**

考生需要重点掌握如何计算标的资产收益率固定的远期合约的价值。

## 第三节　远期 vs 期货

> 描述（describe）远期和期货的差异，并解释（explain）远期价格和期货价格之间的关系（★★★）

### 一、远期价格 vs 期货价格

将期货与远期进行对比可知，期货存在逐日盯市制度（mark-to-market），而远期只在到期时进行结算。由于结算制度不同，二者的价格存在差异。

假设远期和期货在其他方面完全一致：

（1）如果利率保持恒定，那么远期价格与期货价格应该相等。

（2）如果利率与标的资产价格正向相关（涨跌同向），当标的资产价格上涨（利率同时上涨），期货多头盈利。出于每日结算制度，盈利可以以更高的利率进行再投资，此时期货对多头更具吸引力（多头愿意用更高的价格购买），所以期货价格高于远期价格。

如果标的资产价格下跌（利率同时下跌），期货多头亏损。但此时利率低，投资者可以低成本进行融资并补仓，期货更具吸引力，所以期货价格高于远期价格。

（3）如果利率与标的资产价格反向相关（涨跌反向），则逻辑正好相反，期货价格低于远期价格。

与此同时，出于逐日盯市制度，期货合约每日进行结算保证当日无负债，所以其价值在每日结算后等于 0。前文中的估值公式仅适用于远期合约，不适用于期货合约。

### 二、交割日期

期货合约的交割日期可由空头方在交易所规定的期限范围内进行灵活选择，而远期合约的交割日期已经确定，不可变更。所以，对于金融资产而言，如果利率高于标的资产的收益率，那么期货空头会选择在期限范围内尽早交割，以避免过高的融资成本；如果利率低于标的资产的收益率，那么空头会选择尽量推迟交割日期。

# 第三十二章

# 外汇市场

**知识引导**

随着经济全球化的发展，国际贸易与资本流动成为国际投资者需要考虑的重要因素。国际商品市场和资本市场的竞争会对投资决策产生重大影响。而商品及资金在全球的流动必然涉及两国货币兑换的问题。本章将主要介绍外汇市场。

**考点聚焦**

本章主要内容包括外汇市场的基本概念、外汇市场投资工具、外汇风险的类型，以及汇率的决定因素。其中，考生需要重点掌握汇率标价法、即期汇率与远期利率的计算、外汇风险类型以及利率如何决定汇率。本章考查方式同时涉及定性理解和定量计算。

**本章框架图**

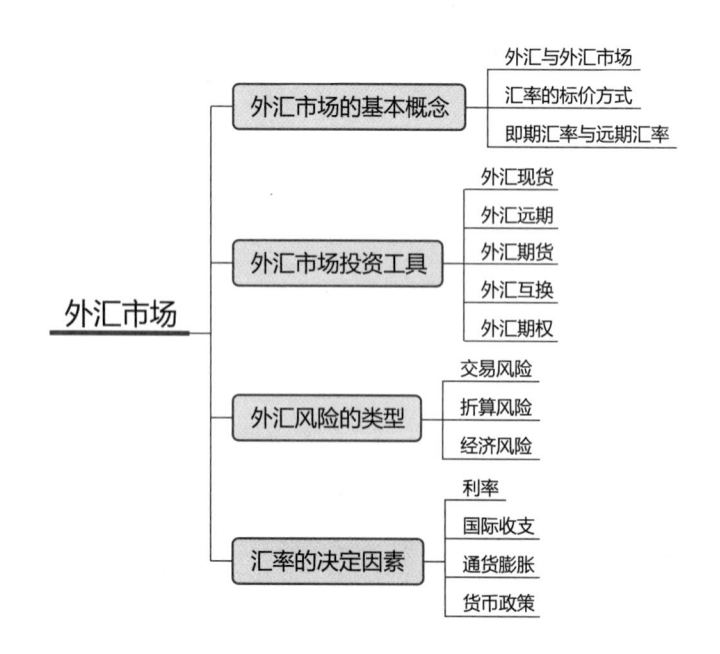

```
                         ┌── 外汇与外汇市场
       ┌─外汇市场的基本概念─┼── 汇率的标价方式
       │                 └── 即期汇率与远期汇率
       │                  ┌── 外汇现货
       │                  ├── 外汇远期
       ├─外汇市场投资工具 ─┼── 外汇期货
外汇市场│                  ├── 外汇互换
       │                  └── 外汇期权
       │                  ┌── 交易风险
       ├─外汇风险的类型 ──┼── 折算风险
       │                  └── 经济风险
       │                  ┌── 利率
       │                  ├── 国际收支
       └─汇率的决定因素 ──┼── 通货膨胀
                          └── 货币政策
```

# 第一节 外汇市场的基本概念

## 一、外汇与外汇市场

外汇市场（foreign exchange market/Forex/FX/currency market）是买卖外汇的场所。外汇市场上同时存在对冲者和投资者。

根据交易规模来看，外汇市场是全球最大的金融市场之一。国际清算银行（BIS）的统计数据显示，2019年外汇市场的交易规模平均每天高达6.6万亿美元，其中超过八成的外汇交易为美元和其他货币之间的兑换，交易规模排名从大到小依次为：美元-欧元、美元-日元、美元-英镑、美元-澳元、美元-加拿大元、美元-人民币，以及美元-瑞士法郎。

## 二、汇率的标价方式

> 解释（explain）并描述（describe）汇率的标价方式（★★★）

当我们在外汇交易中进行报价时，会区分基础货币（base currency）和标价货币（quotecurrency），人们习惯以首字母缩写的形式（3个大写字母）来标记某一货币，如：USD表示美元（US dollar），GBP表示英镑（Great Britain pound）等。

通常，外汇市场上的货币对会以XXXYYY或XXX/YYY的形式进行标识，XXX表示汇率价格中的基础货币，YYY表示汇率价格中的标价货币。汇率显示的数字表示的是投资者需要花费多少个单位的YYY货币，以购买的一个单位的XXX货币。

例如，20×2年11月×日，英镑兑美元GBPUSD的报价为1.1856，表示投资者愿意以1.1856美元购买或出售1英镑；美元兑日元USDJPY的报价为141.78，表示投资者愿意以141.78日元来购买或出售1美元。

> **备考小贴士**
>
> 在 FRM® 一级考试中，考生应重点关注哪种货币为基础货币，哪种货币为标价货币。

## 三、即期汇率与远期汇率

### 1. 即期汇率

> 解释（explain）和描述（describe）即期汇率报价；辨析（distinguish）外汇买入价和外汇卖出价；计算（calculate）外汇买卖价差（★★）

即期汇率（spot exchange rate）是指外汇现货市场中交易基础货币的价格。通常即期汇率的报价数字包含 4 位到 5 位小数。

外汇买入价（bid exchange rates）是指外汇市场中银行或交易商（dealer）愿意买入基础货币的价格；外汇卖出价（ask exchange rates）是指外汇市场中银行或交易商（dealer）愿意卖出基础货币的价格。外汇买卖价差（bid-ask spread）是指外汇买入价和外汇卖出价的差值，即：

$$\text{bid-ask spread} = \text{ask exchange rate} - \text{bid exchange rate} \quad (32.1)$$

例如，20×2 年 11 月×日，欧元兑美元 EURUSD 的买入价（bid）为 1.0258，卖出价（ask）为 1.0262，意味着银行愿意以 1.0258 美元的价格买入 1 欧元，或者愿意以 1.0262 美元的价格卖出 1 欧元。买卖价差为：

$$1.0262 - 1.0258 = 0.0004$$

### 2. 远期汇率

> 解释（explain）并描述（describe）远期汇率报价；解释（explain）即期汇率与远期买卖价差区别原因（★★★）

远期汇率（forward exchange rate）是指交易双方达成外汇买卖协议，约定在未来某一时间进行外汇实际交割所使用的汇率。

远期汇率报价遵循和即期汇率一致的基础货币,即:若即期汇率的报价是 XXXYYY,则远期汇率的报价同样是 XXXYYY。

通常,远期汇率的报价是以点数的形式报价,投资者需要将即期汇率加上或减去远期汇率报价的点数乘以 1/10 000,从而得到远期汇率报价。(少数货币对,如美元兑日元 USDJPY 是将点数乘以 1/100。)

表 32.1 展示了 20×2 年 11 月×日,欧元兑美元 EURUSD 的即期和远期汇率部分报价。

表 32.1　　　　　　EURUSD 即期与远期汇率报价（部分）

| 期限（Maturity） | 买价（bid） | 卖价（ask） |
| --- | --- | --- |
| 即期价格（Spot） | 1.0258 | 1.0262 |
| 隔夜（Over Night） | 0.63 | 0.75 |
| 1 个月（1M） | 23.19 | 24.14 |
| 3 个月（3M） | 77.96 | 78.96 |
| 6 个月（6M） | 141.30 | 144.30 |
| 1 年（1Y） | 266.60 | 271.60 |
| 5 年（5Y） | 802.94 | 839.98 |
| 10 年（10Y） | 1 289.00 | 1 389.00 |

即期汇率买卖价差为:

$$1.0262-1.0258 = 0.0004$$

3 个月远期汇率买入价为:

$$1.0258+77.96\times 1/10\ 000 = 1.033596$$

3 个月远期汇率卖出价为:

$$1.0262+78.96\times 1/10\ 000 = 1.034096$$

远期汇率的买卖价差为:

$$1.034096-1.033596 = 0.0005$$

需要注意的是,远期汇率的买卖价差比即期汇率的要高。而远期汇率的买卖价差也会随着期限（maturity）的增大而增加。并且,远期汇率的卖出价（ask）也高于买入价（bid）。

> **备考小贴士**
>
> 在考试中，考生需要掌握远期汇率的买卖价格的计算。

# 第二节 外汇市场投资工具

## 一、外汇现货

外汇现货（spot foreign exchange）又称即期外汇，在成交后，买卖双方要在两个营业日内交割完毕。电汇、信汇和票汇都属于外汇现货。即期外汇交易是国际外汇市场上最普遍的一种交易形式，其基本功能是完成货币的调换。其作用是满足临时性的付款需要，实现货币购买力国际转移；或通过即期外汇交易调整多种外汇的头寸比例，保持外汇头寸平衡，以避免经济波动的风险；也可以利用即期外汇交易与远期交易的配合，进行外汇投机，谋取投机利润。

## 二、外汇远期

外汇远期（currency forward）是指在外汇市场上，一种规定在未来约定时间，以约定价格交割外汇的合约，属于场外衍生品，具有个性化的特点。外汇远期市场存在的意义是可以规避汇率波动的不确定性，帮助用汇企业提前锁定汇率。

## 三、外汇期货

外汇期货（currency futures）是指买卖双方在期货交易所成交后，承诺在未来某一特定日期，以当前所约定的价格交付某种特定标准数量的货币的合约。外汇期货合约的买卖完全基于市场参与者对该种货币价格（即汇率）走势的预测。在 CME 集团交易的外汇期货中，外国货币和其他资产一样用美元标价。例如，6 个月外汇期货报价为 0.7692（CADUSD = 1/1.3000 = 0.7692），即 0.7692 USD 兑换 1 CAD。购买该外汇期货合约后，若外汇价格上升（高于 0.7692，说明 CAD 升值），那么做多期货一方就会获利；若价格下跌，做多期货一方则会损失。

在 CME 集团国际货币市场（International Monetary Market，IMM）上交易的外汇期货合约，其交易量占全球成交量的 90% 以上。合约覆盖澳元、英镑、加拿大元、欧元、日元、瑞士法郎等货币。

## 四、外汇互换

比较（compare）外汇远期和外汇互换（★）

外汇互换（foreign exchange swap，FX swap）又称外汇掉期，是结合外汇现货及远期交易的一种合约，合约双方约定某一日期按即期汇率交换一定数额的货币，然后在未来某一日期，按约定的汇率（即远期汇率）以相等金额再交换回来。实际上，合约双方是各自获得交换回来的货币的一定时间的使用权。外汇互换是一种在现货市场买卖外币，并在远期市场进行相反交易的金融工具。通过这种方式，公司可以以本国货币支付利息，为外币计价的资产提供所需资金。外汇互换包括两次在不同时间进行的货币交换，使公司能够用一种货币支付以另一种货币计价的费用，同时减少外汇风险。这一机制帮助企业有效管理其多币种资金。外汇掉期包含两个部分——现货交易和远期交易，这两笔交易金额相等，因此互相抵消。当两家公司分别持有对方所需的货币时，远期外汇交易可以确保双方免受外汇风险的影响。外汇互换的条件反映了合约双方对所交换的两种货币的汇率走势及各自对利率的看法。外汇互换以远期点数的方式报价，除了可用来锁定在未来某一时点交换货币的汇率外，亦可作为对即期与远期汇率间的异常差距进行套利的手段。

从上述内容可知，外汇互换协议是在协议约定的两个日期各进行了一次货币交换。与之相对的是，外汇远期协议只在约定的未来日期交换一次货币。

## 五、外汇期权

> 描述（describe）利用外汇期权同时对冲多种货币风险的原理（★）

外汇期权（foreign exchange option）也称为货币期权，指合约购买方在向出售方支付一定期权费后，所获得的在未来约定日期或一定时间内，按照规定汇率买进或者卖出一定数量外汇资产的选择权。相比于外汇期货，外汇期权不仅可以保护投资者不受损失，还保留了投资者获得收益的可能。

跨国公司经常同时拥有多种货币标价的资产，如果公司希望进一步对冲多种外币的汇率风险（multi-currency hedging），可采用外汇期权。具体来讲，公司可以通过购买针对每种外币的期权，分别对冲该种外汇的汇率风险。然而，购买期权需要支付期权费，此策略较为昂贵。相对便宜的策略则是公司先识别自身投资组合中的货币，然后在 OTC 市场上购买与该组合匹配的一个期权合约，该外汇期权的标的资产为组合中的一篮子外币。

跨国公司在一年中的每个月都会面临汇率变动的风险，因此公司可以通过每月交易期权来管理这些风险。与此同时，公司可通过购买亚式期权（Asian option）来降低成本。亚式期权在到期日确定期权收益时，不是采用标的资产当时的市场价格，而是用期权合同期内某段时间标的资产的平均价格。

**备考小贴士**

在考试中，考生需要了解使用期权对冲多种货币风险的方法。

# 第三节 外汇风险的类型

> 定义（define）、比较（compare）和对比（contrast）交易风险、折算风险以及经济风险（★★★）；描述（describe）上述风险的相关案例并解释（explain）如何对冲这些风险（★）

## 一、交易风险

交易风险（transaction risk）是指企业或个人在面临外币应付或应收款项时因汇率变动而导致经济损失的可能性，这些债权债务在汇率变动前已发生，但在汇率变动后才结算。交易风险的发生主要源于货币和时间两个因素。货币因素是指交易中必须涉及不同币种的兑换，如果没有两种不同货币间的兑换，也就不存在汇率波动所引起的外汇风险。时间因素则是外汇交易风险产生的催化剂，债权债务发生日期与最后结算日期之间的时间跨度越大，汇率波动的幅度可能越大。

假设 A 国的公司从 B 国进口商品，该商品以 B 国货币结算。这就促成了 A 国公司的一笔以外币计价的应付款。如果 B 国货币升值，那么 A 国就必须用更多的本国货币兑换外币。因此，A 国公司可通过外汇远期或期货合约做多 B 国货币，锁定未来的汇率。

## 二、折算风险

折算风险（translation risk）是一种会计风险，源于公司资产和负债可能由外币标价，但在资产负债表上却必须以公司所在国家的货币进行报告。外汇汇率的变动会引起公司资产负债表中某些外汇资金项目金额变动，给公司带来折算风险。注意，折算风险并不影响公司的现金流，但它会带来账面的损失或收益，对报表的结果产生重大影响。对于应收款或应付款，结算发生之前会带来折算风险，而在结算发生时则转化为交易风险。

利用外汇远期合约对冲折算风险存在一个问题：如果公司不打算将外币资产卖出或偿还外币负债，那么外汇远期合约带来的汇率锁定并不会带来实质的意义。由于远期合约会影响未来现金流，因此，该策略本质上是以现金流风险替换了会计风险。在对冲折算风险方面，公司应采用以外币融资来购买外币资产的策略，这样外币资产与外币负债的波动可以完全抵消。

## 三、经济风险

经济风险（economic risk）指非预期汇率变动对跨国公司未来现金流量现值的影响。用来衡量汇率变动对整个企业盈利能力和公司价值产生潜在影响的程度。假设 C 国某公司向 D 国出售商品，商品以 C 国货币计价。然而，一旦 C 国货币升值，D 国客户会发现商品更贵，从而降低需求。因此，公司必须调低售价，才能保证商品得以出售。

相对于交易风险和折算风险，经济风险更加难以计量，但跨国企业在进行海外扩张的时候，经济风险是必须重点考虑的因素。

> **备考小贴士**
>
> 关于外汇风险的类型，考生需要定性掌握。

# 第四节 汇率的决定因素

> 识别（identify）并解释（explain）汇率的决定因素（★★★）

## 一、利率

### 1. 名义利率与实际利率

> 描述（describe）名义利率与实际利率之间的关系（★）

名义利率（nominal interest rate，$R_{nom}$）是央行或其他提供资金借贷的机构所公布的未剔除预期通货膨胀率（inflation rate，$R_{infl}$）的利率，即利息的货币额与本金的货币额的比率。实际利率（real interest rate，$R_{real}$）是指名义利率剔除通货膨胀率后的实际回报。名义利率与实际利率之间的关系为：

$$R_{real} = \frac{1+R_{nom}}{1+R_{infl}} - 1 \quad (32.2)$$

$$R_{real} \approx R_{nom} - R_{infl} \quad (32.3)$$

**备考小贴士**

关于名义利率与实际利率之间的关系，考生需要定性掌握。

### 2. 抛补利率平价

描述（describe）如何通过外汇市场中的无套利假设推导出抛补利率平价，并利用抛补利率平价计算（calculate）远期汇率（★★★）

抛补利率平价（covered interest parity）公式是基于无套利假设的一种理论，该理论将即期汇率和远期汇率通过利率进行连接。投资者可以通过该公式，利用即期汇率和利率预测远期汇率。下面将通过一个案例展示利率评价公式的由来。

假设投资者手中持有 1 亿美元，计划在一年之后将该笔美元转换为欧元。该投资者可以执行以下两种策略（欧元兑美元的即期和远期汇率报价方式为 EURUSD）。

策略一：

（1）投资者以美国无风险利率 $R_{USD}$ 投资该笔 1 亿美元，到期后获得以美元计价的投资本息：

$$100M \times (1+R_{USD})$$

（2）投资者在当前以远期汇率价格 F 锁定未来的换汇价格，并且在一年后将上述的美元投资本息转换为欧元，获得欧元金额：

$$\frac{100M \times (1+R_{USD})}{F}$$

策略二：

（1）投资者在当前以即期汇率 S 将 1 亿美元转换为欧元，获得欧元金额：

$$\frac{100M}{S}$$

（2）投资者将上一步获得的欧元金额，以欧元区无风险利率 $R_{EUR}$ 进行投资，获得欧元投资本息：

$$\frac{100M}{S} \times (1+R_{EUR})$$

在无套利假设下，两种策略是同质的，即两种策略得到的结果应当是一致的，即：

$$\frac{100M \times (1+R_{USD})}{F} = \frac{100M}{S} \times (1+R_{EUR})$$

对上式进行整理可得：

$$F = S \times \frac{(1+R_{USD})}{(1+R_{EUR})}$$

如果我们将以上公式推而广之，就得到了抛补利率平价公式：

$$F = S \times \frac{(1+R_{YYY})^T}{(1+R_{XXX})^T} \tag{32.4}$$

其中：$F$ 代表货币对 XXXYYY 的远期汇率；$S$ 代表货币对 XXXYYY 的即期汇率；$R_{YYY}$ 为 YYY 货币所在国家或地区的无风险利率；$R_{XXX}$ 为 XXX 货币所在国家或地区的无风险利率；$T$ 为到期时间；XXX 为基础货币；YYY 为标价货币。

上述抛补利率平价公式中的无风险利率亦可以用连续复利呈现：

$$F = Se^{(r_{YYY}-r_{XXX})T} \tag{32.5}$$

上式中的 $r_{YYY}$ 和 $r_{XXX}$ 为两国连续复利的无风险利率。

通过抛补利率平价公式，我们可以利用两个货币的利率和即期汇率对远期汇率进行预测，假设：

欧元兑美元 EURUSD 即期汇率 $S = 1.0260$；

美国无风险利率 $R_{USD} = 4\%$；

欧元区无风险利率 $R_{EUR} = 2\%$。

则可以对一年期欧元兑美元的远期汇率进行预测：

$$F = S \times \left(\frac{1+R_{YYY}}{1+R_{XXX}}\right)^T = 1.0260 \times \left(\frac{1+0.04}{1+0.02}\right)^1 = 1.0461$$

通过以上公式不难看出，当 $R_{YYY} > R_{XXX}$ 时，远期汇率将大于即期汇率，即投资者在远期市场上需要花费（或收取）更多的 YYY 货币，以购买（或卖出）一个单位的 XXX 货币，这种情况，我们称之为 XXX 货币在远期市场上相对于 YYY 货币升值，反之亦然。

当远期合约的期限为一年时，XXX 货币的升值比率为：

$$\frac{F-S}{S}=\frac{1+R_{YYY}}{1+R_{XXX}}-1=\frac{R_{YYY}-R_{XXX}}{1+R_{XXX}}\approx R_{YYY}-R_{XXX} \qquad (32.6)$$

推而广之，当 $T<1$，XXX 货币的远期价格相对于即期价格的升值比率大致为

$$R_{YYY}-R_{XXX}$$

### 例题 32.1

假设当前的英镑兑美元 GBPUSD 即期汇率为 1.1965，美国联邦无风险利率为年化 4%，英格兰银行无风险利率为年化 3%（上述无风险利率皆为连续复利），求半年期英镑兑美元的远期汇率的公允价格。

**名师解析**

根据条件：

$S = 1.1965$

$r_{USD} = 0.04$

$r_{GBP} = 0.03$

代入式（32.5），求得半年期远期汇率为：

$$F = Se^{(r_{USD}-r_{GBP})T} = 1.1965 \times e^{(0.04-0.03)0.5} = 1.2025$$

因此，半年期英镑兑美元的远期汇率应为 1.2025。

### 3. 非抛补利率平价

**辨析（distinguish）非抛补利率平价与抛补平价的差异（★）**

非抛补利率平价（uncovered interest parity）是一种关于汇率本身如何波动的理论，亦是解释汇率如何波动的诸多要素中的其中一种。该理论认为，当汇率变动的因素被考虑进来后，投资者的任一货币上赚取的收益应当是一致的。

在前文的例子中，当投资者观察到美元的无风险利率为 4%，欧元区的无风险

利率为2%时，如果非抛补利率平价成立，两者对于同一个投资者带来的回报应该是一致的，即投资者将预期欧元较美元升值约2%，或美元较欧元贬值约2%。

但在现实世界中，非抛补利率平价并非总是成立的，投资者亦并不总将货币之间的利率差作为预测即期汇率变化的主要指标。

如果抛补利率平价与非抛补利率平价同时成立，则预期未来即期汇率将等于远期汇率。

## 二、国际收支

国际收支（balance of payments and trade flows）是影响汇率的重要因素。如果一国国际收支为顺差，则外汇收入大于外汇支出，外汇储备增加，该国对外汇的供给大于对外汇的需求，本币对外币升值；如果该国国际收支为逆差，则本币对外币贬值。

## 三、通货膨胀

> 解释（explain）购买力平价理论并计算（calculate）汇率及外币的升贬值幅度（★）

在经济学上，通货膨胀（inflation）是指整体物价水平持续性上升。经济学利用购买力平价理论（purchasing power parity，PPP）来研究汇率与物价水平之间的关系。

购买力平价理论认为，同样的货物在不同的国家和地区的价格应当是一致的，否则就会存在套利的机会。

比如同样的星×克咖啡，在美国的售价为5美元，在中国的售价为人民币35元，则两国货币的汇率USDCNY应当为：

$$S = \frac{35}{5} = 7$$

尽管在现实中，在纽约和上海之间往返进行咖啡套利交易是不现实的，但我们依然能通过购买力平价理论对汇率的长期趋势做出预测。假设美国的通货膨胀率为年化6%，而中国的通货膨胀率为年化3%，则同样一杯咖啡在两个国家的价格如下：

一年后星×克咖啡在美国的售价＝5×(1+6%)＝USD 5.3

一年后星×克咖啡在中国的售价＝35×(1+3%)＝CNY 36.05

根据购买力平价理论，一年后的 USDCNY 的汇率应当为：

$$S_T = \frac{36.05}{5.3} = 6.8019$$

从以上计算中可以看出，美元相对于人民币大约贬值了 3%。

推而广之，假设即期汇率的标价方式为 XXXYYY，根据购买力平价理论，XXX 相对于 YYY（即以 YYY 货币计价的单位 XXX 货币的价格）的升值幅度为：

YYY 国家的通货膨胀率–XXX 国家的通货膨胀率

> **备考小贴士**
>
> 考生需要了解通货膨胀对汇率的影响，即上文中的结论。

## 四、货币政策

货币政策（monetary policy）对汇率的影响主要是通过货币供应量的变动和利率的变动来实现的。如果 A 国采取宽松的货币政策，增加货币供给量，而 B 国保持不变，则 A 国的货币会相对 B 国贬值。从供应量角度理解，这是由于此时 A 国用更多的货币来购买相同量的产品。而宽松的货币政策会使利率降低，也会进而影响汇率。

# 第三十三章

## 大宗商品远期与期货

**知识引导**

　　本章主要讲述大宗商品远期与期货，是上一章"金融远期与金融期货"的延续。与金融资产不同，大宗商品的历史更为悠久，并关系到每一个人的日常生活。在美国，芝加哥是重要的农副产品集散地，早期主要的远期和期货合约的标的资产也是农副产品。而后，随着经济的发展，市场上才逐步出现了外汇类、利率类衍生品。商品的生产者可以通过大宗商品远期与期货对冲风险，降低生产成本的波动，进而降低整个产品市场和消费者所面临的风险。

**考点聚焦**

　　本章的主要内容包括大宗商品的基本概念、大宗商品远期定价、期货价格与预期未来现货价格的关系。考生需重点关注大宗商品的特殊性、大宗商品远期合约定价公式以及期货价格与预期未来现货价格的关系。本章的考查方式既涉及定性理解，也涉及部分定量计算。

**本章框架图**

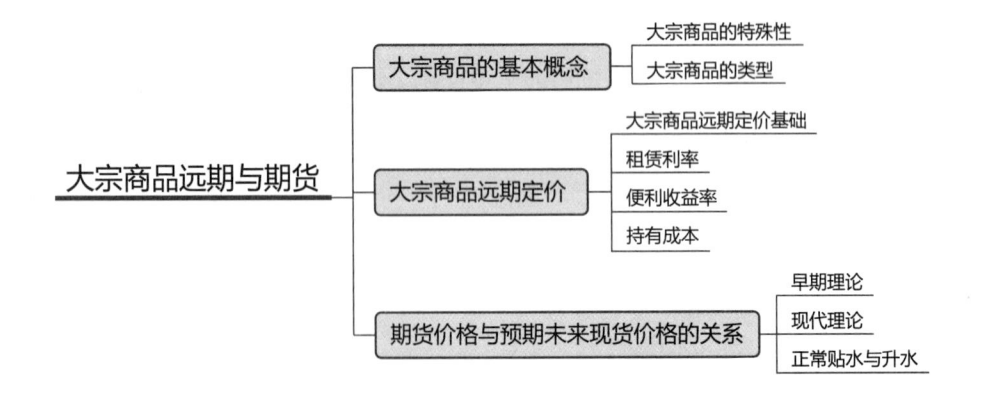

大宗商品远期与期货
- 大宗商品的基本概念
  - 大宗商品的特殊性
  - 大宗商品的类型
- 大宗商品远期定价
  - 大宗商品远期定价基础
  - 租赁利率
  - 便利收益率
  - 持有成本
- 期货价格与预期未来现货价格的关系
  - 早期理论
  - 现代理论
  - 正常贴水与升水

# 第一节　大宗商品的基本概念

> 解释（explain）大宗商品与金融资产的差异（★★）

与金融资产不同，大部分大宗商品属于消费资产（consumption asset），这便意味着大宗商品很少用于单纯投资目的。上一章中的无套利定价无法完全适用于大宗商品远期，其计算结果可以作为远期价格的上限。

## 一、大宗商品的特殊性

> 定义（define）储存成本、租赁利率（★★）

### 1. 储存成本

大宗商品的储存成本（storage cost）是相当可观的，这些成本不仅包括仓储费用，还包括保险费、维护费用等。部分农产品和天然气的市场需求通常存在于每一年的特定时期，而金属和原油等大宗商品的市场需求在全年都持续存在。

### 2. 运输成本

大宗商品的运输成本（transport cost）相对昂贵，因此其价格与所在的位置有关。然而，金融资产通过电子平台交易是没有运输成本的。

### 3. 租赁利率

以投资为目的持有的大宗商品往往涉及做空，做空则需要借入资产。然而，借入大宗商品需要缴纳租赁利率（lease rate）。而金融资产的做空过程也涉及借入资产，但此时的融资成本通常比大宗商品的租赁利率低。

### 4. 价格波动规律

通常来讲，大宗商品的价格存在均值复归（mean reverting）的规律。具体来讲，虽然价格会存在波动，但长期来看存在一个价格的均值，即价格的平均水平，如果前期价格偏离均值太远，后期价格会回归到均值水平。如果前期价格很高，那么生产商会加大生产进而提高供给，与此同时需求者会购买替代品，这将导致商品价格回落。

**备考小贴士**

考生需要定性掌握大宗商品的特殊性。

## 二、大宗商品的类型

**识别（identify）影响各类大宗商品价格的因素（★★）**

### 1. 农副产品类（Agricultural Commodities）

农副产品期货包括种植类和牲畜类。其中，种植类具体包括玉米、大麦、黄豆、小麦、可可以及白糖等。牲畜类具体包括饲牛、活牛和瘦猪等。

农副产品期货最大的特点是储存成本较高，即便这些农副产品被有效地存放和管理，其存储的时间也不能无限拉长。与此同时，对于那些牲畜，饲养成本也取决于谷物等饲料的价格高低。

农副产品期货的价格具有季节性的特点。对于种植类，如谷物，秋收季节的价格相对较低，而其他时间则因储存成本等因素导致价格较高。与此同时，丰收还是歉收也会影响农副产品期货价格，丰收意味着价格下跌，歉收意味着价格上涨。另外，天气的变化也是影响农副产品期货价格的重要因素，产地的异常天气会导致产品价格产生波动。

### 2. 金属类（Metal Commodities）

在国际期货市场上上市交易的有色金属主要有10种，即铜、铝、铅、锌、锡、镍、钯、铂、金、银。其中，金、银、铂、钯等期货因标的资产价值高又被称为贵金属期货。黄金、白银、铜、铂4类期货是金属期货的四大主要产品，其中黄金的主要用途是作为保值、央行储备及部分交易媒介，其余商品则属于工业用金属。

相比于农副产品期货，金属期货不受天气影响，没有季节性价格波动，并且储存成本较低。与此同时，一些金属的持有完全以投资为目的，因此持有金属期货合约可以替代持有实物金属。另外，一些金属的产地和消费地往往不同，因此金属产出国和其他消费国之间的汇率也会成为金属期货价格的决定因素之一。除了汇率，工业需求程度、提炼方法、政策法规，以及环境保护等都会影响金属期货的价格。

### 3. 能源类（Energy Commodities）

能源期货涵盖以原油和原油衍生物作为标的资产的期货合约。在 CME 集团交易的能源类期货包括纽约期油、取暖油、天然气，以及汽油等产品。

在所有大宗商品市场中，原油市场份额位居第一。国际上两个重要的品种为布伦特原油（Brent oil）和美国西得克萨斯轻质原油（West Texas Intermediate，WTI）。

天然气作为一种能源，其特征是可以无限期储存，但储存成本和运输成本都比较高，需求呈现冬季高夏季低的特点。实务中，投资者可在美国洲际交易所（ICEUS）进行天然气期货交易。

电力也是能源类期货中很重要的一员，而电力的重要特征是无法储存，这会导致电力价格大幅度波动，夏季空调的使用会大大提升电力需求，而当天气转凉，电力需求又会立刻下跌。电力期货虽然存在，但其交易规模无法与原油期货以及天然气期货的交易规模媲美。电力期货合约主要有 3 类：5×8 合约代表周一至周五的晚 11 点至隔日早 7 点的非高峰期电力供应；5×16 合约代表周一至周五的早 7 点至晚 11 点的高峰期电力供应；7×24 合约则代表一周 7 天、每天 24 小时的电力供应。

### 4. 天气指数（Weather）

天气指数期货又称温度指数期货，是气象服务的高级商业模式，在类别上属于非物质期货交易品种。一些容易受天气变化影响的企业可利用天气期货来进行风险管理。天气期货包括制热日指数期货（heating degree days，HDDs）和制冷日指数期货（cooling degree days，CDDs），合约以指数点报价，以现金结算。以美国月度 CDD 指数期货合约为例，合约乘数为每点 USD 20，合约价值为：USD 20×月度 CDD 指数。

每日 HDD 指数和每日 CDD 指数的计算公式如下：

$$每日\ HDD = \max(0, 65 - A) \tag{33.1}$$

$$每日\ CDD = \max(0, A - 65) \tag{33.2}$$

其中，$A$ 是某一天中，由指定气温监测站给出的最高温与最低温的平均值，单位为℉（华氏度，1℉ = -17.2℃）。得出 $A$ 之后，可根据式（33.1）和（33.2）计算得出每日 HDD 指数和每日 CDD 指数。而月度 HDD 指数和月度 CDD 指数则由该月每日的指数累加而来。

> **备考小贴士**
>
> 考生需要定性掌握不同类型的大宗商品期货。

# 第二节　大宗商品远期定价

## 一、大宗商品远期定价基础

> 解释（explain）大宗商品远期定价公式，描述（describe）大宗商品远期的套利交易并计算（calculate）潜在套利利润（★★）

在不考虑储存成本、租赁利率等要素的情况下，我们可以把大宗商品看作一个不提供期间现金流收入的资产。因此，其定价公式可以参照第三十二章中我们对金融远期进行定价的公式：

$$F_0(T) = S_0(1+r)^T$$

其中，

$F_0(T)$：远期合约价格。

$T$：远期合约的期限。

$r$：年复利的无风险利率。

$S_0$：资产的现货价格。

根据无套利原则：

若投资者计算发现$F_0(T) > S_0(1+r)^T$，可以采取以下策略：

(1) 以无风险利率$r$借入资金$S_0$，远期合约到期日还本付息$S_0(1+r)^T$；

(2) 以现货价格$S_0$买入资产；

(3) 进入远期合约空头，在到期日以约定的价格$F$卖出资产；

(4) 投资者获得无风险套利利润$F_0(T) - S_0(1+r)^T > 0$。

当大量资金和投资者参与上述套利策略后，会拉升现货价格$S_0$、提高借贷利率$r$并压低远期价格$F_0(T)$，最终使得套利机会消失。

若投资者计算发现$F_0(T)<S_0(1+r)^T$，可以采取以下策略：

(1) 借入现货价格为$S_0$的资产，并将其做空卖出；

(2) 将做空卖出获得的资金$S_0$以无风险利率$r$进行投资，到期获得投资本息$S_0(1+r)^T$；

(3) 进入远期合约多头，在到期日以约定的价格$F_0(T)$买入资产，并向经纪商归还资产；

(4) 投资者获得无风险套利利润$S_0(1+r)^T-F_0(T)>0$。

当大量资金和投资者参与上述套利策略后，会压低现货价格$S_0$，降低投资利率$r$并拉升远期价格$F_0(T)$，最终使得套利机会消失。

## 二、租赁利率

> 解释（explain）大宗商品远期合约的定价公式；定义（define）租赁费率并解释（explain）其如何决定大宗商品远期和期货的无套利价值（★★）

本质上，大宗商品远期与金融远期的定价方式相同。但是，在做空大宗商品（如黄金、白银等具有投资属性的资产）的时候，如果要借入资产，则需要缴纳租赁利率（lease rate）。换句话说，租赁利率是标的资产可以带来的收益。因此，用租赁利率作为收益，大宗商品远期的定价公式为：

$$F_0(T) = S_0 \left( \frac{1+r}{1+\ell} \right)^T \qquad (33.3)$$

通过等式变换得到期货价格中的隐含租赁利率（implied lease rate）公式：

$$\ell = \left( \frac{S_0}{F_0(T)} \right)^{\frac{1}{T}} (1+r) - 1 \qquad (33.4)$$

其中，$F_0(T)$代表0时刻签约，$T$时刻到期的远期合约的价格；$S_0$代表远期合约签订时（即期初）标的资产的现货价格；$\ell$代表租赁利率。

租赁利率主要由市场上租借黄金的供需关系决定。以黄金为例，当对冲交易者做空黄金期货或远期时，银行或者交易商往往会采取在相反方向上做多黄金期货或黄金远期的策略，并借入现货黄金以进行对冲。伴随着对冲者做空黄金远期的数量上升，银行借入黄金的需求亦在上升，黄金市场的租赁利率因此提高。而根据期货定价公式，租赁利率提高，会使期货价格降低，反之亦然。

## 三、便利收益率

> 计算（calculate）带有储存成本的大宗商品远期价格；决定（determine）储存成本和便利收益率对大宗商品远期价格及无套利边界的影响（★★）

对于类似原油、铜、玉米等具有消费或工业原材料属性的大宗商品，我们称其为消费型资产。这些资产和黄金等具有投资属性的资产不同，现货资产往往不能借出做空，因此也不存在租赁利率。

在不考虑储存成本的情况下，如果投资者发现 $F_0(T) > S_0(1+r)^T$，前文提到的借入资金、买入资产并持有、在远期市场卖出的套利策略依然能够奏效，并且随着套利行为的展开，价格不均衡的情况将很快消失。

但是这类资产通常不能借出做空，因此，当投资者发现 $F_0(T) < S_0(1+r)^T$ 时，现货持有人通常不太会采取我们前文提到的卖空资产、远期买回的策略。

于是，对于这些具有消费属性的大宗商品，我们可以界定无套利的上界：

$$F_0(T) < S_0(1+r)^T$$

此外，我们可以在上述式子中考虑储存成本，即：

$$F_0(T) < (S_0+U)(1+r)^T$$

其中，$U$ 为储存成本折现到当前时刻的现值。

显然，上述不等式只提供了一个关于远期价格波动的范围，并不够精确。而为了准确测算这类大宗商品的远期价格，我们需要引入便利收益率（convenience yield）的概念。

便利收益率指的是，现货资产的持有人保留这些资产作为库存所能获得的潜在好处。当市场上的资产（如原油等）供给充分，意味着炼油企业、化工厂等终端使用者或消费者能迅速买入这些资产，而无需保有较高的库存，此时的便利收益率可接近于 0。

然而，如果市场中这些资产的供给非常紧张，那么企业保有较高库存就可以在亟需原料投入生产时获得优势，以备不时之需，换言之其便利收益率较高。

当我们引入便利收益率 Y 后，就可以求得资产的远期价格：

$$F_0(T) = (S_0 + U)\left(\frac{1+r}{1+Y}\right)^T \tag{33.5}$$

便利收益率无法直接观察，因此，我们需要通过对上式反推从而得到隐含的便利收益率：

$$Y = \left(\frac{S_0 + U}{F_0(T)}\right)^{\frac{1}{T}}(1+r) - 1 \tag{33.6}$$

**例题 33.1**

假设原油当前的价格为每桶 USD 85，1 年远期合约价格为每桶 USD 75，原油的储存成本的现值为每桶 USD 2，无风险利率为 1.5%。请计算便利收益率。

**名师解析**

根据式（33.5）可得：

$$75 = (85 + 2)\left(\frac{1 + 1.5\%}{1 + Y}\right)$$

得到 Y = 17.74%，因此，便利收益率为 17.74%。

**备考小贴士**

考生需要定量掌握便利收益率。

## 四、持有成本

描述（describe）持有成本（★★★）

资产的持有成本（cost of carry）包括：
（1）储存成本；
（2）融资成本；
（3）资产带来的收入，收益率可以看作负成本。

例如，在上一个章节中，我们讨论的金融资产，其不存在储存成本，因此其持有成本可以视作：

$$\text{cost of carry} = \frac{1+r}{1+Q} - 1 \qquad (33.7)$$

其中：

$r$：融资成本，即无风险利率。

$Q$：资产的期间现金收入的收益率。

或者也可以估作：

$$\text{cost of carry} \approx r - Q \qquad (33.8)$$

如果我们采用连续复利的无风险利率 $r$ 和收益率 $Q$，则有：

$$\text{cost of carry} = r - Q \qquad (33.9)$$

即金融资产的远期价格为：

$$F_0(T) = S_0 e^{(r-Q)T}$$

对于大宗商品而言，若将储存成本也表示为连续复利率，并采用连续复利的便利收益率 $Y$，则持有成本 $C$ 与大宗商品的远期价格 $F$ 可以表达为：

$$C = \text{storage cost} + r \qquad (33.10)$$

$$F_0(T) = S_0 e^{(C-Y)T} \qquad (33.11)$$

### 例题 33.2

假设原油当前的价格为 USD 75/桶，原油的储存成本为每年 2%，无风险利率为 1.5%，便利收益率为 8%。请计算 1 年原油远期合约价格（采用连续复利）。

### 名师解析

根据式（33.10）和（33.11）可得：

$$C = \text{storage cost} + r = 2\% + 1.5\% = 3.5\%$$

$$F_0(T) = S_0 e^{(C-Y)T} = 75 \times e^{(3.5\% - 8\%)} = \text{USD } 71.70$$

因此，1 年原油远期合约价格为 USD 71.70。

**备考小贴士**

考生需要掌握存在持有成本的情况下远期合约价格的定量计算。

## 第三节　期货价格与预期未来现货价格的关系

一个资产的预期未来现货价格［expected future spot price，$E(S_T)$］是指市场关于未来现货价格的预期值。通过前面几个章节的学习可知，到期时的期货价格会与现货价格趋同，如果不同则存在套利空间。然而，期货价格 $F_0(T)$ 是否等于预期未来现货价格 $E(S_T)$，期货价格是否可以很好地预测未来现货价格，是两个亟待解决的问题。

### 一、早期理论

凯恩斯是最早研究期货价格与预期未来现货价格关系的经济学家。在《货币论》中，他认为投机者承担了风险需要补偿，而对冲者没有承担风险无需补偿。对冲者的交易对手方往往为投机者，当对冲者需要补偿投机者时，期货价格和预期未来的现货价格会产生差异。

期货价格小于预期未来的现货价格：如果对冲者持有空头头寸，而投机者持有多头头寸，投机者需要补偿意味着其作为期货的买方将以更低的价格买入期货。

期货价格大于预期未来的现货价格：如果对冲者持有多头头寸，而投机者持有空头头寸，投机者需要补偿意味着其作为期货的卖方将以更高的价格卖出期货。

### 二、现代理论

> 解释（explain）如何合成大宗商品头寸，并以此解释（explain）远期价格和预期未来现货价格的关系；解释（explain）系统性风险与非系统性风险对期货价格和预期未来现货价格的影响（★★）

关于期货价格和预期未来现货价格的关系，近期的研究聚焦在对资本资产定价模型（CAPM）的应用。

CAPM 模型理论认为，如果投资者所持有的投资组合的系统性风险为正，则该投资组合的收益率大于无风险利率，反之亦然。此处的系统性风险是指市场本身的风险，这类风险无法通过分散投资的方式消除。而非系统性风险可以通过分散投资的方式来消除。

CAPM 公式为：$E(R_i) = R_f + \beta(E(R_m) - R_f)$。

具体来说，CAPM 认为：

（1）如果一项投资（如某只股票）的收益和市场（如标普 500 指数）的表现呈正相关，则该项投资的预期收益率会大于无风险收益率；

（2）如果该投资的收益和市场的表现呈 0 相关，则该投资的风险是非系统性的，该投资的预期收益率将等于无风险收益率；

（3）如果该投资的收益和市场的表现呈负相关，那么该投资的预期收益率将小于无风险收益率。

为了研究期货价格和未来预期现货价格的关系，下面我们将构建一个合成头寸（synthetic position）来辅助研究，将期货价格 $f_0(T)$ 以无风险利率 $r$ 和期限 $T$ 进行折现得到：

$$P = \frac{f_0(T)}{(1+r)^T} \quad (33.12)$$

通过上式，我们可以使用期货来构建一个资产的合成头寸，而非实际购买资产：

（1）将资金 $P$ 以无风险利率进行投资，并于到期日获得投资本息 $P(1+r)^T$；

（2）以期货价格 $f_0(T)$ 建立期货多头头寸，期限为 $T$。

设 $S_T$ 为 $T$ 时刻的现货价格，则上述交易策略：

（1）在 0 时刻的现金流：$-P$；

（2）在 $T$ 时刻的现金流：$S_T - f_0(T) + P(1+r)^T = +S_T$。

我们设 $E(S_T)$ 为 $T$ 时刻现金流的预期值，也就是预期未来现货价格，上述合成头寸交易的预期收益率为 $X$，该 $X$ 即 CAPM 模型中的资产回报率 $R$，则可以得到：

$$E(S_T) = P(1+X)^T \quad (33.13)$$

通过式（33.12）和（33.13），我们可以获得期货价格与预期未来现货价格之间的关系：

$$E(S_T) = f_0(T) \times \frac{(1+X)^T}{(1+r)^T}$$

观察上式可知：

（1）如果 $X>r$，则 $E(S_T)>f_0(T)$；

（2）如果 $X=r$，则 $E(S_T)=f_0(T)$；

（3）如果 $X<r$，则 $E(S_T)<f_0(T)$。

联系上文提到的 CAPM 模型的主张，我们可总结的内容如表 33.1 所示。

表 33.1　系统性风险对预期现货价格与期货价格关系的影响

| 标的资产收益率与市场关系 | 系统性风险 | 收益率对比 | 预期现货价格与期货价格对比 |
| --- | --- | --- | --- |
| 标的资产收益率与市场呈正相关 | 合成头寸交易的系统性风险为正，也即，$\beta$ 为正数 | $X>r$ | 预期现货价格大于期货价格 $E(S_T)>f_0(T)$ |
| 标的资产收益率与市场呈 0 相关 | 合成头寸交易的系统性风险为 0，也即，$\beta$ 为 0 | $X=r$ | 预期现货价格等于期货价格 $E(S_T)=f_0(T)$ |
| 标的资产收益率与市场呈负相关 | 合成头寸交易的系统性风险为负，也即，$\beta$ 为负数 | $X<r$ | 预期现货价格小于期货价格 $E(S_T)<f_0(T)$ |

## 三、正常贴水与升水

定义（define）并理解（interpret）正常贴水和升水（★★★）

正常贴水（normal backwardation）又称现货溢价，是指当期货价格低于预期未来现货价格的情形。

升水（contango）又称期货溢价，是指当期货价格高于预期未来现货价格的情形。

但是有的时候，正常贴水会用于指称期货价格低于当前现货价格的情形，而升水也会用于指称期货价格高于当前现货价格的情形。

**备考小贴士**

考生需要定性掌握期货价格与预期未来现货价格之间的关系。

**大宗商品的期货价格**

许多大宗商品的系统性风险为正，因为经济形势好会导致大宗商品消费增加。而其中一个例外是黄金，它被认为有负的系统性风险。每当经济陷入危机，投资者都会增加黄金的持有量，导致黄金价格上升。而经济开始复苏，黄金价格会下跌。因此，理论上，黄金的期货价格会高于预期未来的现货价格。

# 第三十四章

# 利率互换合约

## 知识引导

互换合约（swap contracts）又称掉期合约，是合约双方之间签订的在未来某一期间内相互交换特定现金流的合约。互换市场的起源可以追溯到20世纪70年代末，当时的货币交易商为了规避英国的外汇管制而开发了货币互换合约。但是1981年IBM与世界银行签署的利率互换协议是世界上第一份利率互换协议。此后，互换市场发展迅速。利率互换合约和货币互换合约是市场规模增长速度最快的互换合约。

## 考点聚焦

本章内容包括互换合约的特征、利率互换机制，以及货币互换机制。考生需要重点关注互换的定义、类型、现金流特征，以及比较优势。本章内容的考查方式既有定性理解，也有定量计算。

## 本章框架图

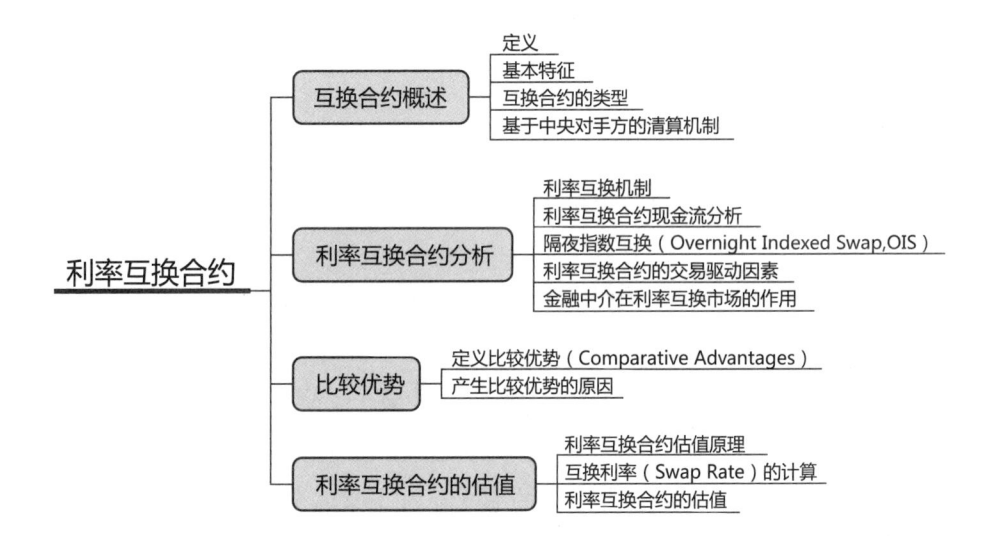

```
利率互换合约 ─┬─ 互换合约概述 ─┬─ 定义
              │                 ├─ 基本特征
              │                 ├─ 互换合约的类型
              │                 └─ 基于中央对手方的清算机制
              │
              ├─ 利率互换合约分析 ─┬─ 利率互换机制
              │                   ├─ 利率互换合约现金流分析
              │                   ├─ 隔夜指数互换（Overnight Indexed Swap, OIS）
              │                   ├─ 利率互换合约的交易驱动因素
              │                   └─ 金融中介在利率互换市场的作用
              │
              ├─ 比较优势 ─┬─ 定义比较优势（Comparative Advantages）
              │           └─ 产生比较优势的原因
              │
              └─ 利率互换合约的估值 ─┬─ 利率互换合约估值原理
                                    ├─ 互换利率（Swap Rate）的计算
                                    └─ 利率互换合约的估值
```

# 第一节 互换合约概述

## 一、定义

### 1. 互换的定义

> 描述（describe）互换的定义（★★）

互换交易（swap）是一种场外（OTC）衍生品合约，交易双方同意在未来交换特定的现金流。

### 2. 其他术语

> 解释（explain）互换市场上金融中介的角色并描述（describe）确认书的作用（★★）

（1）互换合约的名义本金（notional principal）：互换合约的名义本金是用于计算每期应支付或收取金额的基准数值，有些互换合约产品会交换本金，有些互换合约产品不会交换本金。

（2）剩余存续期（tenor）：剩余存续期是指互换合约在当前时间点距离到期日的时长，即互换合约的剩余期限。

（3）结算日（settlement date）：结算日是合约双方在互换合约中约定的现金流交换日期。由于互换合约涉及一系列定期现金流的交换，因此，结算日通常指每期的定期现金流交换日。

（4）金融中介（financial intermediaries）：金融中介是指为互换交易寻找合适的交易方并促成交易的金融机构。

国际互换及衍生工具协会（ISDA）成立于1985年，最初名为"国际互换交易商协会"（International Swap Dealers Associations, Inc.），后更名为"国际互换及衍生工具协会"，以反映其从专注利率互换合约扩展到更广泛的衍生品市场的努力。ISDA 负责制定互换交易的确认书，这是一种详细的法律协议。目前，ISDA 在全球

75个国家拥有超过925名会员，涵盖衍生品交易商、服务提供商和终端用户。其总部位于纽约市，制定了用于衍生品交易的标准化合同（即ISDA主协议），并为行业制定了统一的标准与法律术语定义。例如，1999年的ISDA信用衍生品定义，为信用违约互换、总收益互换、信用关联票据及其他信用衍生品交易提供了基础定义。

## 二、基本特征

互换合约具有以下特征：

### 1. 定制化工具（customized instruments）

互换是一种定制化的金融工具（customized instrument），其核心特性在于合约条款的灵活性。交易双方可以根据需求协商，包括名义本金、期限、支付频率、利率类型和基准利率等。这种高度的定制化，使互换能够精准匹配双方的风险管理需求和投资目标。

### 2. 不存在有组织的二级市场（not traded in any organized secondary market）

互换因条款高度定制化，难以标准化，不存在有组织的二级市场。与交易所挂牌的金融工具（如股票、期货）不同，互换交易无法在二级市场上便捷流通，其唯一性来源于名义本金、期限、支付频率和基准利率等条款的个性化设置。

### 3. 基本不受监管（largely unregulated）

互换交易大多通过场外市场（OTC）进行，缺乏像交易所产品那样的严格监管。由于其高度定制化和非公开交易的特点，监管机构难以实时跟踪交易细节和风险。然而，这种低监管可能导致市场波动时风险扩大。近年来，一些地区已采取措施加强监管，例如要求交易报告和采用中央对手方清算机制（CCP）以提升透明度和降低系统性风险。

### 4. 存在违约风险（default risk is a concern）

> 描述（describe）互换中的信用风险（★）

互换的场外交易特性决定了双方需直接承担信用风险。若一方未能履约，另一方可能面临现金流损失。这种风险在市场波动或经济不确定性增加时尤为显著。为应对信用风险，交易双方通常采用增信措施，如缴纳保证金或提供抵押品，以降低违约的可能性。

### 5. 参与者主要是大型机构（most participants are large institutions）

互换合约涉及高度定制化和大额名义本金，其复杂性和风险管理需求使得交易参与者主要为金融机构、大型企业、保险公司及主权基金等。这些机构具备更高的财务稳健性和专业能力，而散户和小型机构则因缺乏这些条件而很少参与。

### 6. 私人协议（private agreements）

互换交易由双方通过私人协商达成，其条款高度灵活，可根据需求调整，如名义本金、支付频率和利率类型。由于是私人协议，交易细节不对外公开，这带来了条款保密性，但同时也缺乏公开市场的透明性和流动性。为保证履约安全，双方需评估彼此信用风险并可能采取增信措施。

### 7. 难以更改或终止（difficult to alter or terminate）

互换合约一旦签署，其条款通常在合约期限内固定，难以随意修改或终止。如需提前终止，需重新协商并可能支付高额终止费用或补偿成本，以弥补对方的潜在损失。因此，签署前需慎重评估合约条款与长期目标的匹配度。

## 三、互换合约的类型

互换合约有多种类型，其中 3 种主要的互换合约类型需要考生重点掌握。

### 1. 利率互换（interest rate swap）

利率互换是一种金融合约，交易双方基于相同名义本金但不同利率结构交换一系列现金流。通常，一方支付固定利率，另一方支付浮动利率，借此实现利率风险管理或优化融资成本的目的。

例如，公司 A 与银行 B 签订了一份 5 年期的利率互换合约，名义本金为 1 000 万元。根据协议，公司 A 按每年 5% 的固定利率支付利息，而银行 B 按担保隔夜融资利率（SOFR）计算浮动利率支付利息。双方仅交换利息差额，而无需实际交换名义本金。如果某支付期内基于 SOFR 计算的浮动利率为 4%，银行 B 需支付的利息为 1 000 万元×4% = 40 万元，而公司 A 需支付的利息为 1 000 万元×5% = 50 万元。在此情况下，公司 A 需向银行 B 净支付 10 万元。这种互换机制帮助公司 A 锁定了融资成本，而银行 B 则可利用浮动利率的波动性获取潜在收益。

LIBOR（伦敦银行同业拆借利率）和 SOFR（担保隔夜融资利率）是常用的利率基准，但二者在计算方式和市场基础上存在显著差异。LIBOR 基于银行对短期借贷利率的报价，可能出现人为操控的风险；而 SOFR 则基于美国国债担保的隔夜融资市场实际交易数据，具有更高的透明度和市场代表性。

目前，SOFR 已逐步取代 LIBOR 成为利率互换市场的主导基准。LIBOR 因多起操控事件引发信任危机，监管机构决定在 2021 年底前全面淘汰 LIBOR。作为更透明、更稳定的市场利率，SOFR 得到了美国监管机构的大力推广，并广泛应用于衍生品、贷款等金融合约。此转变旨在提升利率基准的可信度，同时降低市场操控风险，为金融市场带来更高的稳定性和透明度。

**2. 货币互换（currency swap）**

货币互换是一种金融衍生工具，交易双方在互换协议中约定，按照特定的汇率**交换一系列不同货币的现金流**。通常，双方在期初互换本金，后续基于不同的货币的利率支付固定或者浮动的利息，同时在协议到期时，双方再次交换本金。货币互换的目的是为了规避外汇风险、获得更有利的融资条件，或是实现资金的多元化管理。

例如，假设公司 A 是中国的一家企业，需要在美国市场融资 1 000 万美元；同时，公司 B 是美国的一家企业，需要在中国市场融资 7 000 万元人民币。为了降低汇率风险并优化融资成本，双方签订了一份货币互换协议。根据协议，期初公司 A 借出 7 000 万元人民币，公司 B 借出 1 000 万美元。公司 A 将每年支付美元的浮动利息（如基于 SOFR），而公司 B 则支付人民币的固定利息（如基于中国人民银行的利率）。在协议到期时，双方将再次交换本金，即公司 B 归还 7 000 万元人民币，公司 A 归还 1 000 万美元。通过这一互换，双方都能够利用对方的市场和融资条件，降低资金成本并规避汇率波动带来的风险。

**3. 权益互换（equity swap）**

权益互换是一种金融衍生品交易，交易双方约定交换基于股票组合或股指表现的回报。通常，一方支付固定或浮动的现金流（例如利息支付），而另一方支付根据某个股票组合或股指的回报计算出的现金流。股权互换的目的是使交易双方能够在不直接持有相关股票的情况下，参与股票市场的收益，同时规避或利用市场波动带来的风险。

例如，假设公司 A 和银行 B 签订了一份权益互换协议。公司 A 希望获得股市回报，而银行 B 则希望获得固定利息收益。协议约定，银行 B 每年从公司 A 收取固定利率，例如 5% 的年化利率，基于 1 000 万元人民币的名义本金；而公司 A 则基于某个股票指数（例如沪深 300 指数）的表现，从银行 B 收取相应的回报。例如，如果互换合约存续期内，某一年沪深 300 指数上涨了 10%，则公司 A 从银行 B 收取

1 000万元×10%＝100万元人民币，银行B从公司A收取1 000万元×5%＝50万元人民币。如果第二年沪深300指数下跌了6%，则公司A从银行B收取1 000万元×-6%＝-60万元人民币，实质上是公司A支付给银行B 60万元人民币，同时公司A还要向银行B支付固定利息1 000万元×5%＝50万元人民币，此时，公司A向银行B共支付110万元人民币。

**4. 其他类型的互换合约**

> 识别（identify）并描述（describe）其他与互换相关的衍生品（★）

除了上述3种需要考生重点掌握的互换合约类型外，还有以下几种类型的互换合约需要考生了解。

（1）商品互换（commodity swap）是一种金融衍生工具，交易双方约定交换基于特定商品（如石油、天然气、金属、农产品等）价格波动的现金流。通常，一方支付固定价格的现金流，另一方则支付与商品市场价格挂钩的浮动现金流。商品互换的目的是帮助参与方管理商品价格波动的风险，或者利用商品价格预期进行投机。

（2）波动率互换（volatility swap）是一种金融衍生品合约，交易双方约定交换基于标的资产（如股票、股指等）未来波动率（即价格波动的程度）表现的现金流。在波动率互换中，通常一方支付固定波动率（即约定的波动率值），而另一方则支付与实际波动率表现相关的浮动现金流。该工具的主要目的是让交易者能够独立于标的资产的价格变动，单独对波动率进行投资或对冲。

（3）信用违约互换（credit default swap）是一种金融衍生品合约，其中一方（通常是保护买方）支付定期的保费或现金流给另一方（保护卖方），以换取在特定信用事件发生时（如债务人违约、破产等），保护买方获得赔偿的权利。CDS的主要功能是为债务人信用风险提供保险，保护买方免受债务人违约的风险。假设投资者A持有某公司债券，并担心该公司可能会发生违约，导致债券价值大幅下跌。为了对冲这种风险，投资者A与金融机构B签订了一份信用违约掉协议，投资者A每年向金融机构B支付一定比例的保费（例如，债券价值的2%），作为保护费用。如果该公司发生违约（例如破产或无法履行债务），投资者A就可以向金融机构B索取赔偿。

> **备考小贴士**
>
> 考生需要定性掌握各类互换衍生品。

## 四、基于中央对手方的清算机制

### 1. 确认书（confirmation）

描述（describe）确认书在互换交易中的作用（★★）

确认书是场外衍生品合约的正式协议，详细规定了现金流的互换日期、互换金额的计算方式、现金流的结算日期，以及适用的节假日规则等内容。例如，合约可以指定采用 360 天计数惯例，或制定付款日为非交易日时的结算日期调整规则。

### 2. 中央对手方（Central Counterparty，CCP）

在互换交易中，中央对手方扮演着至关重要的角色，尤其是在标准化的利率互换交易中，CCP 作为交易双方之间的中介，提供了清算服务。具体而言，CCP 的作用主要体现在以下几个方面。

（1）清算与中介功能：在两家金融机构之间进行的标准利率互换交易中，交易必须通过中央对手方进行清算。CCP 接管了交易双方的信用风险，即一旦交易完成，CCP 成为双方的对手方，分别承担与每一方的义务。这种安排减少了交易对手风险，确保了市场的稳定性和交易的顺利执行。

（2）保证金管理：为了确保交易双方履行其金融义务，CCP 要求双方分别提交初始保证金和变动保证金。初始保证金是交易开始时需要交纳的一笔资金，用以应对可能的市场波动带来的风险。变动保证金则是在交易过程中，根据市场价格变化定期调整的一笔资金，用以覆盖市场价格波动带来的潜在损失。通过这种保证金制度，CCP 能够实时监控和管理风险，确保交易双方的履约能力。

（3）双边清算与单边清算：对于涉及终端用户（end user）的互换交易，如果该终端用户与另一金融机构进行交易并且没有明确要求清算的义务，那么在某些情况下，交易可以选择通过双边清算的方式进行，即双方直接履行合约，不需要通过

CCP 清算。然而，如果交易双方都是金融机构或者交易涉及多个市场参与者，则通常需要通过 CCP 进行清算，以确保所有市场参与者的权益得到保障，降低系统性风险。

总结来说，CCP 在互换交易中的作用是通过充当交易双方的中介，提供清算、保证金管理以及风险控制等服务，从而增强市场透明度、提高交易效率、降低信用风险，并确保金融系统的稳定性。

# 第二节　利率互换合约分析

## 一、利率互换机制

在利率互换合约中，涉及以下两个概念，需要明确并理清。

1. 互换利率（swap rate）

利率互换中的互换利率是指在利率互换协议中，固定利率的那一部分，该固定利率由市场条件及交易双方的需求和谈判决定。在利率互换交易中，互换利率是固定利率方支付给浮动利率方的利率。

2. 浮动利率（floating rate）

在利率互换中，浮动利率是指根据某一短期基准利率（如 SOFR 等）或其他参考利率变动的利率。浮动利率通常会随着市场利率的变化而调整，因此其金额不固定，随着基准利率的波动而变化。

在利率互换合约（Interest Rate Swap，IRS）中，最基本的形式是其中一方支付固定利率，另一方支付浮动利率，这种形式通常被称为普通（plain vanilla）利率互换。对于某个投资者来说，主要有两种可能的交易结构：第一种是收取固定利率并支付浮动利率，第二种是收取浮动利率并支付固定利率。投资者在这两种结构中的支出成本取决于浮动利率的变化。

具体而言，当浮动利率上升时，第一种情况（收取固定利率并支付浮动利率）下，投资者需要支付更高的浮动利率，因此其支出成本增加，可能会因此遭受损失。

而第二种情况（收取浮动利率并支付固定利率）下，投资者收取浮动利率并支付固定利率，浮动利率的上升会使其获得更多收入，从而可能出现盈利。相反，当浮动利率下降时，第一种情况下，投资者的支付成本减少，从而可能获得盈利；而第二种情况下，收取浮动利率但支付固定利率的投资者则会遭受损失。因此，投资者的盈亏主要受到浮动利率变化的影响，利率的波动决定了互换合约的经济效果。

## 二、利率互换合约现金流分析

解释（explain）普通利率互换机制并计算（calculate）其现金流（★★）

在固定利率与浮动利率交换的利率互换（interest rate swap）中，双方首先约定一个名义本金，该名义本金用于计算双方在合约期内应支付的利息。然而，**这一名义本金并不在合约存续期间实际交换**。每个结算期结束时，双方根据约定的条款分别支付固定利率和浮动利率。由于双方支付的利息均以相同币种计价，因此可以采用净额结算方式进行支付。

在此类互换中，收取固定利率并支付浮动利率的一方被称为"fixed-receiver"，而收取浮动利率并支付固定利率的一方则称为"fixed-payer"。这种结构使得利率互换交易具有较高的灵活性和高效性，尤其是在风险管理和利率对冲方面具有重要作用。

举例来说，假设 A 公司与 B 公司在 $t_0$ 时刻签订了一份利率互换协议。该协议约定名义本金为 100 万美元，且每年结算一次利息，合约的存续期为 4 年。在协议中，A 公司每年支付固定利率同时收取浮动利率；B 公司每年支付浮动利率同时收取固定利率。其中，A 公司同意支付固定年利率 5%，而 B 公司则支付基于 SOFR（隔夜拆借利率）计算的浮动利率。交易结构如图 34.1 所示。

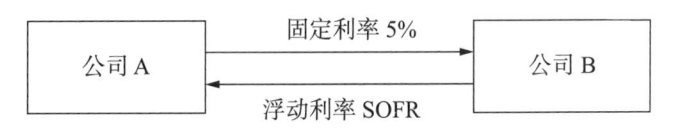

图 34.1 利率互换示意图

在这个利率互换中,整个互换存续期内现金流如表 34.1 所示。

表 34.1　　　　　　　　　利率互换现金流

| 期数 | SOFR 利率（通过每日利率复利计算） | 公司 A | 公司 B | 净现金流金额 | 净现金流流向 |
|---|---|---|---|---|---|
| $t_0$ | — | — | — | — | 初始时刻双方不交换名义本金,因此没有现金流发生 |
| $t_1$ | 4.5% | USD 50 000 | USD 45 000 | USD 5 000 | 公司 A 流向公司 B |
| $t_2$ | 5.5% | USD 50 000 | USD 55 000 | USD 5 000 | 公司 B 流向公司 A |
| $t_3$ | 5% | USD 50 000 | USD 50 000 | USD 0 | 双方金额相等,无现金流 |
| $t_4$ | 6% | USD 50 000 | USD 60 000 | USD 10 000 | 公司 B 流向公司 A;利率互换在期末依然不互换名义本金 |

在该利率互换中,公司 A 每期都支付 USD 50 000（USD 50 000 = 1 000 000 × 5%）,公司 B 每期支付的金额由当期基于 SOFR 的浮动利率和名义本金计算得到。例如,在 $t_2$ 期期末,公司 B 应当支付 USD 55 000（USD 55 000 = 1 000 000 × 5.5%）,同时当期的公司 A 支付 USD 50 000,由于双方支付的是同一个币种 USD,因此可以采取净额结算,此时最终的结算金额是 USD 5 000,由公司 B 支付给公司 A。

此外,在本例中,公司 A 支付的 5% 即为前述提到的互换利率（swap rate）,公司 B 支付的基于 SOFR 的利率,即为前述提到的浮动利率（floating rate）。

## 三、隔夜指数互换（Overnight Indexed Swap, OIS）

隔夜指数互换是一种短期的利率互换合约,其中浮动利率部分基于隔夜利率进行浮动,而固定利率部分则是 OIS 利率,即双方约定的固定利率。OIS 交易的特点在于浮动端的利率与短期市场的隔夜利率（如 SOFR 等）直接挂钩,通常反映了市场对短期利率走势的预期。

在 OIS 的结构中,浮动端根据隔夜利率变动进行调整,而固定端则由交易双方事先约定并保持不变。OIS 通常有两种形式:一种是合约期限为 1 年或更短,此类合约通常在合约到期时一次性结算;另一种是合约期限超过 1 年,则通常采用季度结算方式，每季度根据协议进行支付和接收。OIS 作为一种利率衍生品，广泛应用于利率风险管理、货币市场交易及流动性管理等领域，尤其适合那些希望在短期内对利率波动进行对冲的机构投资者。

由于 OIS 的利率标的是隔夜利率，但互换合约每次互换现金流的时间间隔通常是每季度互换一次。此时，就发生了期限不匹配的情况。为了基于隔夜利率计算季度利率，可以采用如下方式：

$$季度浮动利率 = \prod_{i=1}^{n}(1 + r_i \times d_i) - 1$$

其中：$r_i$ 为第 $i$ 天的隔夜利率报价；$d_i$ 为利率 $r_i$ 的日历天数；$n$ 为该季度的交易日天数。

## 四、利率互换合约的交易驱动因素

> 解释（explain）如何使用普通的利率互换来转变资产或负债，并计算（calculate）结果现金流（★★★）

### 1. 对资产或者负债的转换

利率互换是一种广泛应用的金融产品，因为它可以用来转变资产或负债的性质。通过利率互换，金融机构或企业可以根据市场变化灵活调整自身的资产或负债结构，从而优化资金成本或管理利率风险。例如，企业如果希望将其浮动利率负债转换为固定利率负债，可以通过利率互换协议支付固定利率同时收取浮动利率，反之亦然。这种灵活的资产负债管理方式，使得利率互换在风险管理和资本结构优化中具有重要作用。如图 34.2 所示。

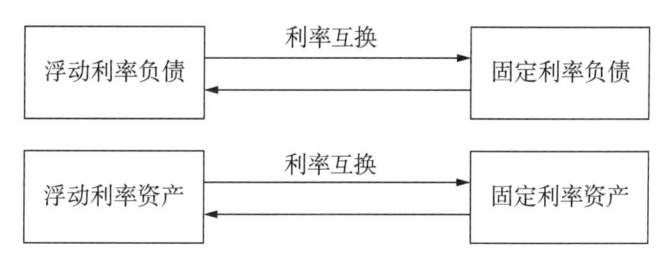

图 34.2 通过利率互换对资产或者负债进行转换

（1）通过利率互换将固定利率负债转换为浮动利率负债

假设公司 A 作为借款人从银行借入了 USD 1million，借款期为 5 年。借款利率为 5% 的固定利率。但是该公司预期未来市场利率可能下跌，此时公司 A 可以通过进入一个收固定付浮动的利率互换（fixed-receiver swap）将 5% 的固定利率贷款转换为浮动利率贷款。如图 34.3 所示。

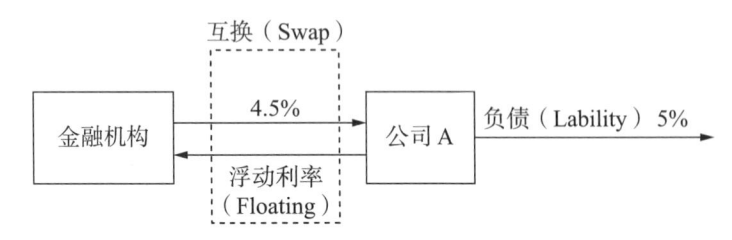

**图 34.3 使用利率互换将固定利率负债转换为浮动利率负债**

在上述例子中，公司 A 进入一个利率互换，其中金融机构为公司 A 在利率互换中的对手方。该利率互换固定的固定利率为 4.5%。进入该利率互换后，公司 A 实际承担的利率为：支付给银行的固定利率 5%，支付给金融机构浮动利率（floating），从金融机构收取固定利率 4.5%。此时，公司 A 承担的总利率为浮动利率+50bps（floating+50bps=5%-4.5%+floating）。公司 A 成功的将固定利率负债转化为了浮动利率负债。

（2）通过利率互换将浮动利率负债转换为固定利率负债

基于上述例子类似的逻辑，假设某公司向银行以浮动利率 floating+150bps 借入一笔资金。该公司担忧未来利率上升会导致资金成本增加。此时，该公司可与第三方签订利率互换合约，约定公司收取浮动利率 floating+200bps，并支付给对方固定利率 3.5%。通过这样的操作，该公司的实际资金成本不变为 3%（floating+150bps+3.5%-floating-200bps）。

需要注意的是，通过利率互换将浮动利率负债和固定利率负债进行相互转换时，公司的原有负债（即与银行的借款）并未发生实质性变化。利率互换仅仅改变了公司承担的借款利率的结构。在进行利率互换后，公司实际的借款利率（包括银行贷款利率和利率互换所产生的利息收支）将从原有的固定利率转变为浮动利率，或从浮动利率转变为固定利率。因此，利率互换主要是对公司负债的利率特征进行调整，而非对负债本身的改变。

（3）固定利率资产转换为浮动利率资产

假设投资者 C 购买了一个固定收益资产组合。该产品面值为 USD 1million，该产品承诺每年支付固定利息 6%。投资者 C 预测未来市场利率会上升，因此想将该固定利率的资产组合转换为浮动利率的资产组合。此时，投资者 C 可以进入一个支付固定利率收取浮动利率的利率互换（fixed-payer swap）。如图 34.4 所示。

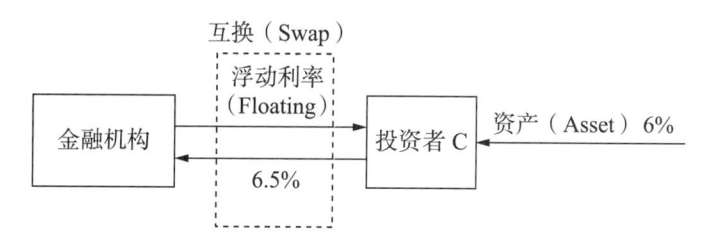

图 34.4　使用利率互换将固定利率资产组合转换为浮动利率资产组合

在该案例中，投资者 C 进入了一个支付固定利率收取浮动利率的利率互换，其中该利率互换的固定利率为 6.5%。此时，该投资者 C 的综合收益为 floating-50bps（floating-50bps=+6%-6.5%+floating）。此时，通过利率互换合约，该投资者 C 已经成功达成目标。

（4）浮动利率资产转换为固定利率资产

基于类似的逻辑，一个持有浮动利率资产的投资者 D 可以通过进入一个收取固定利率支付浮动利率的利率互换（fixed-receiver swap）将浮动利率资产转换成为固定利率资产。

类似于浮动利率负债和固定利率负债的转换中同样的原理，通过利率互换合约也并没有改变原本资产的利率特征，仅仅是改变了投资者整体的利率结构。

## 五、金融中介在利率互换市场的作用

> 解释（explain）金融中介在利率互换市场中的作用（★）

在实践中，非金融公司通常不会直接进行利率互换交易。因此，金融机构可以充当中介，促进两家公司之间的交易。通过这种方式，中介机构从中获得一定的收益，而参与的两家公司也能够获得更为有利的利率条件。中介的作用在于通过牵线搭桥，使双方公司能够以更具竞争力的条款达成互换协议，并优化各自的借款成本。具体来说，尽管每家公司各自支付的利率可能与初始设定有差距，但通过中介的参与，所有参与方的整体收益都会得到提升，从而达成多方共赢的局面。因此，金融中介不仅能够降低交易的摩擦成本，还能提供专业的市场连接服务，促进金融交易的顺利进行。

## 第三节 比较优势

> 描述（describe）利率互换存在的比较优势（★★）

### 一、定义比较优势（Comparative Advantages）

在互换（swap）交易中，比较优势（comparative advantage）指的是交易双方在融资或借款成本方面的相对优势。具体而言，不同的交易方可能在固定利率市场或浮动利率市场上拥有更低的借款成本，即一方在固定利率借款方面具有优势，而另一方则在浮动利率借款方面更具优势。互换交易通过利用双方的这种比较优势，使得各方能够获得比单独融资更为优越的借款条件，实现成本优化。

在实践中，这种比较优势的运用使得一方公司可以在其具有优势的市场上进行融资，而通过互换协议将不利的利率结构转换为符合自身需求的利率形式，从而实现风险对冲和成本节约的目的。

下面通过一个案例更进一步讲解比较优势。假设基于各自公司的业务目标和融资诉求，公司 X 希望以固定利率借款，公司 Y 希望以浮动利率借款。具体情况如表 34.2 所示。

表 34.2　　　　　　　　公司 X 和公司 Y 的借款信息

| 公司 | 固定利率借款<br>(Fixed-rate Borrowing) | 浮动利率借款<br>(Floating-rate Borrowing) |
| --- | --- | --- |
| X | 7.5% | Floating+200bps |

（续表）

| 公司 | 固定利率借款<br>（Fixed-rate Borrowing） | 浮动利率借款<br>（Floating-rate Borrowing） |
|---|---|---|
| Y | 4.5% | Floating |
| 增量 | 3.0% | 2.0% |

通过互换合约，双方可以更好地利用各自在固定利率和浮动利率市场上的比较优势，降低整体融资成本。下面将详细说明这一过程。

初始情况：如果不进行利率互换，那么公司 X 选择以 7.5% 的固定利率借款，公司 Y 则选择以浮动利率借款，那么两家公司合计的总借款成本为浮动利率加 7.5%（floating+7.5%）。

通过比较可以发现，在固定利率借款的报价中，公司 X 与公司 Y 的利差为 3%；而在浮动利率借款的报价中，利差为 200 个基点（即 2%）。由此可判断，公司 Y 在固定利率和浮动利率借款报价中均享有绝对优势，因为在这两种情况下，公司 Y 的借款成本均低于公司 X。

然而，从相对优势的角度来看，公司 Y 在固定利率借款方面具有明显的比较优势，而公司 X 在浮动利率借款方面具有相对优势。这是因为公司 Y 在固定利率借款中享有更大的利差优势。因此，利用这种比较优势的差异，双方通过利率互换能够优化融资成本，将整体融资成本降至更低水平，从而实现双方的互利共赢。这种比较优势的差异正是利率互换合约为双方提供成本优化机会的关键所在。

利用互换合约：为了利用双方的比较优势，双方可以采用不同的利率形式进行借款，并通过利率互换来重新分配利率负担。

• 公司 X 选择以浮动利率加 200 个基点（floating+200bps）借款，而不是原来的固定利率借款。这一选择可能并非公司 X 的最优利率结构，但能够在利率互换中产生更大的协同效应。

• 公司 Y 则选择以 4.5% 的固定利率借款，而不是按浮动利率借款。公司 Y 的固定利率相对较低，在互换中将使其更具成本优势。

利率互换的过程：签订互换合约后，公司 X 和公司 Y 交换各自的利率支付。也即，公司 X 在利率互换合约中支付固定利率收取浮动利率，公司 Y 在利率互换中支付浮动利率收取固定利率。使得：

• 从总体而言，公司 X 承担固定利率，公司 Y 支付浮动利率。

- 通过这种安排，相当于双方在发挥各自比较优势的基础上，以各自最佳的融资方式借款，并在互换后达到预期的利率结构。

结果与成本节约：经过利率互换调整后，两家公司的总借款成本从最初的浮动利率加 7.5% 降至浮动利率加 6.5%。也就是说，互换合约帮助双方总计节省了 1% 的融资成本。

节约成本的分配：节省的 1% 融资成本可以（但不是必须）在公司 X 和公司 Y 之间平均分配，双方都因此从互换中获益。这一互换结构成功地利用了双方的比较优势，使公司 X 和公司 Y 各自承担最有利的利率形式，从而优化了融资成本。

如果双方协商后决定，节约的 1% 融资成本最终在双方之间平均分配，则整体的融资支出如图 34.5 所示。

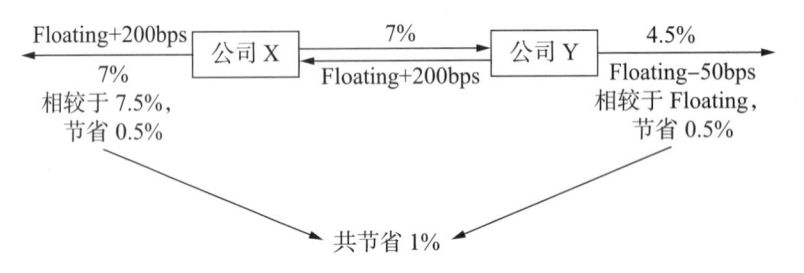

图 34.5 公司 X 和公司 Y 的融资结构

在现实情况下，如果公司 X 和公司 Y 是非金融公司，它们不太可能直接进行交易。在这种情况下，金融机构的互换交易员（做市商）可作为中间人，分别与公司 X 和公司 Y 进行交易，并赚取买卖价差，如图 34.6 所示。原节省的 1% 将在公司 X、公司 Y 和做市商之间进行分配。其中做市商将获得 0.4% 的收益，各公司节省的融资成本将从 0.5%（公司 X 支付 7.2%，公司 Y 支付 floating−0.3%）下降至 0.3%。

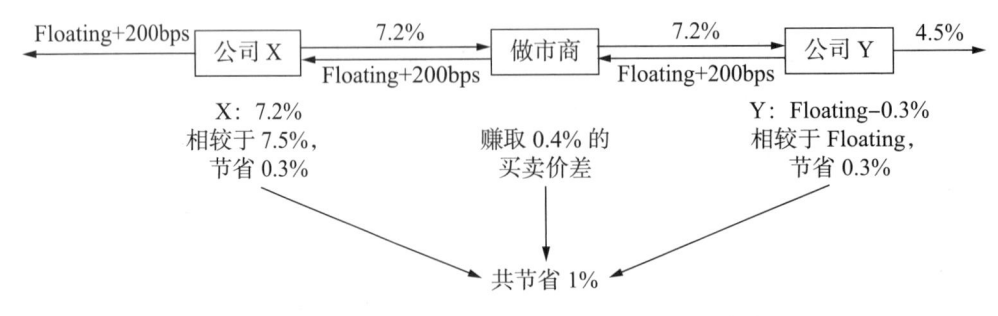

图 34.6 公司 X 与公司 Y 和做市商之间的互换合约

## 二、产生比较优势的原因

在上述例子中以及类似的场景中，利差差异的出现主要源于固定利率市场和浮动利率市场中融资合同的性质差异，以及出借方对违约风险的管理方式不同。

**1. 浮动利率市场的灵活性**

在浮动利率市场中，资金出借方通常可以在定期的利息重置日重新审视利差。这意味着出借方可以根据市场利率的变化或借款人的信用状况动态调整利率条件，从而灵活地应对风险。例如，如果借款人的信用评级下降或市场利率上升，出借方可以在下一重置期适当提高利差，以补偿增加的信用风险。这种灵活性使得浮动利率市场中的出借方能够更有效地管理长期风险，使其不必在初始时设定过高的利差，因为可以随时根据风险状况进行调整。

**2. 固定利率市场的刚性**

与浮动利率市场的灵活性不同，固定利率市场中的贷款条款在合同签订时即被锁定，出借方无法在合约存续期间调整利率或利差。这意味着，出借方在确定固定利率贷款的利差时，需要更谨慎地评估未来可能出现的违约风险，尤其是对于信用评级较低的公司。这些公司在合同期内违约的可能性更高，但由于合同条款无法更改，出借方只能在初始时设置较高的利差，以便覆盖整个合同期内潜在的信用风险。换言之，固定利率贷款的利差反映了出借方对长期违约风险的保守评估。

**3. 信用评级和违约风险的影响**

对于信用评级较低的公司，违约概率会随着时间的推移显著增加。这类公司在未来可能会经历财务状况恶化、市场环境不利或信用评级下调等情况，这将导致更高的违约风险。因此，出借方在为低评级公司提供固定利率贷款时，通常会设置较高的利差，以弥补这些潜在风险。然而，在浮动利率贷款中，出借方可以根据公司信用状况的变化调整利率，逐步适应风险变化，因此浮动利率贷款的初始利差往往比固定利率贷款更低。

总的来说，出现利差差异的根本原因在于浮动和固定利率市场中融资合同的灵活性差异，以及出借方对违约风险的管理方式不同。浮动利率市场允许出借方根据风险动态调整利差，而固定利率市场则要求出借方在初始时锁定利差。这一机制使得具有不同信用评级的公司在两个市场中的融资成本形成差异，从而为互换交易的存在提供了机会。通过互换交易，公司可以利用彼此的比较优势，在不同的利率市场中优化融资成本，达到风险对冲和成本控制的目的。

## 第四节 利率互换合约的估值

解释（explain）如何计算普通利率互换的贴现率（★★★）
计算（calculate）基于同时持有两个债券头寸的方式对利率互换进行估值（★★★）

### 一、利率互换合约估值原理

对于利率互换合约的估值，可以将利率互换看作是两只债券的组合。这样就将利率互换的估值转变成了更简单的债券估值问题。具体来说，利率互换的核心在于固定利率和浮动利率的现金流交换，而这种现金流模式与债券的支付结构具有相似性，因此可以用债券的视角来理解和估值利率互换。

对于收取固定利率、支付浮动利率的利率互换，可以将其视为买入固定票息债券的同时卖出浮动票息债券。在这一结构中，固定利率的现金流相当于定期收到的固定债券票息，而支付的浮动利率现金流则相当于浮动利率债券的票息支出。换言之，互换中固定利率的现金流与固定票息债券的现金流完全一致，而浮动利率的现金流则与浮动票息债券的现金流相对应。因此，这种组合能够准确反映该互换的净现金流，帮助估值者通过计算固定债券和浮动债券的现值来确定互换合约的价值。

同理，对于收取浮动利率、支付固定利率的利率互换，可以将其视为买入浮动票息债券的同时卖出固定票息债券。此时，浮动利率的现金流相当于定期收到的浮动票息债券的票息收入，而支付的固定利率现金流则相当于卖出固定票息债券的票息支出。这一模式使得互换的现金流完全符合浮动和固定债券的组合特征，便于在估值过程中对未来现金流的现值进行计算。

因此，在任意时刻，一个利率互换合约的价值即为特定的固定票息债券价值和浮动票息债券价值之差。

## 二、互换利率（Swap Rate）的计算

在利率互换合约中，互换利率是支付固定利率端支付的利率。

该利率是依据以下原则确定的：设互换利率为$r_{swap-rate}$，则当将一个利率互换看作是一个固定利率债券和一个浮动利率债券的时候，需要保证$r_{swap-rate}$使得这两个债券在$t_0$时刻（也就是创设利率互换合约的时刻）的现值是相等的。具体而言，见以下公式：

$$PV_{fixed-payments} = PV_{floating-payments} \tag{34.1}$$

其中，浮动票息债券的初始价值等于面值（在利率互换中，该面值为利率互换的名义本金）。而固定票息债券计算其初始时刻的价值需要使用到互换利率，具体而言，见以下公式：

$$PV_{fixed-payments} = \sum \frac{CF_i}{(1+r_{swap-rate})^i} \tag{34.2}$$

将公式（34.2）代入公式（34.1），可得

$$NP = \sum \frac{CF_i}{(1+r_{swap-rate})^i} \tag{34.3}$$

其中，$NP$为该利率互换的名义本金。在公式34.3中，名义本金为已知，$CF_i = NP \times r_{swap-rate}$，进而可得$r_{swap-rate}$的值。以上为如何计算互换利率的过程。

## 三、利率互换合约的估值

### 1. 基于两支债券头寸

基于上述思路，在$t_0$时刻，利率互换的价值为0。

但是对于非初始时刻$t$，利率互换合约的价值通常不为零。对于非初始时刻$t$，利率互换合约的估值依然基于2个特定债券在$t$时刻的价值之差来确定。

具体而言：

（1）对于收取浮动利率，支付固定利率的利率互换合约而言，其在$t$时刻的价值可以通过计算浮动票息债券多头价值和固定票息债券空头价值来确定：

$$V_t(T) = PV_{floating\ bond} - PV_{fixed\ bond} \tag{34.4}$$

其中，$V_t(T)$ 的含义是一个在 T 时刻到期的利率互换合约在 t 时刻的价值。

（2）对于收取固定利率，支付浮动利率的利率互换合约而言，其在 $t$ 时刻的价值可以通过计算固定票息债券多头和浮动票息债券空头价值来确定：

$$V_t(T) = PV_{fixed\ bond} - PV_{floating\ bond} \qquad (34.5)$$

其中，$V_t(T)$ 的含义是一个在 T 时刻到期的利率互换合约在 t 时刻的价值。

在公式（34.4）和公式（34.5）中，固定利率债券的价值通过将未来的现金流（即每期的票息和到期时的本金）按照市场利率贴现求和来计算。因此，固定利率债券的现值是对未来一系列固定现金流的折现值之和。

浮动利率债券的价值特性不同于固定利率债券。由于浮动利率债券的息票率在每个结算日会重置为当前的市场利率（如图 34.7 所示），因此，在每个结算日支付利息后，浮动利率债券的价值通常回归到其面值。在非结算日，浮动利率债券的价值可以通过预测其下一个结算日的价值来估算，如图 34.8 所示。具体来说，首先找到最近的下一个结算日，并计算在该结算日浮动利率债券的预期价值，该价值等于"面值 + 当期应付的票息"。接着，将该预期价值按照当前即期利率折现到当前时点，即得到浮动利率债券在非结算日的现值。

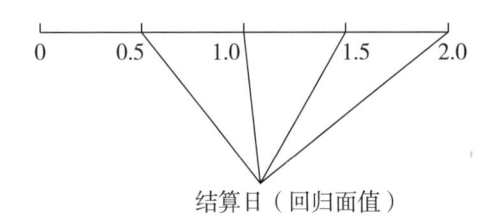

图 34.7 结算日浮动利率债券价值

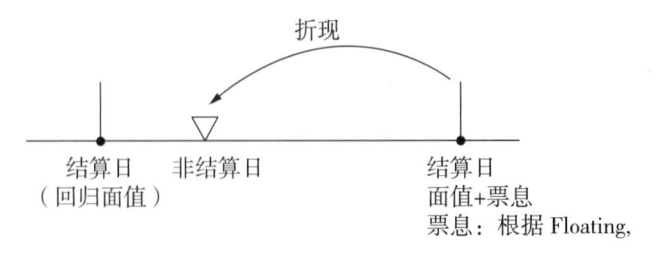

图 34.8 非结算日浮动利率债券价值

## 2. 基于基准互换的估值

除基于两只债券头寸的方法进行估值外，利率互换也可以根据基准互换的价格来进行估值。所谓基准互换定价，即在估值时间点，在市场上交易的一份新的利率互换合约中所规定的固定利率，新合约与被估值的合约的浮动端具有相同的未来现金流。由于新合约在期初（即估值时间点）的价值为零，因此可以通过计算新合约与旧合约的固定利率之差，来计算原合约的价值。具体方法通过以下示例说明。

假设当前对一个 1 年前签订的，还剩 2 年到期的普通利率互换合约进行估值，该合约基于 USD 1 million 的名义本金，合约一方按照每半年按 4% 的固定利率支付利息，另一方每半年按 SOFR 浮动利率支付利息。同时，假设在市场上可观察到一份新签订的两年期互换合约，该合约同样基于 USD 1 million 的名义本金，合约一方按 2.96% 的固定利率支付利息，另一方每半年按 SOFR 浮动利率支付利息。假设折现率为 2.4%（即半年折现率为 1.2%），两份互换合约的利息支付频率均为半年。为估值目的，我们假设同时拥有两个头寸的组合：

（1）一个 2 年期，基于 USD 1 million 的名义本金，每半年收取 4%固定利率，并支付 SOFR 浮动利率的头寸。

（2）一个 2 年期，基于 USD 1 million 的名义本金，每半年支付 2.96% 固定利率，并收取 SOFR 浮动利率的头寸。将以上两个头寸作为一个整体组合，浮动端现金流相互抵消，净现金流为未来 2 年，每半年收取固定利率端的净利息：$\frac{4\% - 2.96\%}{2} \times USD\ 1 million = USD\ 5\ 200$。该组合的价值为其净现金流折现现值，即：$5\ 200 \times \frac{1}{(1 + 1.2\%)^1} + 5\ 200 \times \frac{1}{(1 + 1.2\%)^2} + 5\ 200 \times \frac{1}{(1 + 1.2\%)^3} + 5\ 200 \times \frac{1}{(1 + 1.2\%)^4} = USD\ 20\ 190.67$。已知第二个头寸为新合约，其在当前的时点价值为零，因此，该组合价值即为第一个头寸，也就是我们要估值的互换合约收取固定利率方的价值，即 USD 20 190.67。

**例题 34.1**

假设 1 年前 A 公司和 B 公司双方签订了一项名义本金为 EUR 20 000 的 6 年期利率互换，其中 A 公司收取 3.2% 的固定利率，支付 EONIA（euro overnight index average，欧元隔夜平均指数）浮动利率，折现因子如表 34.3 所示。现金流乘上对应期限的折现因子即可得到现值。对于 A 公司，该互换当前的价值为多少？

表 34.3　　　　　　　　　　利率互换期限和折线因子

| 到期期限/年 | 折线因子（DF） |
| --- | --- |
| 1 | 0.987 |
| 2 | 0.969 |
| 3 | 0.958 |
| 4 | 0.944 |
| 5 | 0.936 |

**名师解析**

此时在结算时间点，固定利率债券的价值通过折现因子将现金流贴现可得，浮动利率债券的价值等于面值。A 公司支出浮动利率，收入固定利率，互换价值等于固定利率债券的价值减去浮动利率债券的价值：20 000 × 3.2% × (0.987 + 0.969 + 0.958 + 0.944 + 0.936) + 20 000 × 0.936 − 20 000 = EUR 1 788.16。

**例题 34.2**

假设 BP 公司在 4.5 年前进入了一份为期 6 年、本金为 USD 500 000、基于 SOFR 确定的浮动利率、每年支付一次利息的利率互换合约，合约中约定 BP 公司以 4.6% 的固定利率支付利息。若半年后该浮动利率为 5.8%，0.5 年以及 1.5 年对应的贴现率分别为 4% 和 5.5%。对于 BP 公司而言，该互换的价值为多少？

**名师解析**

BP 公司进入的互换本金为 USD 500 000，互换利率/固定利率为 4.6%。因此，利息支付金额 = 4.6% × 500 000 = USD 23 000。互换为期 6 年，4.5 年前进入，因此互换剩余年限为 1.5 年。此时不在结算时间点，浮动利率债券的价值等于下一个结算时间点的债券价值的折现现值。

$$PV_{\text{fixed bond}} = \frac{23\,000}{(1+4\%)^{0.5}} + \frac{523\,000}{(1+5.5\%)^{1.5}} = \text{USD } 505\,193$$

$$PV_{\text{floating bond}} = \frac{500\,000 + 5.8\% \times 500\,000}{(1+4\%)^{0.5}} = \text{USD } 518\,727.18$$

$$V_s(T) = PV_{\text{floating bond}} - PV_{\text{fixed bond}} = \text{USD } 13\,534.18$$

**备考小贴士**

考生需要重点掌握利率互换估值的计算。

# 第三十五章

# 货币互换

## 知识引导

上一章主要介绍了互换的基本概念和利率互换合约的定价与估值。本章将主要介绍另一个重要的衍生品工具——货币互换。货币互换主要作用在于帮助交易双方实现不同货币之间的资金需求，管理外汇风险，并优化融资成本。通过货币互换，企业或金融机构可以将一笔固定或浮动利率的债务转换为另一种货币的固定或浮动利率债务，从而降低外汇波动对其现金流和财务结构的影响。

## 考点聚焦

本章内容包括货币互换的基本概念以及如何对货币互换进行估值。其中，考生需要重点掌握货币互换的估值方式。本章内容主要考查方式为定性考查和定量考查。

## 本章框架图

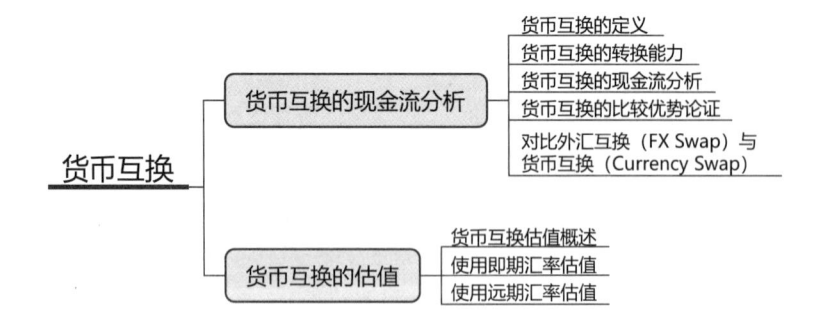

```
货币互换 ─┬─ 货币互换的现金流分析 ─┬─ 货币互换的定义
         │                      ├─ 货币互换的转换能力
         │                      ├─ 货币互换的现金流分析
         │                      ├─ 货币互换的比较优势论证
         │                      └─ 对比外汇互换（FX Swap）与
         │                         货币互换（Currency Swap）
         │
         └─ 货币互换的估值 ─┬─ 货币互换估值概述
                          ├─ 使用即期汇率估值
                          └─ 使用远期汇率估值
```

# 第一节　货币互换的现金流分析

## 一、货币互换的定义

货币互换（currency swap）是一种金融合约，双方约定交换不同货币的现金流，即一方支付货币 A 并接收货币 B，而另一方则支付货币 B 并接收货币 A。这种结构常被称为"背靠背贷款"或"平行贷款"。

货币互换具有多种组合形式，包括固定对固定（fixed-for-fixed）、固定对浮动（fixed-for-floating）、浮动对固定（floating-for-fixed）以及浮动对浮动（floating-for-floating）。这种多样化的结构使货币互换在跨境融资、外汇风险管理方面具有显著优势，能够灵活满足不同企业和金融机构的需求。

## 二、货币互换的转换能力

> 解释（explain）如何利用货币互换来转换资产或负债，并计算（calculate）由此产生的现金流（★★）

货币互换具有独特的双重转换能力，使其在财务管理中具备高度的灵活性。

首先，货币互换可以实现固定利率与浮动利率之间的转换，例如将一种货币的浮动利率负债转换为另一种货币的固定利率负债，或反之。这一利率转换功能使企业能够根据市场利率环境灵活调整其融资成本结构，降低利率波动的影响。

其次，货币互换还能实现币种之间的转换。通过这种方式，企业或金融机构可以将以一种货币计价的资产或负债转换为另一种货币计价，从而更好地管理外汇风险并匹配自身的资金需求。例如，通过货币互换，企业可以将本币负债转换为外币负债，以便在国际市场上更灵活地获取资金。

总之，货币互换的双重转换功能——利率结构转换和币种转换——赋予其在跨境融资、风险管理及财务优化中的重要地位，能够更好地帮助企业在复杂的市场环境中实现财务目标。

## 三、货币互换的现金流分析

> 解释（explain）货币互换的现金流（★★）

在货币互换中，名义本金会在合约的期初和期末分别进行交换，因为不同货币之间的互换需要在实际交割中完成。换言之，交易双方在合约开始时各自支付一种货币并接收另一种货币，到期时再将两种货币按名义本金进行反向交换。

利息支付方面，由于双方的利息是以不同的货币支付，因此不进行净额结算。每个结算日，双方会分别计算各自应支付的利息，并在对应的货币中支付。这样，交易的一方会在结算日支付一种货币的利息（如货币A），同时接收另一种货币的利息（如货币B），从而完成不同货币间的利息交换。

这种安排使得货币互换中的每期利息支付都保持独立，双方的利息支付在不同的货币中完成，有助于有效管理跨币种的利率和汇率风险。

货币互换的具体操作分为三个阶段——期初、期中和期末，具体步骤如下。

期初：交易双方首先进行名义本金的交换。此时，双方按即期汇率进行折算，以确保交换的两笔本金在价值上相等，即各自支付一种货币并接收另一种货币的等值本金。

期中：在合约存续期间，双方根据期初收到的本金和约定的利率分别计算并支付利息。由于利息支付涉及不同的币种，双方的支付金额不会进行轧差结算，而是各自按照对应的货币独立支付。

期末：合约到期时，双方再次交换名义本金，将期初交换的本金按原币种换回。

通过这三个步骤，货币互换在名义本金和利息支付上实现了币种的转换和风险管理，有助于企业在跨境融资和汇率管理中实现稳定的财务结构。

下文将通过一个例子来具体介绍货币互换的现金流。

假设美国公司A与欧洲公司B签订了一份2年期货币互换协议，美元利率为5%，欧元利率为4%，每半年各支付一次利息。期初的汇率为EUR 1 兑 USD 1.2。

那么，假设欧洲公司 B 的名义本金为 EUR 1 million，则对应美国公司 A 的名义本金应为 USD 1.2 million。

期初，美国公司 A 支付给欧洲公司 B 本金 USD 1.2 million；欧洲公司 B 支付给美国公司 A 本金 EUR 1 million。

期中，每半年美国公司 A 支付给欧洲公司 B：

$$\frac{4\%}{2} \times 1\,000\,000 = EUR\ 20\,000$$

每半年欧洲公司 B 支付给美国公司 A：

$$\frac{5\%}{2} \times 1\,200\,000 = USD\ 30\,000$$

期末，除了利息以外，还要换回本金：美国公司 A 返还给欧洲公司 B 本金 EUR 1 million；欧洲公司 B 返还给美国公司 A 本金 USD 1.2 million。

> **备考小贴士**
>
> 考生需要定量掌握货币互换的现金流的计算。

## 四、货币互换的比较优势论证

税务因素在跨国公司的融资决策中具有重要作用，可以通过税收抵扣效应（税盾）为企业创造比较优势。具体而言，税盾的效果使企业在不同税率国家的借款安排中获得了潜在的税务利益。

以下将进一步阐述这一原理及其操作方式。在高税率的国家，企业借款所支付的利息费用可以在税前抵扣，这意味着企业可以通过利息支付减少应税收入，从而降低整体税负。这种税盾效应在高税率环境中尤为显著，因为利息支出在税前扣除后，企业实际承担的税后借款成本得到了有效降低。相反，在低税率的国家，税盾效应对融资成本的影响较小。

假设一家跨国公司在法国和美国均有业务活动，并且假设对于该公司而言在法国的边际税率较低，而在美国的边际税率较高。如果该公司希望以欧元借款来满足其在欧洲市场的资金需求，直接在法国以欧元借款虽然满足了货币需求，但无法在美国享受高税率的税盾优势。因此，该公司可以采取以下策略：

以美元借款：公司选择在美国以美元借款，这样能够利用美国的高边际税率，对美元利息进行税前抵扣，获得较大的税盾效果。

通过货币互换将美元债务转换为欧元债务：公司签订货币互换协议，将美元借款转换为等值的欧元债务。这样，公司在满足欧元资金需求的同时，仍然保留了在美国进行税前抵扣的机会。

这种策略使公司能够在不同税率国家之间有效分配借款成本，实现税盾效应的最大化，并在全球范围内优化资本结构。通过合理利用各国税率差异和货币互换工具，公司获得了显著的比较优势，以更低的实际融资成本支持跨国经营。这种做法不仅实现了税收优化，还展示了跨国公司在税务筹划和风险管理方面的精细化操作。

## 五、对比外汇互换（FX Swap）与货币互换（Currency Swap）

外汇互换交易（FX swap transaction）是一种金融衍生工具，交易双方在协议中约定以一种货币的金额交换另一种货币的等值金额，并在未来的指定日期按照预先确定的汇率进行反向交换。该交易通常分为两部分——期初的外汇买入和期末的外汇卖出（或相反），以实现短期的资金拆借或外汇风险管理。外汇互换的主要目的是帮助参与方管理短期的外汇头寸或流动性需求，避免因汇率波动带来的风险。

在外汇互换中，第一笔交易的汇率被称为"即期汇率"或"近端汇率"，而第二笔交易的汇率称为"远期汇率"或"远端汇率"。通常情况下，外汇互换涉及在即期市场买入或卖出一种货币，同时在远期市场卖出或买入相同金额的该货币。这种结构使得参与方可以在本币支付利息的情况下为外币资产提供资金支持。总体而言，外汇互换通过在两个不同日期进行货币的买卖，达到了短期融资和外汇风险对冲的目的。不同于货币互换，外汇互换仅涉及本金的交换，不涉及长期的利息流交换。

货币互换（也叫交叉货币互换）是一种金融合约，交易双方在协议中约定，交换不同货币的本金及一系列的利息支付。货币互换通常在合约期初和期末进行本金的实际交换，而在合约存续期间按固定周期（如每半年或每年）进行利息支付的交换，利息分别以不同的货币进行支付。

这种互换工具的主要作用是帮助跨国公司和金融机构管理外汇和利率风险。通过货币互换，企业可以在获取所需的外币资金支持的同时，锁定未来的利率成本，减少因汇率和利率波动带来的不确定性。货币互换广泛应用于国际融资、跨境投资以及大型项目的资金筹措，以实现更灵活、更有效的风险管理。

本章涉及的货币互换即为 currency swap（cross-currency swap）。

## 第二节　货币互换的估值

### 一、货币互换估值概述

在对货币互换合约进行定价时，可以采用与利率互换类似的方法，将货币互换合约的两端分别视为两个债券。然而，与利率互换不同的是，货币互换涉及不同币种，因此这两个债券分别属于不同的货币。在货币互换的定价过程中，需要考虑期初、期末以及存续期间的跨币种现金流交换，并特别关注汇率的波动对现金流价值的影响。

具体来说，有两种主要的币种转换方式。

1. **使用即期汇率（spot exchange rate）**

首先，分别使用两种货币各自的利率对每种货币的现金流进行折现。然后，基于估值时刻的即期汇率，将其中一种货币计价的债券现值转换为另一种货币计价的债券现值。接着，对两个债券的现值进行轧差，得到在估值时刻货币互换的价值。

2. **使用远期汇率（forward exchange rate）**

在这种方法中，先列出以两种货币报价的现金流，然后针对非估值货币的一方，将未来不同时间点的现金流使用远期汇率转换为另一种货币的报价。接着，使用转换后货币的利率对现金流进行折现，最终对两个现值进行轧差，得出货币互换在估值时刻的价值。

这两种方法理论上应当产生一致的估值结果。

## 二、使用即期汇率估值

> 计算（calculate）基于两只债券头寸的货币互换的价值（★★★）

### 1. 计算两种货币现金流的现值

首先，分别确定货币互换合约中涉及的两种货币的未来现金流。根据合约条款，这些现金流包括每期的利息支付以及合约期末的本金返还。假设本例中存在两种货币，分别是货币 A 和货币 B。其中，以货币 B 为计价货币，也就是要将货币 A 通过汇率转化为以货币 B 为计价的价值。

- 计算每期现金流的现值：将每一期的现金流按照其到期时间折现到当前估值时刻，得到每种货币未来现金流的现值之和，称为各自"债券"的现值。此时，我们可以得到分别以两种货币计价的债券现值。

### 2. 选择即期汇率

在估值时刻获取最新的即期汇率（spot exchange rate），即当前市场上这两种货币之间的兑换汇率。这个汇率用来将一种货币的现值转换为另一种货币，以便在同一货币计价下进行比较。

### 3. 将一种货币计价的债券现值转换为另一种货币

选择其中一种货币（在本例中我们采用货币 A）的债券现值，根据即期汇率将其转换为另一种货币（在本例中我们采用货币 B）的现值。

- 统一货币单位：通过即期汇率的转换后，两种债券的现值都将以相同的货币（在本例中我们采用货币 B）计价，便于后续的比较和计算。

### 4. 轧差计算货币互换的估值

在统一货币单位之后，对两种债券的现值进行轧差计算，以确定货币互换在估值时刻的价值。

- 轧差公式：货币互换的估值＝货币 B 计价的债券现值－即期汇率转换后的货币 A 计价的债券现值。

## 三、使用远期汇率估值

> 计算（calcualte）基于一系列远期汇率的货币互换的价值（★★★）

使用远期汇率对货币互换进行估值的方法可以细化为以下几个步骤。

### 1. 列出以两种货币报价的现金流

首先，根据货币互换合约的条款，分别列出交易双方未来每一期的现金流。每一方的现金流通常包括每期的利息支付以及合约期末的本金返还。假设本例中存在两种货币，分别是货币 A 和货币 B。其中，以货币 B 为计价货币，也就是要将货币 A 通过汇率转化为以货币 B 计价的价值。

- 现金流确定：对于两种货币，按照合约条款计算出每期的利息和本金支付金额。
- 现金流时间表：将每笔现金流的发生时间点记录在现金流时间表中，以便后续根据不同时间点的远期汇率进行转换。

### 2. 确定每期的远期汇率

在估值时刻，根据市场数据获取每一个未来结算期的远期汇率（forward exchange rate），用于在各时间点将其中一种货币的现金流转换为另一种货币。远期汇率反映了在不同时间点，两种货币之间预期的兑换比率。

- 获取远期汇率：远期汇率可以从市场报价中获取，或根据即期汇率及两种货币的利率差异计算得出。对于具有多个未来结算日期的货币互换来说，其每一个未来结算期可能有不同的远期汇率。
- 匹配时间点：确保每个远期汇率对应正确的现金流时间点，以便后续进行精确的货币转换。

### 3. 使用远期汇率将非估值货币的现金流转换为估值货币

选择其中一个币种（非估值货币，在本例中我们采用货币 A）的现金流，并在每个结算时间点使用相应的远期汇率将其转换为估值货币（在本例中我们采用货币 B）的现金流。这样，所有的现金流都将以同一货币计价，便于统一折现计算。

- 统一货币单位：经过远期汇率的转换后，所有现金流都以同一种货币（在本例中我们采用货币 B）表示，这便于后续使用相同的折现率进行现值计算。

### 4. 使用估值货币的利率折现转换后的现金流

使用估值货币（在本例中我们采用货币 B）市场的利率对转换后的现金流进行折现，将未来各期的现金流贴现到估值时刻的现值。

- 折现率的选择：根据估值货币市场的利率水平，选择适合的折现率（可以是无风险利率或风险利率）对现金流折现。
- 现值计算：对于每笔未来现金流，使用折现因子进行现值计算，将未来的现金流量按照其发生时间点折现到当前估值时刻。

### 5. 轧差计算货币互换的估值

在所有现金流折现到估值时刻后，计算两个债券现值之间的轧差，以确定货币互换在估值时刻的价值。

- 轧差公式：货币互换的估值=以货币 B 计价的现金流现值-远期汇率转换后的非估值货币现金流现值。

### 例题 35.1

假设某公司持有一个剩余期限为 2 年的货币互换，收取美元（每年年末支付一次利息，年利率为 5%），美元的名义本金为 USD 2 million，支付欧元（每年年末支付一次利息，年利率为 4%），欧元的名义本金为 EUR 1.5 million，当前的即期汇率（USD per euro）为 1.2，假设所有期限的美元无风险利率是 4%，所有期限的欧元无风险利率是 3%，该货币互换的价值（以美元计价）是多少？

### 名师解析

公司进入的互换合约为收取固定的美元，支付固定的欧元。在 2 个结算日，公司收取的美元利息为 USD 2 000 000 × 5% = USD 100 000，支付欧元利息为 EUR 1 500 000 × 4% = EUR60 000。

该题有两种解法：

（1）基于两只债券头寸使用即期汇率：

第 1 年以美元计价的互换价值为：

$$V_s(T) = PV_{USD} - PV_{EUR}$$

其中：

$$PV_{USD} = \frac{100\ 000}{1 + 4\%} + \frac{100\ 000 + 2\ 000\ 000}{(1 + 4\%)^2} = USD\ 2\ 037\ 721.89$$

$$PV_{EUR} = \left[\frac{60\ 000}{1 + 3\%} + \frac{60\ 000 + 1\ 500\ 000}{(1 + 3\%)^2}\right] \times 1.2 = USD\ 1\ 834\ 442.45$$

$$V_0(T) = 2\ 037\ 721.89 - 1\ 834\ 442.45 = USD\ 203\ 279$$

（2）基于远期汇率：

$$第1年的汇率 = 1.2 \times \frac{1 + 4\%}{1 + 3\%} = 1.211650$$

$$第2年的汇率 = 1.2 \times \frac{(1 + 4\%)^2}{(1 + 3\%)^2} = 1.223414$$

第1年的美元端现金流：USD 100 000。第1年的欧元端现金流兑换为美元：EUR 60 000 × 1.211650 = USD 72 699，净现金流为 USD 27 301。

第2年的美元端现金流：USD 2 100 000。第2年的欧元端现金流兑换为美元：(EUR 60 000 + EUR 1 500 000) × 1.223414 = USD 1 908 525.84，净现金流为 USD 191 474.16。

$$V_0(T) = \frac{27\ 301}{1 + 4\%} + \frac{191\ 474.16}{(1 + 4\%)^2} = USD\ 2\ 032\ 279$$

**备考小贴士**

考生需要重点掌握货币互换估值的计算。

# 第三十六章

# 期权概述

## 知识引导

期权是一种合约，该合约赋予持有人在某一特定日期或该日之前的任何时间以固定价格购进或售出一种资产的权利。期权交易起始于18世纪后期的美国和欧洲市场。由于制度不健全等因素的影响，期权交易的发展一直受到抑制。19世纪20年代初，看跌期权/看涨期权自营商都是职业期权交易者，他们在交易过程中，并不会连续不断地提出报价，而是仅当价格变化明显有利于他们时，才提出报价。这样的期权交易不具有普遍性，不便于转让，市场的流动性受到了很大限制，这种交易体制也因此受挫。直到1973年4月26日芝加哥期权交易所（CBOE）开张，进行统一化和标准化的期权合约买卖，上述问题才得到解决。期权合约的有关条款，包括合约量、到期日、敲定价等都逐渐标准化。起初，只开出16只股票的看涨期权，很快，这个数字就成倍地增加，股票的看跌期权不久也挂牌交易。迄今，全美所有交易所内有2 500多只股票和60余种股票指数开设相应的期权交易。

## 考点聚焦

本章主要介绍期权的基本概念、期权类型以及期权的收益。本章的主要考查方式为定性理解，有少量计算。

## 本章框架图

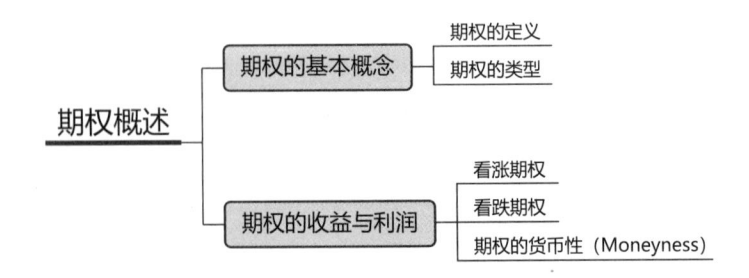

期权概述
- 期权的基本概念
  - 期权的定义
  - 期权的类型
- 期权的收益与利润
  - 看涨期权
  - 看跌期权
  - 期权的货币性（Moneyness）

# 第一节　期权的基本概念

## 一、期权的定义

期权（option）是唯一一种既可以在场内交易也可以在场外交易的衍生品合约。购买期权的一方需要支付权利金（premium）给期权的出售方，以获得未来可以买入或卖出某标的资产的权利。当期权的买方决定要行使其权利时，卖方有义务以约定的价格卖出或买入该标的资产。与远期合约、期货合约不同，期权赋予的是买卖某种资产的权利而非义务。在远期或期货合约中，当合约到期时双方均有义务按照约定的价格履行合约；而期权则不同，合约到期时，购买期权的一方有权利按照合约约定价格购买或卖出标的资产。权利意味着拥有权利的一方可以选择履行合约，也可以选择放弃自己的权利（即放弃购买或卖出标的资产）。为了拥有这种权利，期权购买者必须为此支付期权费，即权利金。

## 二、期权的类型

> 描述（describe）期权的类型（★）

### 1. 看涨期权与看跌期权

看涨期权（call option）赋予期权购买者在未来按照约定价格买入某种资产的权利。看涨期权的买方（long position）需要支付一笔期权费以获得这个权利；看涨期权的卖方（short position）在买方行权时有义务按约定价格卖出该标的资产。

看跌期权（put option）赋予期权购买者在未来按照约定价格卖出某种资产的权利。看跌期权的买方（long position）需要支付一笔期权费以获得这个权利；看跌期权的卖方（short position）在买方行权时有义务按约定价格买入该标的资产。

执行价格（exercise price/strike price）又称行权价格，即看涨/看跌期权合约约定的交易价格，该价格在合约签订时就已经确定了。其概念与远期价格、期货价格类似。

期权到期日（expiration date/maturity date）是指看涨期权的买入权或看跌期权的卖出权最后的有效日期。在到期日之后，权利自行消失。

由于期权的买方拥有的是权利而非义务，即合约到期时既可以选择履约也可以选择不履约，因而期权的买方在任何情况下都不可能违约。相反，期权的卖方没有权利而必须履行义务，故期权的卖方是有可能违约的。因此，期权的买方面临违约风险（卖方可能违约），而期权的卖方不面临违约风险（买方绝对不会违约）。

2. 欧式期权与美式期权

欧式期权（European option）是指买入期权的一方必须在期权到期日当天才能行使的期权。绝大多数场外交易的期权为欧式期权。

美式期权（American option）可以在合约到期前的任意时点行权。相对于欧式期权，该种期权灵活性更高，因而其期权费也比欧式期权更贵。绝大多数交易所期权为美式期权。

两种期权相比，由于行权日的灵活性，美式期权分析起来更为复杂。具体来讲，BSM 模型用于分析欧式期权；二叉树模型既可以用于分析欧式期权，也可以用于分析美式期权。

> **备考小贴士**
>
> 考生需要定性掌握期权的类型。

# 第二节　期权的收益与利润

## 一、看涨期权

描述（describe）看涨期权的收益和利润（★）

## 1. 买入看涨期权

买入看涨期权（long call option）即看涨期权的多头。这意味着当期权可行权时，可选择是否按约定的执行价格 $X$ 买入价值 $S_T$ 的标的资产。如果到期标的资产价格 $S_T$ 高于执行价格 $X$，多头会选择行权，并获益 $S_T - X$；如果届时标的资产价格低于执行价格，多头将选择不行权，获益 0。故看涨期权买方的收益（payoff）可归结为：

$$C_T = \max(0, S_T - X) \tag{36.1}$$

如果将买方支付的期权费 $c_0$ 也考虑在内，则有利润（profit）为：

$$\pi = \max(0, S_T - X) - c_0 \tag{36.2}$$

图 36.1 显示了看涨期权多头的收益与利润图。其中，横轴表示到期标的资产价格 $S_T$，纵轴表示看涨期权多头的收益。从公式中不难看出，当 $S_T < X$ 时，多头选择不行权，收益恒为 0；而当 $S_T \geq X$ 时，收益为 $S_T - X$，在图上为向上倾斜的直线。看涨期权多头的利润等于收益扣除期权费，故利润图实际上就是收益图形向下平移 $c_0$ 个单位。从图中不难看出，看涨期权多头的收益不存在上界，只要 $S_T$ 不断上升，收益也将持续上升；而其下界为 0。

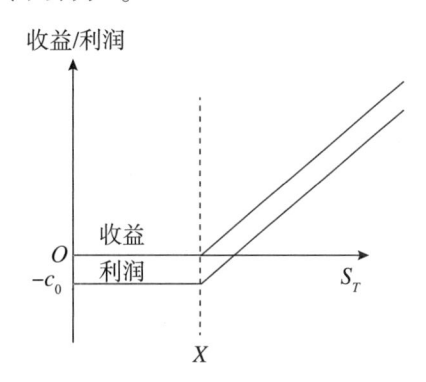

图 36.1　看涨期权多头收益与利润

**例题 36.1**

假设看涨期权的执行价格为 USD 40，期权费为 USD 10。如果在 $T$ 时刻，标的资产价格 $S_T$ 为 USD 45。看涨期权的买方是否会行权？其收益与利润分别为多少？

**名师解析**

题目已知 $S_T$ = USD 45、$X$ = USD 40，这意味着看涨期权的多头能够以 USD 40 的价格买入实际上价值 USD 45 的标的资产，多头会选择行权。其收益为 USD 5（45-40），利润为-USD 5（45-40-10）。不难看出，只要 $S_T$ 高于 $X$，尽管此时利润为负数，看涨期权的多头仍然会选择行权。

**备考小贴士**

考生需要定量掌握看涨期权多头的收益与利润的计算。

**2. 卖出看涨期权**

卖出看涨期权（short call option）即为看涨期权的空头，它的交易对手方就是看涨期权的多头。注意期权市场亦是一个"零和博弈"市场，故在不考虑交易成本的情况下，看涨期权的空头与多头收益或利润之和必定为 0。因此，看涨期权空头的收益（payoff）与利润（profit）实际上就是式（36.1）与（36.1）加上一个负号：

$$-C_T = -\max(0, S_T - X) \tag{36.3}$$

$$\pi = -\max(0, S_T - X) + c_0 \tag{36.4}$$

同理，看涨期权空头的收益与利润图形实际上就是多头图形关于 $x$ 轴的对称图形，如图 36.2 所示。从图中不难看出，看涨期权空头的潜在亏损是很大的。

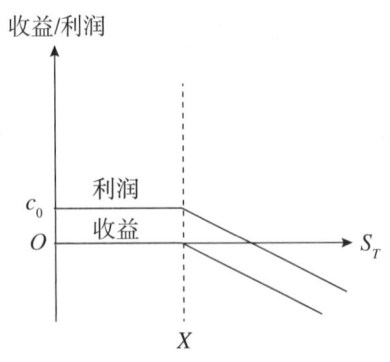

图 36.2 看涨期权空头收益与利润

**例题 36.2**

假设看涨期权的执行价格为 USD 40，期权费为 USD 10。如果在 $T$ 时刻，标的资产价格 $S_T$ 为 USD 45，看涨期权卖方的收益与利润分别为多少？

**名师解析**

题目已知 $S_T$ =USD 45、$X$ =USD 40，这意味着看涨期权的多头能够以 USD 40 的价格买入实际上价值 USD 45 的标的资产，多头会选择行权，其收益为 USD 5（45-40），利润为-USD 5（45-40-10）。多头的收益与利润即为空头的损失，因此看涨期权空头的收益与利润分别为-USD 5 与 USD 5。

**备考小贴士**

考生需要定量掌握看涨期权空头的收益与利润的计算。

## 二、看跌期权

描述（describe）看跌期权的收益和利润（★）

### 1. 买入看跌期权

买入看跌期权（long put option）即看跌期权的多头。这意味着当期权可行权时，可选择是否按约定的执行价格 $X$ 卖出价值 $S_T$ 的标的资产。如果到期标的资产价格 $S_T$ 高于执行价格 $X$，行权意味着以 $X$ 的价格卖出实际上值 $S_T$ 的标的资产，因而多头不会选择行权，获益为 0；如果到期标的资产价格低于执行价格，多头将选择行权，获益 $X-S_T$。故看跌期权买方的收益（payoff）与利润（profit）可归结为：

$$P_T = \max(0, X - S_T) \tag{36.5}$$

$$\pi = \max(0, X - S_T) - p_0 \tag{36.6}$$

图 36.3 显示了看跌期权多头的收益与利润。从式（36.5）中不难看出，当 $S_T < X$ 时，多头选择行权，收益为 $X - S_T$，即向下倾斜的直线；而当 $S_T \geq X$ 时，收益恒为 0。看跌期权多头的利润等于收益扣除期权费，故利润图实际上就是收益图形向下平移 $p_0$ 个单位。从图 36.3 中可以看出，看跌期权多头的潜在损失是有下界的，

但其获得的收益也是有上界的（因为标的资产的价格最多跌至 0，不可能为负数）。

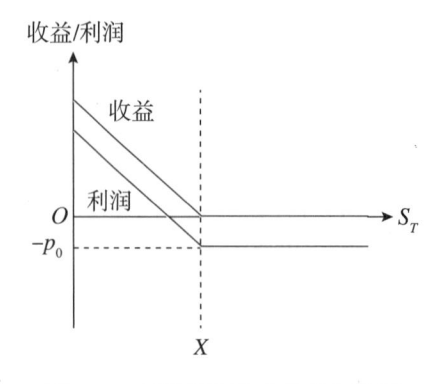

图 36.3 看跌期权多头收益与利润

购买看跌期权的作用与购买保险十分相似。

### 例题 36.3

假设看跌期权的执行价格为 USD 40，期权费为 USD 10。如果在 $T$ 时刻，标的资产价格 $S_T$ 为 USD 35，看跌期权的买方是否会行权？其收益与利润分别为多少？

### 名师解析

题目已知条件 $S_T$ = USD 35、$X$ = USD 40，这意味着看跌期权的多头能够以 USD 40 的价格卖出实际上只值 USD 35 的标的资产，多头会选择行权，其收益为 USD 5（40-35），利润为-USD 5（40-35-10）。多头的收益与利润即为空头的损失，因此看跌期权多头的收益与利润分别为 USD 5 与-USD 5。

> **备考小贴士**
>
> 考生需要定量掌握看跌期权多头的收益与利润的计算。

#### 2. 卖出看跌期权

卖出看跌期权（short put option）即为看跌期权的空头，它的交易对手方就是看跌期权的多头。同样，由于期权市场是一个"零和博弈"市场，故在不考虑交易成本的情况下，看跌期权的空头与多头收益或利润之和必定为 0。因此，看跌期权空头的收益与利润实际上就是式（36.5）与式（36.6）上加上一个负号：

$$-P_T = -\max(0, X - S_T) \tag{36.7}$$

$$\pi = -\max(0, X - S_T) + p_0 \qquad (36.8)$$

同理，看跌期权空头的收益与利润图形实际上就是多头图形关于 X 轴的对称图形，如图 36.4 所示。

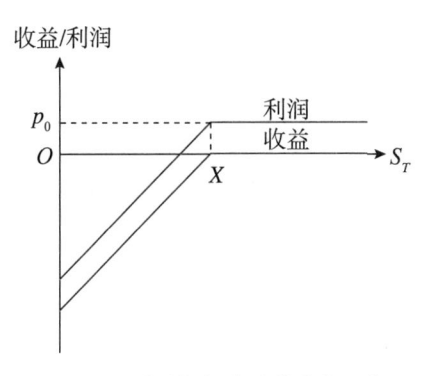

**图 36.4　看跌期权空头收益与利润**

### 例题 36.4

假设看跌期权的执行价格为 USD 40，期权费为 USD 10。如果在 T 时刻，标的资产价格 $S_T$ 为 USD 35，看跌期权卖方的收益与利润分别为多少？

**名师解析**

题目已知条件 $S_T$ = USD 35、X = USD 40，这意味着看跌期权的多头能够以 USD 40 的价格卖出实际上只值 USD 35 的标的资产，多头会选择行权，其收益为 USD 5（40-35），利润为-USD 5（40-35-10）。多头的收益与利润即为空头的损失，因此看跌期权空头的收益与利润分别为-USD 5 与 USD 5。

**备考小贴士**

考生需要定量掌握看跌期权空头的收益与利润的计算。

## 三、期权的货币性（Moneyness）

定义（define）期权的货币性（★）

根据执行期权获得收益情况的不同，可将期权分为实值期权、虚值期权以及平值期权。若当下立刻执行期权获得的收益为正，则称为实值期权（in-the-money）；若不赚不亏，则称为平值期权（at-the-money）；若发生亏损，则称为虚值期权（out-of-the-money）。看涨期权与看跌期权的实值、平值与虚值关系如表 36.1 所示。

表 36.1　　　　　　　　　　实值、平值与虚值期权的关系

|  | 看涨期权（Call Option） | 看跌期权（Put Option） |
| --- | --- | --- |
| 实值期权（in-the-money） | $S_T > X$ | $S_T < X$ |
| 平值期权（at-the-money） | $S_T = X$ | $S_T = X$ |
| 虚值期权（out-of-the-money） | $S_T < X$ | $S_T > X$ |

> **备考小贴士**
>
> 考生需要定性掌握期权货币性的定义。

# 第三十七章 期权市场

## 知识引导

从历史上看,期权的产生往往都源于实体企业一定的功能性需求,期权作为衍生品不仅能助力实体企业规避风险、实现平稳发展,还可以在一定程度上发挥激励机制的作用。

有记载的最早利用期权进行风险管理的事件,发生在17世纪30年代末的荷兰。在17世纪的荷兰,郁金香是贵族社会身份的象征,这使批发商普遍选择出售远期交割的郁金香以获取利润。为了减少风险,确保利润,许多批发商从郁金香的种植者那里购买期权,即在一个特定的时期内,有权按照一个预定的价格,从种植者那里购买郁金香。因此,早期的期权交易采取私下协议的方式进行,即场外交易。1973年,芝加哥期权交易所(CBOE)的成立标志着真正有组织的期权交易时代的开始,期权场内交易正式登上历史舞台。

## 考点聚焦

本章主要内容包括场内期权、场外期权、与期权相关的金融工具。考生需重点掌握看涨期权与看跌期权的收益与利润、场内期权的类型。本章考查方式为定性理解。

## 本章框架图

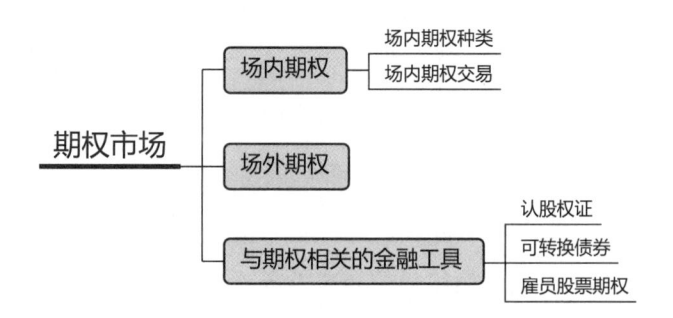

```
              ┌─ 场内期权 ──┬─ 场内期权种类
              │             └─ 场内期权交易
期权市场 ─────┼─ 场外期权
              │                        ┌─ 认股权证
              └─ 与期权相关的金融工具 ──┼─ 可转换债券
                                       └─ 雇员股票期权
```

## 第一节　场内期权

> 解释（explain）场内期权的特征，包括非标准化产品（★）

芝加哥期权交易所（Chicago Board Options Exchange，CBOE）是美国最大的期权交易所，也是挂牌期权的创始机构。当交易员有多头头寸需要行权时，期权清算公司会随机匹配到相应的空头头寸，实值期权到期时通常自动行权。在该交易所交易的期权品种主要分为：股票、指数和ETF期权。这些产品中包括美国指数期权中最活跃的标普500指数期权（SPX），以及作为全球市场波动率晴雨表的CBOE波动率指数（VIX）的期权等产品。

### 一、场内期权种类

> 描述（describe）场内期权的交易、佣金、保证金（★★）

**1. 个股期权**

> 解释（explain）分红和分股如何影响个股期权（★★）

交易所交易的个股期权是实物交割的美式期权，即个股期权的持有者在投资者的经纪公司设定的截止期之前的任何时候都可以将期权行权。

对于个股期权，个股的小额分红对期权影响不大。然而，如果分红金额超过股价的10%，则期权清算公司会组织委员会来决定如何对期权进行相应的调整。

与分红不同的是，股票分拆会导致执行价格的调整。如果某公司将一股拆为两股（2 for 1 或者 2-to-1 stock splits），那么执行价格应调整为原价格的1/2，且期权数量增加1倍。

大额分红与股票分拆原理相同。假设某股票分红率为10%，这意味着股东的每10股原股票会收到1股新股票，即10股拆为11股（11-to-10 stock split），那么期权份数需乘以11/10，且执行价格低至原来的10/11。

> **备考小贴士**
> 根据考纲要求，考生只需要大致了解个股期权合约的内容，无须精确记忆。

### 2. ETP 期权

交易所交易产品（exchange traded products，ETP）是信托股份，它们是股票构成的投资组合，设计这些投资组合是用来紧密跟踪某个具体股票的价格表现和收益的。ETP 的交易同股票交易相同，因此，这些产品的期权交易也同股票期权交易相似。ETP 期权是实物结算，美式行权的。在若干 ETP 产品上也有长期期权合约。

> **备考小贴士**
> 根据考纲要求，考生只需要大致了解 ETP 合约的内容，无须精确记忆。

### 3. 指数期权

与个股期权不同，指数期权覆盖的标的资产不是公司的股份，而是同指数水平乘以100（指数的乘数）相等的美元价值。CBOE 交易的指数期权种类众多，可分为：波动率指数、宽基指数、标普指数、道琼斯指数、纳斯达克指数，以及卢梭指数期权。而每一类指数期权之下，还有更具体的期权品种。

### 4. 非标准化产品

变通期权（FLEX）也是在交易所挂牌的股票或指数期权，它们允许用户自己制定合约的大部分条款，对头寸的限仓要求也相对宽松。变通期权为专业投资者、受限股票持有者、大宗股票持有者、公司以及其他类型的投资者，提供了风险管理的最新工具，是专门为投资者量体裁衣设计的。

亚式期权（Asian option）又称平均价格期权，是股票期权的衍生，是在总结真实期权、虚拟期权和优先认股权等期权的经验教训基础上推出的。亚式期权是当今金融衍生品市场上交易最为活跃的奇异期权之一，与通常意义上股票期权的差别是对执行价格的限制，其执行价格为执行日前半年二级市场股票价格的平均价格。它与标准期权的区别在于：在到期日确定期权收益时，不是采用标的资产当时的市场价格，而是用期权合同期内某段时间标的资产价格的平均值，这段时间被称为平均期。在对价格进行平均时，采用算术平均或几何平均。

阶段期权（cliquet option）也称棘轮期权，是由一系列远期期权（forward start options）组成的一种奇异期权。第一个期权立刻生效，第二个期权在第一个期权到期后再生效。每个期权的执行价格会按照约定日期的价格重新设置。

## 二、场内期权交易

目前为止，场内期权交易仍然依赖做市商为市场提供流动性。这些做市商不断向市场报出买价与卖价，交易所则对价格上限以及买卖价差的大小设置限制。

当进行期权交易时，交易员通过经纪商进行下单，经纪商从中收取佣金，这和期货交易非常类似。场内期权的平仓方式也与期货合约类似，可以通过反向交易进行平仓。一个拥有看跌期权多头头寸的交易员可通过卖出一个相同到期日和执行价格的看跌期权的方式进行平仓。CBOE对于期权交易也有头寸限制，以避免某个或某群投资者操纵市场。具体头寸限制即保证金的有关规定，可参看前文中具体合约部分的内容。

# 第二节　场外期权

场外期权（over-the-counter options）是指在非集中性的交易场所进行的非标准化的金融期权合约的交易。这些期权合约种类繁多，其标的资产包括外汇、利率等。OTC市场的主要优势在于可以满足客户个性化的需求。

# 第三节 与期权相关的金融工具

> 定义（define）并描述（describe）认股权证、可转换债券、雇员股票期权（★★）

## 一、认股权证

认股权证（warrants）是公司发行的期权合约，其标的资产往往是公司的自有股票。一旦认股权证发行，后续会在交易所交易。认股权证行权时，持有人需要联系发行者，认购权证（call warrants）执行时，公司将发行更多股票，认股权证持有者可以执行价格购买。当公司发行债券的时候，如果可以附上认股权证，则赋予债权人在股价上涨时获利的权利。

## 二、可转换债券

可转换债券（convertible bond）赋予债券持有人把其持有的债券转换为发行债券公司的股票的权利（conversion option）。可转换债券可被视为不可转债券与股票的看涨期权（call option on equity）的组合，从而兼具债券和股票的性质。由于可转换条款对投资人有利，尤其是股票价格上涨时投资人会将债券转换为股票从而获得更高收益。所以可转换债券的价格比相同条件下的不可转换债券更高，或者说投资人会要求可转换债券的收益率更低一些。

## 三、雇员股票期权

雇员股票期权（employee stock option）是公司授予其雇员在本公司股票上的看涨期权，如果公司效益很好，使其股票价格超过执行价格时，雇员可以通过行使期权，然后将所得股票按市场价格卖出得益。执行价格一般设成股票在授予时的价格，因此雇员股票期权在最初时是平价的。雇员股票期权的特征有：

（1）行权之前，雇员需要的等待时间（vesting period）长达4年；

（2）在等待期间内，当雇员离开公司（自愿或非自愿）时，期权将会作废；

（3）在等待时间之后，当雇员离开公司（自愿或非自愿）时，虚值期权会被收回，同时，如果手中拥有实值期权，则雇员会立刻行权；

（4）雇员不允许出售这些期权给第三方，由于无法在二级市场上出售期权，雇员期权的行权时间比交易所的期权要早。

雇员股票期权的初衷在于可以将股东和管理层的利益联系起来。如果公司股价升高，股东和管理层都将获益。然而，如果股价下跌，股东的损失要超过管理层的损失。因此，雇员股票期权往往在初创公司更加普遍，因为这类公司无法给予管理层具有竞争力的薪酬。

> **备考小贴士**
>
> 考生需要定性掌握三类与期权相关的金融工具。

# 第三十八章

# 期权属性概述

**知识引导**

在期权市场中，美式期权与欧式期权同时存在。上一章主要讲述了场内期权与场外期权的基本情况，本章则重点关注美式期权与欧式期权的价值上限与下限，以及期权平价公式。关于期权定价的理论内容，将在后续章节中逐步展开。

**考点聚焦**

本章内容包括期权定价与估值概述、美式期权与欧式期权的对比和期权平价公式。其中，考生需要重点掌握标的资产有无现金流对美式期权与欧式期权价值的影响，以及期权平价公式的内容。本章内容既涉及定性理解，也涉及定量计算。

**本章框架图**

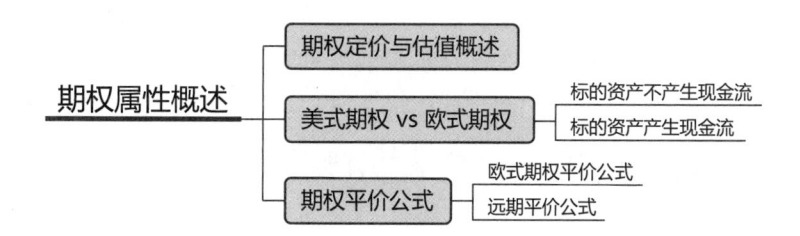

```
                    ┌── 期权定价与估值概述
                    │
                    │                    ┌── 标的资产不产生现金流
期权属性概述 ───────┼── 美式期权 vs 欧式期权 ┤
                    │                    └── 标的资产产生现金流
                    │
                    │                    ┌── 欧式期权平价公式
                    └── 期权平价公式 ────┤
                                         └── 远期平价公式
```

# 第一节　期权定价与估值概述

> 识别（identify）影响期权价值的因素（★★★）

与远期、期货及互换不同，期权买卖双方的权利与义务是不对等的。对于期权买方来说，期权可以看成一种"资产"；而对于期权卖方来说，期权可以看成一种"负债"。因此，期权的定价和估值也与远期、期货及互换有所不同。对于期权来说，定价与估值是相同的。

期权的价值包含了两个部分：期权的内在价值与期权的时间价值。由于对于期权来说，价值与价格是相同的，故有：

$$\text{期权价值} = \text{内在价值} + \text{时间价值} \tag{38.1}$$

内在价值（exercise value/intrinsic value）就是期权的收益（payoff）。看涨期权收益 $C_T$ 与看跌期权收益 $P_T$ 分别为：

$$C_T = \max(0, S_T - X) \tag{38.2}$$

$$P_T = \max(0, X - S_T) \tag{38.3}$$

期权的时间价值是期权费高于行权带来的现金收益的部分，可以理解为等待行权时机到来的价值。随着期权到期日的临近，时间价值逐步降低，于到期日时降为 0。还有一种理解为，期权的时间价值为平值期权的价值，即购买平值期权的期权费。

期权的价值受到标的资产价格、执行价格、无风险利率、标的资产价格波动、存续期、标的资产分红等多个因素影响。在接下来的章节中将进行具体讲解。

# 第二节　美式期权 vs 欧式期权

大多数场内期权为美式期权，美式期权的主要问题在于期权购买者是否应该在到期前行权。下文将按照标的资产是否产生现金流分别讨论。

## 一、标的资产不产生现金流

> 识别（identify）并计算（calculate）不付股息的股票期权价值的上下限（★★★）

**1. 看涨期权**

在股票不支付红利的情况下，美式看涨期权不应提前行权，美式看涨期权价值与欧式看涨期权价值相同。这是因为，一方面，看涨期权提供了价值保障，一旦提早行权，时间价值将变为0；另一方面，越晚行权，则越晚支付执行价格 $X$，从而节省了资金的成本。

具体来讲，如果当前投资者买入一份个股看涨期权，标的股票不分红，那么将分为两种情况进行讨论。

情况一：投资者希望持有股票头寸。

如果期权到期时，股票价格 $S_T$ 高于执行价格 $X$，提前行权没有好处，因为到期支付 $X$ 比当下行权立刻支付 $X$ 更有利。$X$ 可以在到期前以无风险利率进行投资，获得回报。

如果期权到期时，股票价格 $S_T$ 低于执行价格 $X$，提前行权依旧没有好处。因为投资者提前以 $X$ 购买股票，到期时股票价格为 $S_T$，损失为 $X-S_T$。如果不提前行权，即投资者等到到期，虚值期权不行权，投资者不用遭受损失。

情况二：投资者不希望持有股票头寸。

如果投资者不希望持有股票头寸，投资期权的目标仅为赚取现金利润，那么如果立刻行权，时间价值降为0。期权买方的利润等于内在价值减去期初支付的期权费，丧失了时间价值，因此投资者提前行权没好处。

假设投资者有两个投资组合。

组合1：买入一份欧式看涨期权 $c$，并持有现金且现金等于执行价格 $X$ 的现值，$PV(X)$。

组合2：股票。

组合1中，用现金进行投资，到期时获得本利之和 $X$。如果到期时股价 $S_T$ 高于 $X$，投资者行权，组合1的价值为到期股价 $S_T$。如果到期时股价 $S_T$ 低于 $X$，投资者不行权，组合 1 价值为 X。总之，无论如何，组合 1 到期的价值为 max($S_T$, X)。

组合 2 的到期价值为到期时股价 $S_T$。

因此，组合 1 的到期价值（终值）永远大于等于组合 2 的到期价值（终值）：

$$\max(S_T, X) \geq S_T \quad (38.4)$$

根据无套利理论，组合 1 的现值永远大于等于组合 2 的现值：

$$c + PV(X) \geq S \quad (38.5)$$

由于期权价值不为负，对于欧式看涨期权则有：

$$c \geq \max[S - PV(X), 0] \quad (38.6)$$

其中，S 为当前的股价，c 为当前欧式看涨期权的价值。

如果组合 1 中欧式看涨期权换为美式看涨期权 C，提前行权导致：

$$C = \max(S - X, 0) \quad (38.7)$$

由于 $X > PV(X)$，因此式（38.6）大于式（38.7），提前行权没有好处，投资者可选择直接卖出期权而不是行权。

### 例题 38.1

假设某股票当前价格为 USD 20，以该股票作为标的资产的欧式看涨期权的执行价格为 USD 18，距离到期还有 1 年时间，无风险利率为 2%。请计算该欧式看涨期权的价值下限。

### 名师解析

根据式（38.6）有：

$$c \geq \max\left[20 - \frac{18}{(1+2\%)^1}, 0\right] = USD\ 2.35$$

欧式看涨期权的价值下限为 USD 2.35。

> **备考小贴士**
>
> 考生需要掌握股票不付股息的情况下，欧式看涨期权的价值下限。

### 2. 看跌期权

对于看跌期权，不管是否存在期间现金流，美式看跌期权的价格总是大于欧式看跌期权的价格。这是因为在某些情况下，对于美式看跌期权而言，提前把资产抛出可以获得现金，而现金可以投资于无风险资产获得收益，于是提前行权获利更多。

假设投资者有两个投资组合：

组合 3：买入一份欧式看跌期权 $p$，并且拥有股票。

组合 4：持有现金，且现金等于执行价格 $X$ 的现值，$PV(X)$。

组合 3 中，如果到期股价 $S_T$ 高于 $X$，则看跌期权不行权，组合价值为 $S_T$。如果股价 $S_T$ 低于 $X$，则行权收到 $X$，组合价值为 $X$。总之，组合 3 的价值为 $\max(S_T, X)$。

组合 4 的到期组合价值为 $X$。

因此，组合 3 的到期价值（终值）永远大于等于组合 4 的到期价值（终值）：

$$\max(S_T, X) \geqslant S_T \tag{38.8}$$

根据无套利理论，组合 3 的现值永远大于等于组合 4 的现值：

$$p + S \geqslant PV(X) \tag{38.9}$$

由于期权价值不为负，对于欧式看跌期权则有：

$$p \geqslant \max[PV(X) - S, 0] \tag{38.10}$$

其中，$S$ 为当前的股价，$p$ 为当前欧式看跌期权的价值。

如果组合 3 中欧式看跌期权换为美式看跌期权 $P$，提前行权导致：

$$X \geqslant P \geqslant \max(X - S, 0) \tag{38.11}$$

其价值的上限为 $X$，因为美式看跌期权最大价值发生在当 $S = 0$ 时。

## 例题 38.2

假设某股票当前价格为 USD 20，以该股票作为标的资产的欧式看跌期权的执行价格为 USD 24，距离到期还有 1 年时间，无风险利率为 2%。请计算该欧式看跌期权的价值下限。

### 名师解析

根据式（38.10）有：

$$p \geqslant \max\left[\frac{24}{(1+2\%)^1} - 20, 0\right] = \text{USD } 3.53$$

欧式看涨期权的价值下限为 USD 3.53。

> **备考小贴士**
>
> 考生需掌握股票不付息的情况下，欧式看跌期权的价值下限。

### 3. 特例

雇员股票期权是一种特例。虽然标的股票没有分红，却往往会被提前行权。如果雇员不想拥有标的股票，即上文所述的情况二，理论上雇员直接卖出期权更优。然而，雇员股票期权不能在二级市场进行交易，因此必须通过行权来赚取利润。这就是此类期权往往被提前行权的原因。

## 二、标的资产产生现金流

> 识别（identify）并计算（calculate）支付股息的股票期权价值的上下限（★★★）

### 1. 看涨期权

对于标的资产可带来现金流回报的看涨期权，在期权合约的存续期内，美式期权的价格高于可对比的欧式期权价格。这是因为，提前行权可获得现金流收入，对于投资者来说与其等到到期日再行权，提前行权收益可能更大。

具体来讲，以场内个股期权为例，如果标的股票在期权到期前分红，那么分红会导致股票价格下跌。在除息日之前立刻行权有可能最优，具体取决于分红的多少以及期权实值的程度。

（1）如果分红 $Divs < X - X^*$，则无论股价如何高，都不应该在除息日前行权。其中，$X^*$ 代表 $X$ 的现值，以无风险利率折现，时间段为从当前时间点到下一个除息日。

（2）如果分红 $Divs > X - X^*$，且股价足够高，在除息日前立刻行权最佳。这是因为，如果股价足够高，该期权为深度实值，到期大概率也会行权，那么除息日前行权（股价还未根据分红下调）的好处会大于推迟支付执行价格的好处。

根据上文提到的结论，股票无分红，欧式看涨期权与美式看涨期权价值相同。如果加入分红的考虑因素，欧式看涨期权 $c$ 的价格存在以下关系：

$$c \geq \max[S - PV(X) - PV(Divs), 0] \quad (38.12)$$

式（38.12）与式（38.6）推导逻辑类似，其中，$PV(Divs)$ 指分红以无风险利率折现，时间段为从下一个除息日到当前时间点。

### 例题 38.3

假设某期限为 6 个月的欧式看涨期权执行价格为 USD 30，当前标的股票价格为 USD 35，1 个月后股票将发放红利 USD 2，无风险利率为 2%。请计算该期权的价值下限。

**名师解析**

根据式（38.12）有：

$$c \geq \max\left[35 - \frac{30}{(1+2\%)^{\frac{1}{2}}} - \frac{2}{(1+2\%)^{\frac{1}{12}}}, 0\right] = USD\ 3.30$$

欧式看涨期权的价值下限为 USD 3.30。

**备考小贴士**

考生需掌握股票付息的情况下，欧式看涨期权的价值下限。

#### 2. 看跌期权

与看涨期权不同，看跌期权涉及卖出标的股票，提前行权意味着放弃未来的分红。因此，美式看跌期权的价格总是大于欧式看跌期权的价格。

结合式（38.10）、式（38.11）和式（38.12）的逻辑，可得到分红情况下，欧式看跌期权 $p$ 的价值为：

$$p \geq \max[PV(X) + PV(Divs) - S, 0] \quad (38.13)$$

其中，$PV(Divs)$ 指分红以无风险利率折现，时间段为从下一个除息日到当前时间点。

### 例题 38.4

假设某期限为 6 个月的欧式看跌期权执行价格为 USD 30，当前标的股票价格为 USD 25，1 个月后股票将发放红利 USD 2，无风险利率为 2%。请计算该期权的价值下限。

**名师解析**

根据式（38.13）有：

$$p \geq \max\left[\frac{30}{(1+2\%)^{\frac{1}{2}}} + \frac{2}{(1+2\%)^{\frac{1}{12}}} - 25, 0\right] = \text{USD } 6.70$$

欧式看跌期权的价值下限为 USD 6.70。

**备考小贴士**

考生需掌握股票付息的情况下，欧式看跌期权的价值下限。

## 第三节 期权平价公式

### 一、欧式期权平价公式

解释（explain）欧式期权平价公式（★★★）

欧式期权平价公式（put-call parity）是基于衍生品定价中的无套利定价原理得出的。通过构造两个资产组合，保证两个组合无论未来在什么样的环境下，都能获得相同的收益，由此得到了平价公式。

欧式期权平价公式的具体形式为：

$$c + \frac{X}{(1+R_f)^T} = S + p \tag{38.14}$$

其中，$c$ 表示看涨期权的价格；$p$ 表示看跌期权的价格；$S$ 表示标的股票的价格；$X$ 表示执行价格，同时也是无风险债券的面值；$R_f$ 代表无风险利率。

欧式期权平价公式（38.14）为什么成立呢？可以通过判断等式左右两端资产组合的收益是否完全相同来确定。等式左边表示"看涨期权+无风险债券"，等式右边表示"看跌期权+标的股票"。

如果到期时 $S \leq X$，那么看涨期权多头不行权，于是"看涨期权+无风险债券"这个组合到期价值就是 $X$；与此同时，看跌期权肯定行权，于是"看跌期权+标的股票"这个组合到期价值就是 $S+(X-S)=X$，等式左右两边相等。

如果到期时 $S>X$，那么看涨期权必然行权，于是"看涨期权+无风险债券"这个组合到期价值就是 $(S-X)+X=S$；与此同时，看跌期权必然不行权，于是"看跌期权+标的股票"这个组合到期价值就是 $S$，左右两边依然相等。

根据一价定律，如果在任何条件下，两个组合的收益情况都一样，那么这两个组合的价格也应该一样，于是就得出了欧式期权平价公式，如表38.1所示。

表38.1　　　　　　　　　　期权平价公式推导

| 标的股票价格与无风险债券面值的关系 | 看涨期权+无风险债券 | 看跌期权+标的股票 |
| --- | --- | --- |
| $S \leq X$ | $0 + X = X$ | $(X - S) + S = X$ |
| $S > X$ | $(S - X) + X = S$ | $0 + S = S$ |

### 例题 38.5

现有一只股票，股票市价为 USD 53，现在以该股票为标的资产、执行价格为 USD 55 的 1 年期欧式看涨期权的价格为 USD 1.5，无风险利率为 5%。以该股票为标的资产、执行价格为 USD 55 的 1 年期欧式看跌期权价格是多少？

### 名师解析

该题目是欧式期权平价公式的常见考法，对应的欧式看跌期权的价格可以直接根据平价公式得出。

根据式（38.14），经过等号两边左右移项，可得看跌期权价格为：

$$p = c + \frac{X}{(1+R_f)^T} - S$$

$$= 1.5 + \frac{55}{(1+5\%)} - 53$$

$$= USD\ 0.88$$

### 备考小贴士

考生需重点掌握欧式期权平价公式的定量计算。

## 二、远期平价公式

如果用一份远期合约来替代标的股票,同样能够得到一个平价公式,即欧式期权远期平价公式(put-call forward parity):

$$c + \frac{X}{(1+R_f)^T} = \frac{F_0(T)}{(1+R_f)^T} + p \tag{38.15}$$

由于期权价值不能为负,因此:

$$c \geq \frac{F_0(T)}{(1+R_f)^T} - \frac{X}{(1+R_f)^T} \tag{38.16}$$

$$p \geq \frac{X}{(1+R_f)^T} - \frac{F_0(T)}{(1+R_f)^T} \tag{38.17}$$

其中,$F_0(T)$代表远期合约价格,且该远期的标的资产不一定局限于股票。

# 第三十九章

# 期权策略

**知识引导**

在实务中，期权常被应用于各类投资策略中，以调整投资者的风险头寸。这些策略既包括针对市场变化采取的投机性策略，也有针对不利或不确定性事件的发生而采取的防御性策略。本章着重讨论各类期权策略，包括单个期权策略、价差策略、组合策略等。

**考点聚焦**

本章主要内容包括单个期权策略、价差策略、组合策略，以及组合收益的制造方法。考生需要重点关注保护性看跌期权、备保看涨期权、各类价差策略和组合策略的含义、目标，以及收益的计算。本章内容涉及定性理解和定量计算。

**本章框架图**

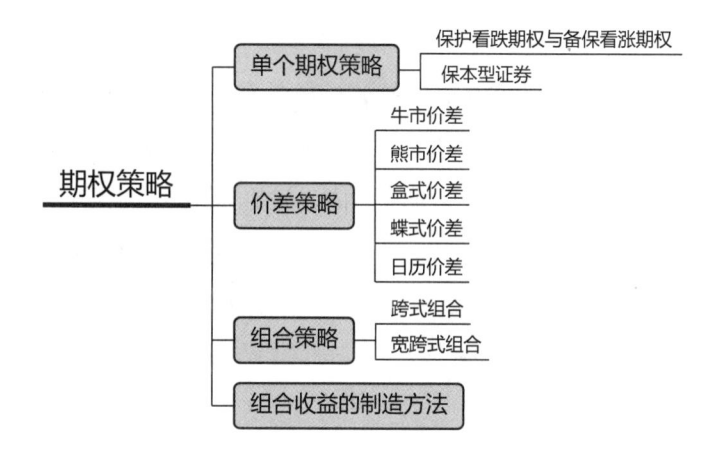

```
                    ┌─ 单个期权策略 ─┬─ 保护看跌期权与备保看涨期权
                    │                └─ 保本型证券
                    │                ┌─ 牛市价差
                    │                ├─ 熊市价差
         期权策略 ──┼─ 价差策略 ────┼─ 盒式价差
                    │                ├─ 蝶式价差
                    │                └─ 日历价差
                    │                ┌─ 跨式组合
                    ├─ 组合策略 ────┤
                    │                └─ 宽跨式组合
                    └─ 组合收益的制造方法
```

# 第一节　单个期权策略

## 一、保护看跌期权与备保看涨期权

> 解释（explain）保护看跌期权和备保看涨期权策略构建的动因（★★）

欧式期权平价公式是基于衍生品定价中的无套利定价原理得出的。通过构造两个资产组合，保证两个组合无论未来在什么样的环境下，都能获得相同的收益，由此得到了平价公式。

欧式期权平价公式的具体形式为：

$$c + Xe^{-R_f T} = S + p \qquad (39.1)$$

进行等式变换，可得到：

$$S - c = Xe^{-R_f T} - p \qquad (39.2)$$

$$-p - S = -c - Xe^{-R_f T} \qquad (39.3)$$

$$c - S = p - Xe^{-R_f T} \qquad (39.4)$$

其中，$c$ 表示看涨期权的价格；$p$ 表示看跌期权的价格；$S$ 表示标的股票的价格；$X$ 表示执行价格，同时也是无风险债券的面值；$R_f$ 代表无风险利率。

根据式（39.1），买入一份看涨期权并持有现值为 $Xe^{-R_f T}$ 的无风险债券，等同于买入一份看跌期权加上股票多头头寸。其中，右侧 $S+p$ 构成的组合被称为保护看跌期权（protective put）。如图 39.1 所示，这种组合策略旨在股价上涨时获利，同时利用看跌期权限制股价下跌时的损失。

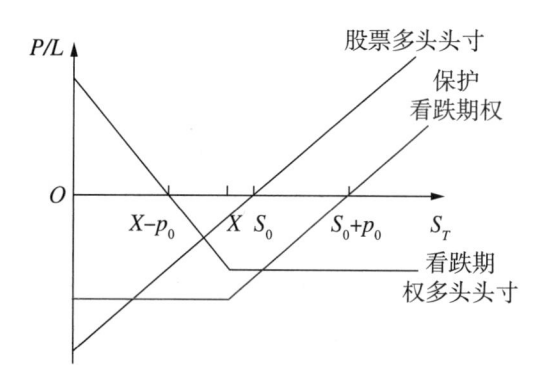

图 39.1 保护看跌期权利润（profit/loss）

根据式（39.2），股票多头头寸加上卖出一份看涨期权，等同于卖出看跌期权并持有现值为 $Xe^{-R_fT}$ 的无风险债券。其中，$S-c$ 构成的组合被称为备保看涨期权（covered call）。它是一种基本的组合策略，购买股票的投资者可通过出售虚值的欧式看涨期权来获得额外的期权费收益。如图 39.2 所示，如果未来股价上升，股票多头的收益被出售看涨期权的损失所抵消，因此该策略的弊端在于放弃了股价高于执行价格时带来的盈利。

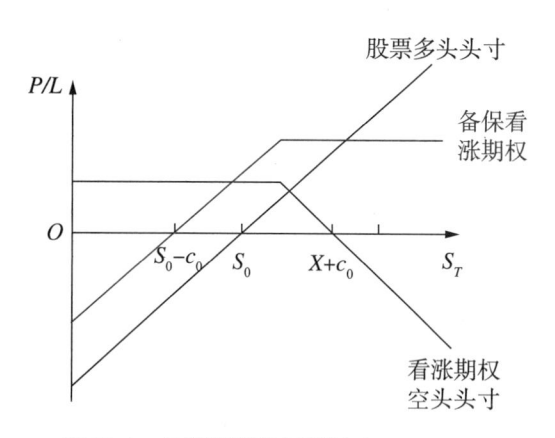

图 39.2 备保看涨期权利润（profit/loss）

式（39.3）是保护看跌期权的反向策略，卖出一份看跌期权加上股票空头头寸，等同于卖出一份看涨期权加上发行现值为 $Xe^{-R_fT}$ 的无风险债券。

式（39.4）是备保看涨期权的反向策略，买入一份看涨期权加上股票空头头寸，等同于买入一份看跌期权加上发行现值为 $Xe^{-R_fT}$ 的无风险债券。

## 二、保本型证券

> 描述（describe）保本型证券并解释（explain）其构建的条件（★★）

结构化金融工具（structured financial instruments），又称结构化产品（structured products），可根据具体需求进行设计，通常由一个传统固定收益证券加上至少一个衍生工具构成。结构化金融工具的核心特征是对资产现金流结构进行重塑，以便重新分配风险。结构化金融工具的价值并非仅由其固定收益部分的未来现金流决定，还取决于其衍生工具部分对应的标的资产的表现。

保本型证券（principal protected notes，PPN）属于一种结构化金融工具，该工具可以保证本金不受标的资产价格波动的影响，主要面向风险厌恶型的投资者。最常见的保本型票据称为保证凭证（guarantee certificate），由持有零息债券和购买看涨期权组成。例如，假设某投资者手头有 100 万元现金，他可以投资面值为 100 万元的 1 年期零息债券，由于零息债券折价发行，故该投资者可能只需要支出 99 万元即可，剩余 1 万元可用于投资看涨期权。1 年后，如果该看涨期权不能行权，那么他将获得 100 万元；如果该看涨期权届时可以行权，那么他将获得 100 万元加上期权行权的收益。因此，无论看涨期权能否行权，该投资者一定可以通过零息债券获得 100 万元。在此过程中，需要投资者留心的是，如果看涨期权的价格低于 1 万元，投资者潜在的回报率更高，因为总体的初始投资少于 100 万元；如果看涨期权的价格高于 1 万元，则投资者的初始投资额不足，此时投资者需要选择价格更加便宜的其他期权，例如行权价格更高的看涨期权，以完成 PPN 的构建。

# 第二节 价差策略

## 一、牛市价差

> 描述（describe）牛市价差策略并计算（calculate）收益情况（★★★）

牛市价差（bull spread）策略适用于投资者预期资产价格上涨的行情，可以用看涨期权或者看跌期权构建该策略。牛市价差（看涨期权）是买入一份执行价格较低的看涨期权，同时卖出一份具有相同标的资产但执行价格较高的看涨期权的组合，两个期权的到期期限相同，如图39.3所示。

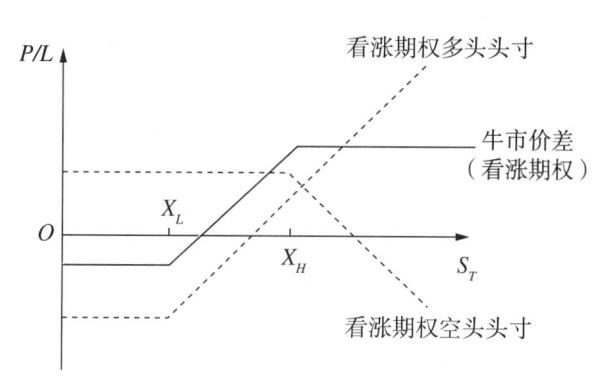

图 39.3 牛市价差（看涨期权）利润（profit/loss）

这里，$X_L$代表买入看涨期权的执行价格，而$X_H$为卖出看涨期权的执行价格，$S_T$为期权到期$T$时刻的股票价格。由看涨期权构成的牛市价差，其收益情况如表39.1所示。

注意：看涨期权的行使条件是$S_T > X$，买入执行价格较低的看涨期权需要支付期权费$C_L$，而卖出执行价格较高的看涨期权获得期权费$C_H$。

表 39.1　　　　　牛市价差（看涨期权）收益（payoff）情况

| 股价范围 | 看涨期权多头头寸（$X_L$） | 看涨期权空头头寸（$X_H$） | 总收益 |
| --- | --- | --- | --- |
| $S_T \leq X_L$ | 0 | 0 | 0 |
| $X_L < S_T < X_H$ | $S_T - X_L$ | 0 | $S_T - X_L$ |
| $S_T \geq X_H$ | $S_T - X_L$ | $-(S_T - X_H)$ | $X_H - X_L$ |

因此，由看涨期权构成的牛市价差，其最大的利润（profit）（即考虑购买期权的成本以及出售期权的收入）为$X_H - X_L - C_L + C_H$；最大的损失为$C_H - C_L$；盈亏平衡点（即牛市价差策略的利润为0）为$X_L + (C_L - C_H)$。同理，牛市价差（看跌期权）是买入一份执行价格较低的看跌期权，同时卖出一份具有相同标的资产但执行价格较高的看跌期权，两个期权具有一份相同的期限，其收益情况如表39.2所示。

注意：看跌期权的行权条件是$X > S_T$，买入执行价格较低的看跌期权一方需要

支付期权费 $P_L$，而卖出执行价格较高的看跌期权一方则获得期权费 $P_H$。

表 39.2　　　　　　牛市价差（看跌期权）收益（payoff）情况

| 股价范围 | 看跌期权多头头寸（$X_L$） | 看跌期权空头头寸（$X_H$） | 总收益 |
| --- | --- | --- | --- |
| $S_T \leq X_L$ | $X_L - S_T$ | $-(X_H - S_T)$ | $X_L - X_H$ |
| $X_L < S_T < X_H$ | 0 | $-(X_H - S_T)$ | $S_T - X_H$ |
| $S_T \geq X_H$ | 0 | 0 | 0 |

因此，看跌期权构成的牛市价差，其最大利润（profit）（即考虑购买期权的成本以及出售期权的收入）为 $P_H - P_L$；最大亏损为 $X_L - X_H + (P_H - P_L)$；盈亏平衡点（即牛市价差策略的利润为 0）为 $X_H - (P_H - P_L)$，如图 39.4 所示。

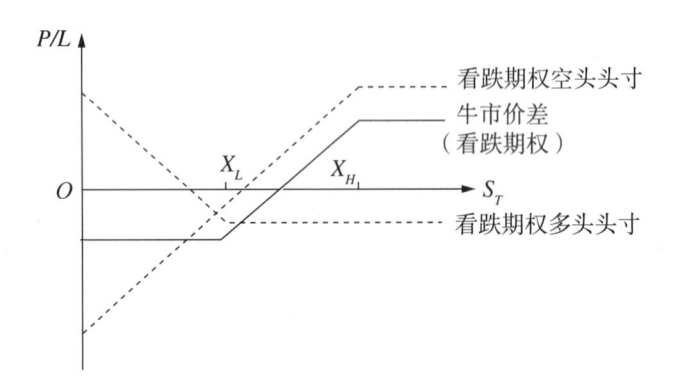

图 39.4　牛市价差（看跌期权）利润（profit/loss）

> **备考小贴士**
>
> 考生需要重点掌握牛市价差的利润图以及收益和利润计算。

## 二、熊市价差

描述（describe）熊市价差策略并计算（calculate）收益情况（★★★）

熊市价差（bear spread）策略适用于投资者预期资产价格下跌的行情，可以用看涨期权或者看跌期权构建该策略。熊市价差（看涨期权）是买入一份执行价格较高（$X_H$）的看涨期权，同时卖出一份具有相同标的资产但执行价格较低（$X_L$）的看涨期权组合，两个期权的到期期限相同。由看涨期权构成的熊市价差，其期权收益情况以及利润图分别如表39.3和图39.5所示。

表39.3　　　熊市价差（看涨期权）收益（payoff）情况

| 股价范围 | 看涨期权多头头寸（$X_H$） | 看涨期权空头头寸（$X_L$） | 总收益 |
| --- | --- | --- | --- |
| $S_T \leq X_L$ | 0 | 0 | 0 |
| $X_L < S_T < X_H$ | 0 | $-(S_T - X_L)$ | $X_L - S_T$ |
| $S_T \geq X_H$ | $S_T - X_H$ | $-(S_T - X_L)$ | $X_L - X_H$ |

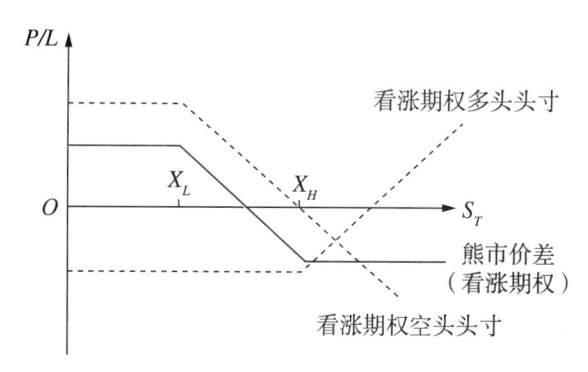

图39.5　熊市价差（看涨期权）利润（profit/loss）

由看涨期权构成的熊市价差，其最大利润（profit）（即考虑购买期权的成本以及出售期权的收入）为 $C_L - C_H$；最大亏损为 $X_L - X_H + (C_L - C_H)$；盈亏平衡点（即熊市价差策略的利润为0）为 $X_L + (C_L - C_H)$。同理，熊市价差（看跌期权）是买入一份执行价格较高的看跌期权，同时卖出一份具有相同的标的资产但执行价格较低的看跌期权，两个期权具有相同的期限。由看跌期权构成的熊市价差，其期权收益情况以及利润图分别如表39.4和图39.6所示。

表39.4　　　熊市价差（看跌期权）收益（payoff）情况

| 股价范围 | 看跌期权多头头寸（$X_H$） | 看跌期权空头头寸（$X_L$） | 总收益 |
| --- | --- | --- | --- |
| $S_T \leq X_L$ | $X_H - S_T$ | $-(X_L - S_T)$ | $X_H - X_L$ |
| $X_L < S_T < X_H$ | $X_H - S_T$ | 0 | $X_H - S_T$ |
| $S_T \geq X_H$ | 0 | 0 | 0 |

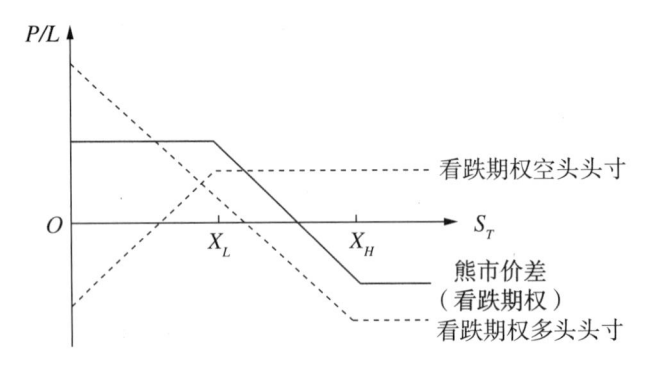

图 39.6 熊市价差（看跌期权）利润（profit/loss）

由看跌期权构成的熊市价差，其最大的利润（profit）（即考虑购买期权的成本以及出售期权的收入）为 $X_H - X_L + (P_L - P_H)$；最大的损失为 $P_L - P_H$；盈亏平衡点（即熊市价差策略的利润为 0）为 $X_H + (P_L - P_H)$。

> **备考小贴士**
>
> 考生需要重点掌握熊市价差的利润图以及收益和利润计算。

## 三、盒式价差

> 描述（describe）盒式价差策略并计算（calculate）收益情况（★）

盒式价差（box spread）是一种由牛市价差（使用看涨期权）和熊市价差（使用看跌期权）共同构建而成的组合。牛市价差和熊市价差在期权到期时间和执行价格（$X_H$ 和 $X_L$）方面完全相同。具体来讲，该策略涉及 4 个期权：买一份执行价较低的看涨期权（$X_L$），卖一份执行价较高的看涨期权（$X_H$），买一份执行价较高的看跌期权（$X_H$），卖一份执行价较低的看跌期权（$X_L$）。盒式价差组合在到期时的收益为 $X_H - X_L$。盒式价差策略的收益情况以及利润图分别如表 39.5 和图 39.7 所示。

表 39.5　　　　　　　盒式价差的收益（payoff）情况

| 股价范围 | 牛市价差（看涨期权） | 熊市价差（看跌期权） | 总收益 |
| --- | --- | --- | --- |
| $S_T \leq X_L$ | 0 | $X_H - X_L$ | $X_H - X_L$ |
| $X_L < S_T < X_H$ | $S_T - X_L$ | $X_H - S_T$ | $X_H - X_L$ |
| $S_T \geq X_H$ | $X_H - X_L$ | 0 | $X_H - X_L$ |

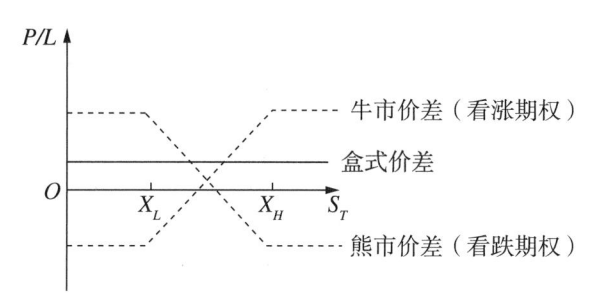

图 39.7　盒式价差利润（profit/loss）

盒式价差策略在 $T$ 时刻的收益恒等于 $X_H - X_L$，因此该策略的成本应为 $PV(X_H - X_L)$。如果实际成本更低，那么套利者可通过做多盒式价差同时做空无风险资产进行套利。如果实际成本更高，那么套利者可通过做空盒式价差同时做多无风险资产进行套利。

需要注意的是，盒式价差策略通常使用欧式期权来构建，因为美式期权随时可能行权，收益情况无法确定。

**备考小贴士**

考生需要重点掌握盒式价差的利润图以及收益计算。

## 四、蝶式价差

描述（describe）蝶式价差策略并计算（calculate）收益情况（★★★）

蝶式价差（butterfly spread）可通过 4 份看涨期权来构建：买入一份执行价格较

低 ($X_1$) 的看涨期权 $c_1$ 和一份执行价格较高 ($X_3$) 的看涨期权合约 $c_3$，同时卖出两份执行价格居中 ($X_2$) 的看涨期权合约 $c_2$。其中，$X_2 = \dfrac{(X_1 + X_3)}{2}$，$c_1$、$c_2$、$c_3$ 分别为三种看涨期权的期权费。使用看涨期权的蝶式价差的收益情况以及利润图分别如表 39.6 和图 39.8 所示。

表 39.6　　　　蝶式价差的收益（payoff）情况（使用看涨期权）

| 股价范围 | 1 份看涨期权多头头寸（$X_1$） | 2 份看涨期权空头头寸（$X_2$） | 1 份看涨期权多头头寸（$X_3$） | 总收益 |
| --- | --- | --- | --- | --- |
| $S_T \leq X_1$ | 0 | 0 | 0 | 0 |
| $X_1 < S_T \leq X_2$ | $S_T - X_1$ | 0 | 0 | $S_T - X_1$ |
| $X_2 < S_T \leq X_3$ | $S_T - X_1$ | $-2(S_T - X_2)$ | 0 | $2X_2 - X_1 - S_T$ |
| $S_T > X_3$ | $S_T - X_1$ | $-2(S_T - X_2)$ | $S_T - X_3$ | $2X_2 - X_1 - X_3$ |

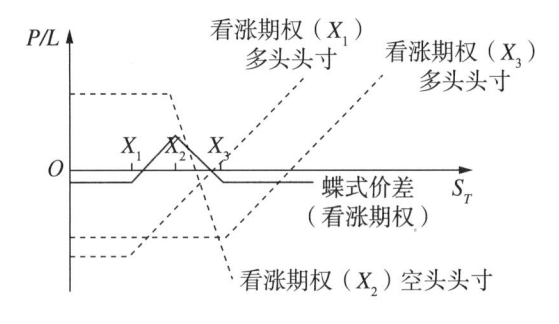

图 39.8　蝶市价差（看涨期权）利润（Profit/Loss）

由看涨期权构成的蝶式价差，其最大利润（profit）（即考虑购买期权的成本以及出售期权的收入）为 $X_2 - X_1 + 2c_2 - c_1 - c_3$；最大亏损为 $2c_2 - c_1 - c_3$；盈亏平衡点（即碟式价差策略的利润为 0）为 $X_1 + c_1 + c_3 - 2c_2$。

蝶式价差策略的最终收益永远大于等于 0，因此该策略的建立成本也应为正，这意味着：$c_1 + c_3 > 2c_2$。随着执行价格增加，看涨期权价格将会下降。

根据期权平价公式（39.1），可利用看跌期权构建蝶式价差策略，得到：

$$c_1 = S + p_1 - X_1 e^{-R_f T}$$

$$c_2 = S + p_2 - X_2 e^{-R_f T}$$

$$c_3 = S + p_3 - X_3 e^{-R_f T}$$

通过等式变换得到：

$$c_1 + c_3 - 2c_2 + X_1 e^{-R_f T} - X_2 e^{-R_f T} + X_3 e^{-R_f T} = p_1 + p_3 - 2p_2 \tag{39.5}$$

$X_2 = \dfrac{(X_1 + X_3)}{2}$，因此：

$$c_1 + c_3 - 2c_2 = p_1 + p_3 - 2p_2 \tag{39.6}$$

因此，蝶式价差策略也可由看跌期权构建，具体收益情况以及利润图分别如表39.7和图39.9所示。

表39.7　蝶式价差的收益（payoff）情况（使用看跌期权）

| 股价范围 | 1份看跌期权多头头寸（$X_1$） | 2份看跌期权空头头寸（$X_2$） | 1份看跌期权多头头寸（$X_3$） | 总收益 |
|---|---|---|---|---|
| $S_T \leq X_1$ | $X_1 - S_T$ | $-2(X_2 - S_T)$ | $X_3 - S_T$ | $2X_2 - X_1 - X_3$ |
| $X_1 < S_T \leq X_2$ | 0 | $-2(X_2 - S_T)$ | $X_3 - S_T$ | $S_T + X_3 - 2X_2$ |
| $X_2 < S_T \leq X_3$ | 0 | 0 | $X_3 - S_T$ | $X_3 - S_T$ |
| $S_T > X_3$ | 0 | 0 | 0 | 0 |

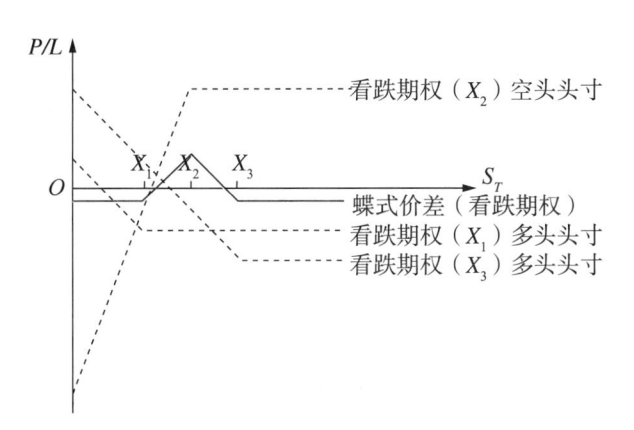

图39.9　蝶市价差（看跌期权）利润（profit/loss）

由看跌期权构成的蝶式价差，其最大利润（profit）（即考虑购买期权的成本以及出售期权的收入）为 $X_2 - X_1 + 2p_2 - p_1 - p_3$；最大亏损为 $2p_2 - p_1 - p_3$；盈亏平衡点（即蝶式价差策略的利润为0）为 $X_1 + p_1 + p_3 - 2p_2$。

**备考小贴士**

考生需要重点掌握蝶式价差的利润图以及收益和利润的计算。

## 五、日历价差

构建熊市价差和牛市价差的期权都具有相同的到期日，而日历价差（calendar spread）则是由具有相同的执行价格和标的资产但到期日不同的同类期权构成。日历价差的多头头寸可以由一份看涨期权的空头头寸与一份具有相同执行价格和标的资产但期限更长的看涨期权多头头寸构成。日历价差的空头头寸则可以由一份看涨期权的空头头寸和一份具有相同执行价格和标的资产但期限更短的看涨期权多头头寸构成。由看跌期权构成的日历价差的多头头寸和空头头寸同理，即日历价差的多头头寸可以由一份看跌期权的空头头寸与一份具有相同执行价格和标的资产但期限更长的看跌期权多头头寸构成。日历价差的空头头寸可以由一份看跌期权的多头头寸与一份具有相同执行价格和标的资产但期限更长的看跌期权空头头寸构成。由于期权期限越长，其时间价值越大，期权价格（期权费）也就越昂贵。因此，相比其他差价组合，日历价差多头头寸需要一定的初始投资，其初始现金流为负值；同理，日历价差空头头寸的初始现金流为正值。当投资者认为标的资产（如股票）的价格在短期会趋于平稳但长期会有大幅波动时，他便会选择使用日历价差多头头寸。

考虑短期期权到期时日历价差多头头寸的利润（即考虑购买期权的成本以及出售期权的收入）情况。此时，卖出的短期期权刚刚到期，而买入的长期期权还未到期，由看涨期权构成的日历价差多头头寸和由看跌期权构成的日历价差多头头寸的具体利润情况如图 39.10 和图 39.11 所示。

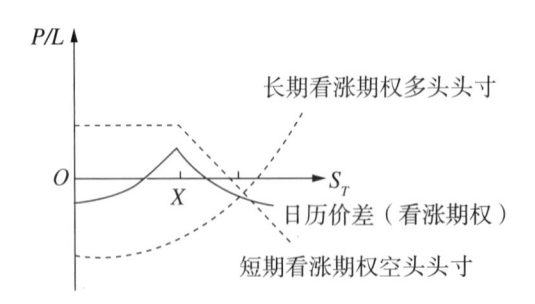

图 39.10　日历价差（看涨期权）利润（profit/loss）

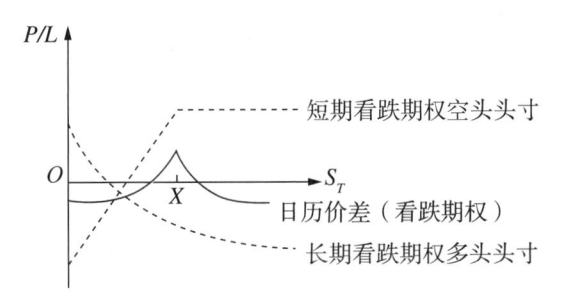

图 39.11 日历价差（看跌期权）利润（profit/loss）

日历价差多头头寸的利润图和蝶式价差的利润图相似。当短期期权到期时标的资产的价格等于期权的行权价格时，日历价差将会盈利，否则将会亏损（即亏损构造日历价差的初始投资）。日历价差空头头寸的利润图与日历价差多头头寸的利润图沿横轴对称。

## 例题 39.1

通过分析，一位期权交易员认为未来 3 个月某公司的股价将基本保持平稳。以下哪种针对该公司股票的期权交易策略最适合未来 3 个月的市场环境？

A. 牛市价差策略　　　　B. 熊市价差策略
C. 蝶式价差策略　　　　D. 盒式价差策略

### 名师解析

蝶式价差策略可以在股价较为平稳的情况下获取利润，牛市价差策略在股价上涨时获利，熊市价差策略在股价下跌时获利，盒式价差主要用于判断市场有无套利机会。故正确答案为选项 C。

# 第三节　组合策略

## 一、跨式组合

描述（describe）跨式组合策略并计算（calculate）收益情况（★★★）

组合策略（combination）与我们之前讨论的价差策略不同，价差策略中的组合都是由同类期权构成的，而组合策略中的组合则是由不同类型的期权混合构成的。最为常用的组合策略便是跨式组合（straddle），其多头头寸是由具有相同标的资产、到期日和执行价格的一份看涨期权多头头寸与一份看跌期权多头头寸所构成的。当投资者预期未来股票价格会有大幅波动，但是不确定是大幅上升还是下跌，这时便会使用跨式组合的多头头寸来防御任何一个方向的变动。如果投资者预期未来股票价格不会大幅波动，那么便进入跨式组合的空头头寸，它是由具有相同标的资产、到期日和执行价格的一份看涨期权的空头头寸与一份看跌期权的空头头寸所构成的。

跨式组合多头头寸的具体收益情况如表37.8所示。

表39.8　　　　　　跨式组合多头头寸的收益（payoff）情况

| 股价范围 | 看涨期权多头头寸 | 看跌期权多头头寸 | 总收益 |
| --- | --- | --- | --- |
| $S_T < X$ | 0 | $X - S_T$ | $X - S_T$ |
| $S_T > X$ | $S_T - X$ | 0 | $S_T - X$ |

跨式组合多头头寸的利润情况如图39.12所示。其最大利润（profit）（即考虑购买期权的成本以及出售期权的收入）为无限大；最大亏损为期权费，即 $-C_0 - P_0$；盈亏平衡点（即跨式组合的利润为0）有两个，即 $X - (C_0 + P_0)$ 以及 $X + (C_0 + P_0)$。

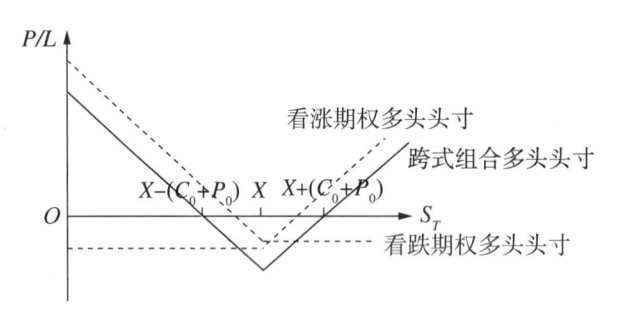

图39.12　跨式组合多头头寸的利润情况（profit/loss）

跨式组合空头头寸的利润图与跨式组合多头头寸的利润图沿横轴对称。

**备考小贴士**

考生需要重点掌握跨式组合的利润图以及收益和利润的计算。

## 二、宽跨式组合

> 描述（describe）宽跨式组合策略并计算（calculate）收益情况（★★★）

宽跨式组合（strangle）策略是将跨式组合策略中的看涨期权执行价格（$X_H$）设定在看跌期权执行价格（$X_L$）之上，这样可以降低策略的成本。这是因为，高执行价格的看涨期权价格更低，低执行价格的看跌期权价格更低。该策略的收益情况以及多头头寸的利润图分别如表39.9和图39.13所示。

表39.9 宽跨式组合的收益（payoff）情况

| 股价范围 | 看涨期权多头头寸（$X_H$） | 看跌期权多头头寸（$X_L$） | 总收益 |
| --- | --- | --- | --- |
| $S_T \leq X_L$ | 0 | $X_L - S_T$ | $X_L - S_T$ |
| $X_L < S_T \leq X_H$ | 0 | 0 | 0 |
| $S_T > X_H$ | $S_T - X_H$ | 0 | $S_T - X_H$ |

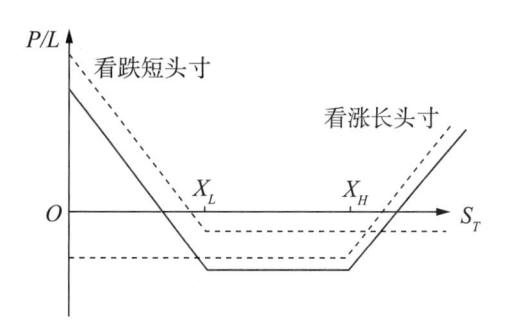

图39.13 宽跨式组合的利润情况（profit/loss）

宽跨式组合的最大利润（profit）（即考虑购买期权的成本以及出售期权的收入）为无限大；最大亏损为期权费，即 $-c_0 - p_0$；盈亏平衡点（即宽跨式组合的利润为0）有两个，即 $X_L - c_0 - p_0$ 以及 $X_H + c_0 + p_0$。

无论是跨式组合还是宽跨式组合的多头头寸，构建的目标都在于在标的资产价格波动剧烈时获利。相比跨式组合策略，宽跨式组合策略的成本更低，因此需要标的资产价格波动更加剧烈才能获利。

**例题 39.2**

一位投资者以 3 美元买入一份执行价为 50 美元的看涨期权，以 2 美元买入一份执行价为 50 美元的看跌期权，两份期权的标的资产和期限相同。这种期权交易策略的名称是什么？该期权交易策略到期时可能产生的最大亏损是多少？

**名师解析**

同时买入标的资产、期限和执行价相同的一份看涨期权和一份看跌期权，此种期权交易策略为跨式组合策略。当标的资产的价格等于执行价时，该策略会产生最大的亏损，即两份期权的期权费之和——5 美元。

**备考小贴士**

考生需要重点掌握宽跨式组合的利润图以及收益和利润的计算。

## 第四节　组合收益的制造方法

通过使用不同的期权，投资者可构建出各式各样的投资组合，使其收益情况满足自身的需求。假如任意执行价格的期权均可交易，则投资者可构建一个投资组合，其收益是资产未来价格的连续函数。例如，蝶式价差的收益被称为尖峰收益（spike payoff）。通过选择执行价格非常相近的期权构造蝶式价差策略，该尖峰可被塑造得足够小。同时，如果利用多个足够小的尖峰来构建一个投资组合，该组合的收益可以是任意的连续函数，且该组合可用看涨或看跌期权来构造（蝶式价差可通过看涨或看跌期权来构建）。

# 第四十章

# 奇异期权

## 知识引导

标准的欧式和美式期权被称为香草（plain vanilla）期权，这类期权往往在交易所进行交易。然而，在 OTC 市场，做市商的主要利润来源是奇异期权（exotic options），其回报取决于各种独特的条款，可以满足投资者独特的需求，并且往往为投资者提供更为有效的对冲。与此同时，奇异期权反映了公司关于各种风险因子（利率、汇率、大宗商品等）未来走势的判断。

## 考点聚焦

本章主要内容包括奇异期权的含义、单一资产期权、多个资产期权、基于波动性的互换，以及静态期权复制策略。考生需要重点关注各类期权的含义、特征和收益情况。

## 本章框架图

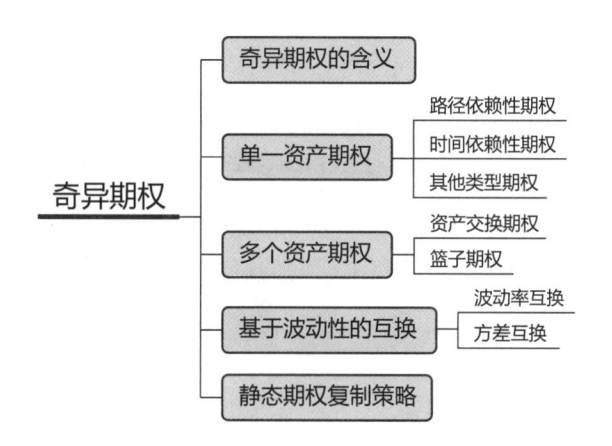

- 奇异期权
  - 奇异期权的含义
  - 单一资产期权
    - 路径依赖性期权
    - 时间依赖性期权
    - 其他类型期权
  - 多个资产期权
    - 资产交换期权
    - 篮子期权
  - 基于波动性的互换
    - 波动率互换
    - 方差互换
  - 静态期权复制策略

# 第一节　奇异期权的含义

> 定义（define）奇异期权的概念并描述（describe）奇异期权产生的原因（★）

与传统的标准化期权不同，奇异期权又称新型期权，其回报取决于各种独特的条款，可以满足投资者独特的需求并通常在OTC市场进行交易。这类期权往往能为投资者提供更为有效的对冲。与此同时，奇异期权反映了公司关于各种风险因子（利率、汇率、大宗商品等）未来走势的判断。奇异期权可分为单一资产期权和多个资产期权，下文将分别进行讲述。

# 第二节　单一资产期权

## 一、路径依赖性期权

> 识别（identify）并描述（describe）各类期权收益的特征（★★★）

路径依赖性期权的报酬与期权存续期间的标的物价格走势有关，主要包括亚式期权、障碍期权、回顾期权，以及阶梯期权。

### 1. 亚式期权

亚式期权（Asian options）是指收益依赖于标的资产价格的某种平均值的期权。该平均值可以是一段时间内的连续平均值，也可以是若干个时间点的离散平均值。

在对价格进行平均时，采用算术平均或几何平均。相应地，亚式期权可以分为两种，一种是算术平均亚式期权，一种是几何平均亚式期权，其中以算术平均亚式期权最为常见。

按照结算方式的不同来划分，亚式期权又分为平均价格期权和平均执行价格期权两类。其中，平均价格期权是以有效期内标的资产在某段时间的平均价格（$S_{ave}$）来代替欧式期权中到期日标的资产价格的期权，又称为固定执行价的亚式期权；而平均执行价格期权是以期权有效期内标的资产某段时间内的平均价格作为执行价格的期权，又称为浮动执行价格的亚式期权。一般而言，平均价格期权比平均执行价格期权的使用更为普遍。

（1）平均价格看涨期权的收益（payoff）为：

$$C_T = \max(0, S_{ave} - X) \tag{40.1}$$

（2）平均价格看跌期权的收益为：

$$P_T = \max(0, X - S_{ave}) \tag{40.2}$$

（3）平均执行价格看涨期权的收益为：

$$C_T = \max(0, S_T - S_{ave}) \tag{40.3}$$

（4）平均执行价格看跌期权的收益为：

$$P_T = \max(0, S_{ave} - S_T) \tag{40.4}$$

由于标的资产平均价格的波动率总是小于标的资产单个价格的波动率，因此一般而言，亚式期权的权利金总是低于相应的标准期权的权利金，因此更适合作为对冲风险的工具且经常被用于雇员激励计划。

**2. 障碍期权**

障碍期权（barrier options）的收益取决于资产是否达到特定的障碍水平。

敲出障碍期权（knock-out options）是指当标的资产价格达到一个特定的障碍水平时，该期权作废（即被"敲出"）；如果在规定时间内资产价格并未触及障碍水平，则仍然是一个常规期权。敲入障碍期权（knock-in options）正好与敲出期权相反，只有资产价格在规定时间内达到障碍水平，该期权才得以存在（即被"敲入"），其回报与相应的常规期权相同；反之，该期权作废。

具体来讲，障碍期权可分为4类：向上敲出期权、向上敲入期权、向下敲出期权，以及向下敲入期权。

（1）向上敲出期权（up-and-out）：在期权到期前，标的资产价格升高并超过障碍水平时，该期权作废（即被"敲出"）。

（2）向上敲入期权（up-and-in）：在期权到期前，标的资产价格升高并超过障碍水平时，该期权生效（即被"敲入"）。

（3）向下敲出期权（down-and-out）：在期权到期前，标的资产价格降低并低于障碍水平时，该期权作废（即被"敲出"）。

（4）向下敲入期权（down-and-in）：在期权到期前，标的资产价格降低并低于障碍水平时，该期权生效（即被"敲入"）。

障碍期权的优势在于，其价格相对较便宜并且具有收益非连续的特点。与此同时，一般的期权产品随着标的资产价格波动性增加而价值增加，但障碍期权则非如此。例如，对于敲出期权，如果标的资产价格接近障碍水平，增加波动性会导致期权失效。

3. 回顾期权

回顾期权（lookback options）实质上是一种特殊的欧式期权，它的收益取决于期权有效期内标的资产曾经达到过的最高价格或最低价格。具体来讲，回顾期权可分为4类：浮动回顾看涨、浮动回顾看跌、固定回顾看涨以及固定回顾看跌，详见表40.1。

表40.1　　　　　　　　　　回顾期权的收益

| 回顾期权类型 | 收益情况 | 等价头寸 |
| --- | --- | --- |
| 浮动回顾看涨 | $\max(0, S_T - S_{\min})$ | 资产在最低价位买入 |
| 浮动回顾看跌 | $\max(0, S_{\max} - S_T)$ | 资产在最高价位卖出 |
| 固定回顾看涨 | $\max(0, S_{\max} - X)$ | 资产在最高价位卖出 |
| 固定回顾看跌 | $\max(0, X - S_{\min})$ | 资产在最低价位买入 |

根据BSM模型，回顾期权比标准期权更加昂贵。与此同时，回顾期权的价值与价格观察频率正相关，价格观察（用于计算$S_{\min}$和$S_{\max}$）越频繁则期权越昂贵。

4. 远期生效期权

识别（identify）并描述（describe）远期生效期权（★★★）

远期生效期权（forward start options）又称未来生效期权，是一种与时间相关的期权。这种期权的买方在期初支付权利金，但在未来某一时期（如3个月后），此期权才生效。通常，期权始于平值。雇员的股票期权可被视为一种远期生效期权。

## 二、时间依赖性期权

时间依赖性期权的报酬与时间及当时标的资产价格有关,主要包括非标准化美式期权、任选期权、远期生效期权。

### 1. 非标准化美式期权

> 描述(describe)非标准化美式期权与标准化美式期权的差异(★★)

非标准化美式期权(non-standard American options),又称百慕大期权(Bermuda option),是相对于场内交易的标准化美式期权而言的。非标准化美式期权与标准美式期权的区别如下。

(1)非标准化美式期权只能在期权有效期的某些特定日期可提前执行,而不是在期权有效期内的任一营业日都可提前执行。

(2)非标准化美式期权存在锁定期(lock-out period),该时间段内不能行权。

(3)非标准化美式期权在不同时间执行会有不同的执行价格。这个特征非常类似公司的可赎回债券(callable bond),嵌入的看涨期权执行价格随着时间拉长而降低。

### 2. 任选期权

> 识别(identify)并描述(describe)任选期权(★★)

任选期权(chooser options)是指其持有者可在期权有效期内的某一时点选择该期权为看涨期权或看跌期权。例如,两年的欧式任选期权,可赋予期权购买者在第一年年末选择看涨或看跌。假设该选择的时间点为 $T_1$,任选期权的价值应为看涨和看跌期权价值孰大。

$$\text{在 } T_1 \text{ 时刻任选期权的价值} = \max(c, p) \tag{40.5}$$

与传统期权相比,任选期权的购买者具有更大的选择权,而其出售者将承担更大的风险,任选期权的期权费一般较高。

### 3. 阶梯期权

阶梯期权（cliquet option）也称棘轮期权，是由一系列远期期权（forward start options）组成的一种奇异期权。第一个期权立刻生效，第二个期权在第一个期权到期后再生效。每个期权的执行价格会按照约定日期的价格重新设置。

## 三、其他类型期权

### 1. 打包期权

打包期权（packages）是由标准欧式看涨期权、标准欧式看跌期权、远期合约、现金及标的资产本身构成的组合。在上一章中，各类差价期权和组合期权都属于打包期权，反映了投资者关于市场的某些观点以及风险承受度。例如，如果投资者认为未来资产价格波动会增加，会较大幅度地偏离当前市场价格，则投资者会使用跨式期权。

### 2. 零成本产品

**解释（explain）衍生品如何转化为零成本产品（★★）**

通过对衍生产品的组合和转化，可以将其转化为零成本产品（zero-cost products），即不需要初始投资。

假设某衍生品的初始投资为 $f$，$T$ 时刻到期。此衍生品被转化为零成本产品的方式为：将初始投资 $f$ 推延至 $T$ 时刻，支付 $f(1+R)^T$。

对于一个欧式看涨期权来讲，其利润（profit）为：

$$\pi = \max(0, S_T - X) - c_0 \tag{40.6}$$

可以通过改变欧式看涨期权的收益结构，将其转化为零成本产品，则其收益为：

$$C_T = \max(-A, S_T - X - A) \tag{40.7}$$

其中，$A = c_0(1+R)^T$；$c_0$ 代表正常的期权费。本质上，该期权被转化为远期合约，到期时支付 $A$ 来购买期权的收益。

还有一种制作零成本产品的方法是将期权转化为期货产品，即期货式期权（futures style options）。此类产品在交易所进行交易并采用逐日盯市制度。

### 3. 缺口期权

识别（identify）并描述（describe）缺口期权（★★★）

缺口期权（gap options）是一种欧式看涨或看跌期权，特点是触发收益的价格与计算收益的执行价格不同。假设触发价格为 $X_2$ 且用于计算收益的执行价格为 $X_1$，如表 40.2 及图 40.1、图 40.2 所示。

看涨期权，如果 $S_T \geq X_2$，则收益（payoff）为：

$$C_T = S_T - X_1 \qquad (40.8)$$

看跌期权，如果 $S_T \leq X_2$，则收益（payoff）为：

$$P_T = X_1 - S_T \qquad (40.9)$$

表 40.2　　　　　　　　　　缺口期权的收益

| $S_T$ 的取值 | 看涨期权 | 看跌期权 |
| --- | --- | --- |
| $S_T \leq X_2$ | 0 | $X_1 - S_T$ |
| $S_T > X_2$ | $S_T - X_1$ | 0 |

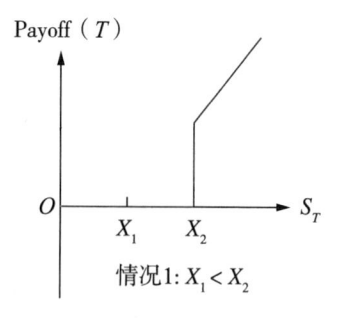

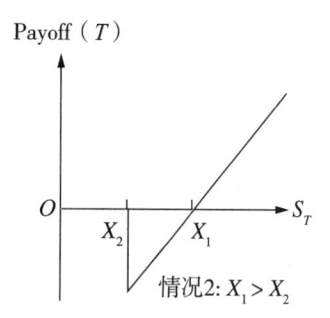

图 40.1　缺口期权（看涨）

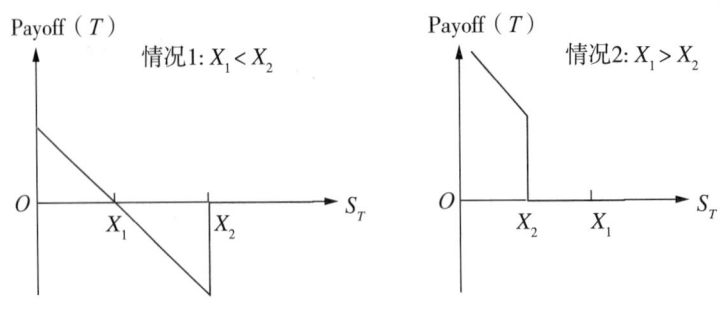

图 40.2　缺口期权（看跌）

### 4. 复合期权

> 识别（identify）并描述（describe）复合期权（★）

复合期权（compound options）是指一种以期权合约作为标的资产的期权合约，它实际上是期权的期权。具体来讲，复合期权有以下 4 类。

（1）看涨期权为标的资产的看涨期权（call option on call option）：该类期权给予购买者在 $T_1$ 时刻支付 $X_1$ 来做多一个执行价格为 $X_2$ 且在 $T_2$ 到期的看涨期权。

（2）看涨期权为标的资产的看跌期权（put option on call option）：该类期权给予购买者在 $T_1$ 时刻收到 $X_1$ 来做空一个执行价格为 $X_2$ 且在 $T_2$ 到期的看涨期权。

（3）看跌期权为标的资产的看涨期权（call option on put option）：该类期权给予购买者在 $T_1$ 时刻支付 $X_1$ 来做多一个执行价格为 $X_2$ 且在 $T_2$ 到期的看跌期权。

（4）看跌期权为标的资产的看跌期权（put option on put option）：该类期权给予购买者在 $T_1$ 时刻收到 $X_1$ 来做空一个执行价格为 $X_2$ 且在 $T_2$ 到期的看跌期权。

相比于标准期权，复合期权的结构使其价值对标的资产价格的波动性更加敏感。

### 5. 两值期权

> 识别（identify）并描述（describe）两值期权（★★★）

两值期权（binary options）是具有不连续收益的期权。在到期日标的资产价格低于执行价格时该期权一文不值，而当标的资产价格超过执行价格时该期权支付一个固定数额。具体来讲，两值期权分为以下 4 类。

（1）现金或无价值看涨期权（cash-or-nothing call）：若在到期时，标的资产价格低于执行价格，该期权一文不值，而当标的资产价格高于执行价格时该期权支付一个固定数额。具体如图 40.3 所示。

（2）现金或无价值看跌期权（cash-or-nothing put）：若在到期时，标的资产价格高于执行价格，该期权一文不值，而当标的资产价格低于执行价格时该期权支付一个固定数额。具体如图 40.3 所示。

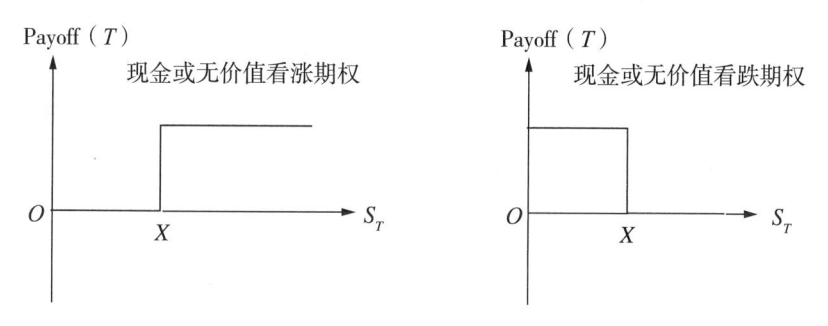

图 40.3　现金或无价值看涨/看跌期权

（3）资产或无价值看涨期权（asset-or-nothing call）：若期权到期时，标的资产价格低于执行价格则该期权一文不值，而当标的资产价格高于执行价格时该期权支付一笔等于资产本身价值的款额。具体如图 40.4 所示。

（4）资产或无价值看跌期权（asset-or-nothing put）：若期权到期时，标的资产价格高于执行价格则该期权一文不值，而当标的资产价格低于执行价格时该期权支付一笔等于资产本身价值的款额。具体如图 40.4 所示。

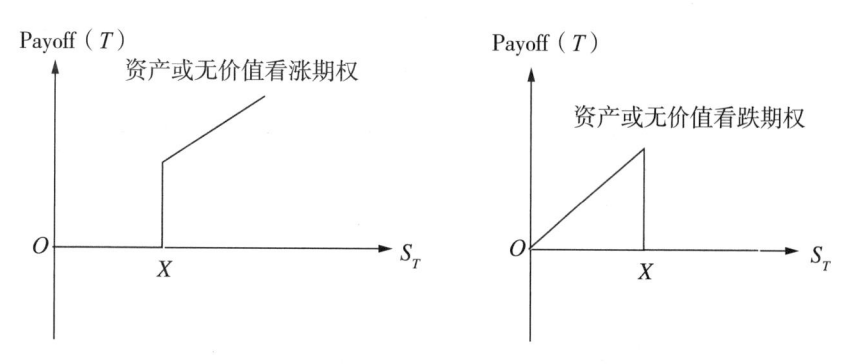

图 40.4　资产或无价值看涨/看跌期权

传统的欧式期权可利用两值期权来构建：

欧式看涨期权的多头等价于做多（3）并做空（1），其中（1）的收益为执行价格；

欧式看跌期权的多头等价于做空（4）并做多（2），其中（2）的收益为执行价格。

从两值期权的收益结构来看，其收益具有非连续性（一文不值 vs 固定数额或资产价款），这会滋生更多的价格操纵。因此，在一些国家，现金或无价值期权被禁止交易。

> **备考小贴士**
>
> 考生需要掌握各类奇异期权的收益情况。

## 第三节　多个资产期权

### 一、资产交换期权

**识别（identify）并描述（describe）资产交换期权（★★）**

资产交换期权（asset-exchange options）是选择权买方有权利以某种资产交换另一种资产。这些资产可以是外汇，也可以是不同公司的股票。对于交易员，持有资产交换期权可被认作持有标的资产的同时持有一个将该资产转换为其他资产的权利。

## 二、篮子期权

识别（identify）并描述（describe）篮子期权（★★）

篮子期权（basket options）的标的资产为几种资产构成的资产组合，构成资产组合的资产可以是个股、股票期权、外汇、期货等。篮子期权的一个重要特性就是其价值取决于资产组合中各资产的多元波动率结构，特别是取决于资产的相关系数。与此同时，篮子期权是一种有效的对冲工具，特别是当公司想要通过一笔低成本的交易来对冲总体的风险敞口的时候。

## 第四节　基于波动性的互换

描述（describe）并对比（contrast）波动率互换与方差互换（★★）

一些奇异期权的价值不基于资产价格本身，而是基于资产价格的波动性。该类期权通过先计算资产每日回报率的标准差得到每日波动性，再将每日波动性乘以 $\sqrt{252}$ 得到年化波动性。

## 一、波动率互换

波动率互换（volatility swap）是一份标的为资产波动性的互换合约。交易员约定以事先约定的好的波动性和合约期间实际的波动性作为计算互换现金流的基础。这里，由于波动性不能直接交换，需要用名义本金作为基础来计算互换现金流的具体金额。

具体来讲，一份波动率互换分为两方：支付固定方和收取固定方。

对于支付固定方，波动率互换的收益为：

$$L_{vol}(\sigma - \sigma_K) \qquad (40.10)$$

对于收取固定方，波动率互换的收益为：

$$L_{vol}(\sigma_K - \sigma) \qquad (40.11)$$

注意，$L_{vol}$ 代表名义本金；$\sigma_K$ 代表事先约定好的年化波动率；$\sigma$ 代表互换合约期间对波动率进行年化后的结果。

## 二、方差互换

方差互换（variance swap）和波动率互换非常类似，只不过其标的为方差，而非波动率互换中的标准差。

对于支付固定方，方差互换的收益为：

$$L_{var}(\sigma^2 - \sigma_K^2) \qquad (40.12)$$

对于收取固定方，方差互换的收益为：

$$L_{var}(\sigma_K^2 - \sigma^2) \qquad (40.13)$$

注意，$L_{var}$ 代表名义本金；$\sigma_K^2$ 代表事先约定好的资产价格波动的方差；$\sigma^2$ 代表互换合约期间的方差。

> **备考小贴士**
>
> 考生需要掌握各类奇异期权的收益情况。

# 第五节 静态期权复制策略

解释（explain）静态期权复制策略（★）

相比标准期权，一些奇异期权比较容易被对冲。例如，亚式期权采用平均价格作为标的资产价格来计算收益，随着到期日的临近，平均价格更加稳定，该类期权的回报更加容易预测。因此，这类期权的价值对于资产价格变动的敏感度更低。

相比于亚式期权，障碍期权更难以对冲，因为随着资产价格接近障碍水平，收益的不确定性增加。因此，静态期权复制（static options replication）的对冲方式也成了实际对冲常用的手段之一。由于障碍期权风险对冲的难点在于其敲出边界处的收益是不连续的，所以将敲出边界的风险对冲掉是最关键的问题。只要能构建一个期权组合，满足收益与障碍期权在敲出边界处的收益相同的条件，当投资者买入了障碍期权的时候，只要同时卖出事先构建的期权组合就可以对冲掉敲出边界的风险。

假设目前有一个期限为 9 个月的向上敲出看涨期权，其标的为无股息股票，股票价格为 USD 35，执行价格为 USD 40，障碍水平为 USD 60。$f(S, t)$ 是当股票价格为 $S$、时间为 $t$ 的期权的价格。如图 40.5 所示，我们可以利用 $(S, t)$ 的边界来复制期权组合。

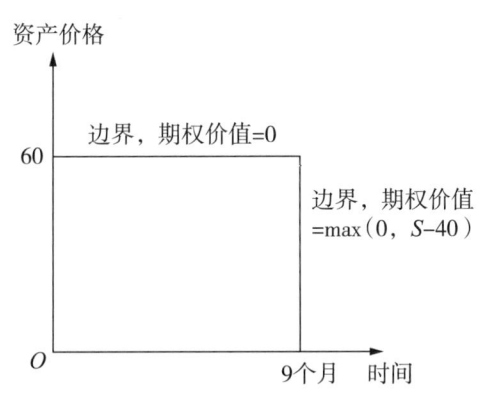

**图 40.5　向上敲出看涨期权**

投资者可利用普通期权在边界上匹配期权价格，从而构建组合。具体方法如下：

第一，先复制一份与向上敲出看涨期权具有相同的标的资产、相同的到期时间以及相同的执行价格的欧式看涨期权，即构造一份执行价格为 USD 40、期限为 9 个月的欧式看涨期权。

第二，将期权的期限分为 $N$ 个长度为 $\Delta t$ 的区间。

第三，选择欧式看涨期权，期权执行价格与障碍价格相同，期限为 $N\Delta t$（9 个月）来匹配边界点。

第四，选择欧式看涨期权，期权执行价格与障碍价格相同，期限为 $(N-1)\Delta t$ 来匹配边界点，依次到第 $N$ 个边界点。

最终，在每一个时间点 $M\Delta t$（$M$ 为不大于 $N$ 的正整数）上，投资者均需用看涨期权构造组合，以满足资产价格为 USD 60 的时候期权组合价值为 0 的条件，这样就完成了整个静态的复制过程。当 $N$ 取值越大，即时间节点越密集时，静态组合在障碍价格处与原期权会越接近，但是所花费的成本也会相应增大。与 delta 对冲相比，该对冲的好处在于不需要经常调整头寸。静态期权复制的应用范围非常广泛，尤其是在障碍期权的对冲中十分常见。

> **备考小贴士**
>
> 考生需要定性掌握静态复制策略。

# 第四十一章

# 期权定价：二叉树

## 知识引导

前面关于衍生品的章节中介绍了远期和期货的定价和估值，其中的定价与估值含义不同。而对于期权而言，期权的定价和估值含义相同，即计算期权中权利的价值。本章及后续章节将对期权定价方法进行详细介绍，而本章中主要介绍的方法是二叉树。

## 考点聚焦

本章内容主要包括期权定价估值理论、二叉树模型的基本概念、单步二叉树、多步二叉树、美式期权二叉树以及其他标的资产的期权定价。考生需要重点关注单步、多步、美式期权二叉树的计算。本章内容既包括定性理解内容，也包括定量计算内容。

## 本章框架图

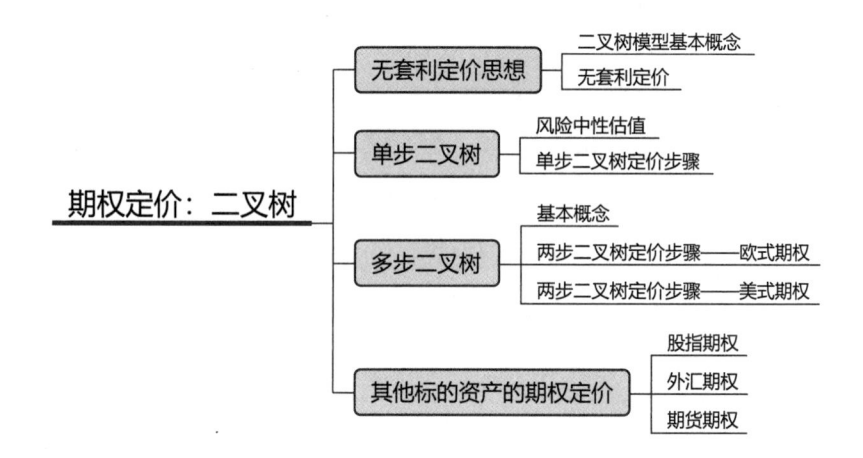

期权定价：二叉树
- 无套利定价思想
  - 二叉树模型基本概念
  - 无套利定价
- 单步二叉树
  - 风险中性估值
  - 单步二叉树定价步骤
- 多步二叉树
  - 基本概念
  - 两步二叉树定价步骤——欧式期权
  - 两步二叉树定价步骤——美式期权
- 其他标的资产的期权定价
  - 股指期权
  - 外汇期权
  - 期货期权

# 第一节　无套利定价思想

## 一、二叉树模型基本概念

二叉树模型（binomial model）是一种被广泛使用的期权定价（估值）模型。该模型基于二叉树数据结构，通过模拟股票在未来可能的价格路径，以确定期权的合理价值，是一种**路径依赖**（path-dependent）的模型。要建立一个二叉树模型，我们需要知道标的资产（通常为股票）的价格 $S$，$t$ 时期后，该股票的价格会出现两种可能的情况，要么上涨（上涨幅度用 $u$ 表示），要么下跌（下跌幅度用 $d$ 表示），如图41.1所示。

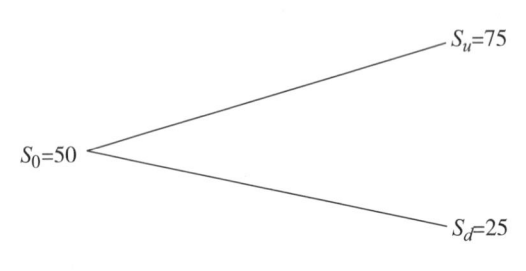

$S_0=50$，$S_u=75$，$S_d=25$

**图41.1　二叉树示意图**

在二叉树模型中，每个节点代表一个可能的股价水平，而每个节点的子节点则代表在下一个时间步长内股价可能的上升或下降。通过在每个时间步长内计算期权的预期价值（通过加权平均），然后以无风险利率折现到当前时间点，就可以确定期权的理论价值 $f$。因此，期权的价值不仅取决于到期时的股价，也取决于期权从期初到后续各个时间节点的路径过程。二叉树模型适用于离散型数据下的期权定价，这是它与下一章介绍的 BSM 估值模型的本质区别。最终，期权的价值就是期权费。

期权定价过程中，涉及的字母含义如下：

$S_0$——股票当前价格。

$X$——期权的执行价格。

$P$——看跌期权价格。

$C$——看涨期权价格。

$R_f$——无风险利率。

$f_u$——单步二叉树,当股价上升时期权的价格(对于看涨期权与看跌期权,我们分别用 $C^+$ 与 $P^+$ 代表股价上涨的情况下,看涨期权和看跌期权的价格)。

$f_d$——单步二叉树,当股价下跌时期权的价格(对于看涨期权与看跌期权,我们分别用 $C^-$ 与 $P^-$ 代表股价下跌的情况下,看涨期权和看跌期权的价格)。

$S^+$——股价上升时,股票的价值,其值等于 $S_0 u$(其中,$u$ 代表上涨幅度)。

$S^-$——股价下跌时,股票的价值,其值等于 $S_0 d$(其中,$d$ 代表下跌幅度)。

$\pi_u$——股价上涨的风险中性概率。

$\pi_d$——股票下跌的风险中性概率。

## 二、无套利定价

> 描述(describe)并计算(calculate)期权的 delta 值(★★★)

当市场处于非均衡状态的时候,即资产价格被市场高估或低估时,便产生套利机会,套利者可通过同时高抛低吸某资产,赚取无风险的价差。大量高抛低吸的行为会推动资产的市场价格回复到均衡价格水平。因此,无套利定价(no-arbitrage pricing)机会意味着市场是处于均衡状态,研究衍生品的定价理论便是以无套利机会为假设前提的。理解无套利定价的关键是从套利者(arbitrageur)的角度去思考,典型的套利者通常遵循两个基本原则:

(1)无须使用套利者的任何资金(套利者一般通过借款或卖空其他资产来购买标的资产);

(2)不承担任何风险却可以实现超额收益,即"空手套白狼"。

无风险套利定价原理源于一价定律(law of one price),即如果两种金融工具在未来的现金流相同,那么这两种金融工具的价格就应该相同。当一价定律被违反时,市场上便会存在"空手套白狼"的机会。由于套利者的套利行为,最终会使得市场中的所有参与者均只能获得无风险收益。

二叉树模型的估值则是基于市场无套利机会的假设下，通过构建一个含有期权和股票的无风险收益组合，来确定期权价值。假设该组合由 Δ 股股票多头头寸与一份看涨期权空头头寸构成。股票当前价格为 $S_0$，看涨期权当前价值为 $C_0$，执行价格为 $X$。当 $T = 1$ 时，股票价格有两种可能：要么上涨至 $S_u$，相应的看涨期权价值为 $C_u$；要么下跌至 $S_d$，相应的看涨期权价值为 $C_d$。根据无套利原则，不管股价是上升还是下降，在 $T = 1$ 时该组合价值（记为 $V_1$）是必然相等的，否则便会有套利的机会产生。因此：

$$V_1 = \Delta \times S_u - C_u = \Delta \times S_d - C_d \tag{41.1}$$

$$\Delta = \frac{C_u - C_d}{S_u - S_d} \tag{41.2}$$

该交易组合没有任何风险，故其收益率必然是无风险利率。当股票价格在两个节点变化（上涨或下跌）时，Δ 是期权价格变化（$C_u - C_d$）与股价变化（$S_u - S_d$）之间的比率。求得 Δ 的值后，代入式 41.1，即可求得组合在 $T = 1$ 的价值 $V_1$，由于该组合获得的是无风险收益率 $R_f$，因此可求得看涨期权的无套利价格 $C_0$：

$$V_1 = (\Delta \times S_0 - C_0) \times e^{R_f} \tag{41.3}$$

$$C_0 = \Delta \times S_0 - V_1 \times e^{-R_f} \tag{41.4}$$

当市场价格 > 理论价格，套利者可以卖出一份期权，同时买入 Δ 股股票；当市场价格 < 理论价格，套利者可以买入一份期权，同时卖出 Δ 股股票。我们通过例题 41.1 来理解如何利用期权进行套利。

## 例题 41.1

假设存在某个标的资产为无红利股票的欧式看涨期权，股票的当前价格为 USD 100，到期时间为 1 年，期权执行价格为 USD 120。若根据二叉树模型，一年后股价要么上涨至 USD 125，要么下跌至 USD 75，且无风险利率为 4.5%，该期权的 delta 值和无套利价格分别是为多少？如果市场的期权价格为 USD 3，那么投资者该如何套利？

## 名师解析

根据题目已知条件：$S_0$ = USD 100，$T = 1$，$X$ = USD 120，$S_u$ = 125，$S_d$ = 75。本

题是欧式看涨期权，期权被执行的条件是 $S > X$。

$$C^+ = \max(0, 125 - 120) = \text{USD } 5$$

$$C^- = \max(0, 75 - 120) = \text{USD } 0$$

根据式 41.2，该期权的 delta 值为：

$$\Delta = \frac{C_u - C_d}{S_u - S_d} = \frac{5 - 0}{125 - 75} = 0.1$$

构建无套利组合：做空 1 份看涨期权，买入 0.1 份股票。

根据式 41.1，无套利组合在 1 年后的价值为：

$$V_1 = \Delta \times S_u - C_u = \Delta \times S_d - C_d = 0.1 \times 125 - 5 = 0.1 \times 75 - 0 = \text{USD } 7.5$$

根据式 41.4，看涨期权的无套利价格为：

$$C_0 = \Delta \times S_0 - V_1 \times e^{-R_f} = 0.1 \times 100 - 7.5 \times e^{-4.5\%} = \text{USD } 2.83$$

当市场的期权价格为 USD 3，高于期权的理论价格，则产生套利机会。套利者可以卖出一份欧式看涨期权的同时购买 0.1 股股票，便可套利：3−2.83＝USD 0.17。

**备考小贴士**

考生需要重点定性掌握 delta 值的计算。

# 第二节　单步二叉树

## 一、风险中性估值

风险中性估值（risk neutral valuation）是指投资者对自己承担的风险并不要求风险补偿，我们将每个投资者都是风险中性的世界称为风险中性世界。风险中性理论描述了资本市场中的这样一个场景：在市场不存在任何套利可能性的条件下，在风险中性世界中，如果衍生证券的价格依然依赖于可交易的基础证券，那么这个衍生证券的价格是与投资者的风险态度无关的。风险中性引申出以下结论。

（1）标的资产的期望收益率等于无风险收益率。这是因为在风险中性的条件下，投资者不会给予风险资产更高的期望收益率，所以收益率等于无风险收益率。

（2）由于风险中性，因此不存在任何风险补偿。计算期权的期望收益值时可用无风险利率进行折现。

如图41.2所示，在单步二叉树模型中，股价从期初只经过一步的波动形成上涨和下跌两种情况，即默认 $T=1$。其中，股价上涨（幅度为 $u$）和下跌（幅度为 $d$）的风险中性概率分别用 $\pi_u$、$\pi_d$ 表示，其中 $\pi_d = 1 - \pi_u$。

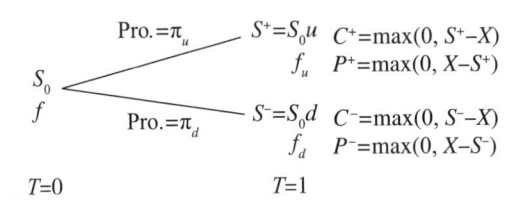

图41.2 单步二叉树示意图

### 1. 上涨因子和下跌因子

在二叉树模型中，股价上涨和下跌的幅度分别用上涨因子 $u$（up factor）和下跌因子 $d$（down factor）表示。该幅度的大小取决于标的资产价格的波动率 $\sigma$，二者的关系为：

$$u = e^{\sigma \sqrt{T}}$$

$$d = \frac{1}{u} = e^{-\sigma \sqrt{T}}$$

上涨因子 $u$ 通常大于1，而下跌因子通常在0到1之间。当标的资产价格即股价波动率越大，股价在二叉树节点上涨和下跌的价格差也会越大。

### 2. 风险中性概率

根据风险中性的引申结论（1）可得到，资产的期望回报率等于无风险利率，因此，在连续复利的情况下：

$$\pi_u \times S_0 u + \pi_d \times S_0 d = S_0 e^{R_f \times T} \tag{41.5}$$

将 $\pi_d = 1 - \pi_u$ 代入式（41.5）可得：

$$\pi_u = \frac{e^{R_f \times T} - d}{u - d} \tag{41.6}$$

其中，$\pi_u$ 为股价上涨的风险中性概率；$\pi_d$ 为股价下跌的风险中性概率；$T$ 为期限。

## 二、单步二叉树定价步骤

**利用单步二叉树（One-Step Trees）计算（calculate）欧式期权的价值（★★★）**

在单步二叉树模型中，股票期权价值的具体计算步骤如下。

第一步，计算期权（看涨或看跌）在到期日，当股价上涨时的收益（$C^+$，$P^+$）或股价下跌时的收益（$C^-$，$P^-$）。

第二步，计算单步期权在到期时的预期价值，即在到期日股价上升或下跌情况下收益的加权平均值，权重为 $\pi_u$、$\pi_d$。

第三步，将在到期日的预期值（即终值）以无风险利率予以折现，从而得到今天的现值，即期权的价值（价格）。

根据以上三步，我们可以得到看涨期权的价值（价格），如下所示。

看涨期权价值（价格）为：

$$f = C_0 = (\pi_u C^+ + \pi_d C^-) \times e^{-R_f \times T} \tag{41.7}$$

看跌期权价值（价格）为：

$$f = P_0 = (\pi_u P^+ + \pi_d P^-) \times e^{-R_f \times T} \tag{41.8}$$

### 例题 41.2

假设存在某个无红利股票的欧式看跌期权，股票的当前价格为 USD 120，期限为 1 年，执行价格为 USD 110。若无风险利率为 4.5%，$u = 1.25$，$d = 0.75$。根据单步二叉树模型，该期权的 delta 值和价格分别为多少？

**名师解析**

根据题目已知条件：$S$ = USD 120，$T = 1$，$X$ = USD 110，$R_f = 4.5\%$，$u = 1.25$，$d = 0.75$。本题是欧式看跌期权，期权被执行的条件为 $X > S$。

$$f_u = P^+ = \max(0, 110 - 1.25 \times 120) = 0$$

$$f_d = P^- = \max(0, 110 - 0.75 \times 120) = \text{USD } 20$$

该期权的 delta 值为：

$$\Delta = \frac{f_u - f_d}{S_0 u - S_0 d} = \frac{0 - 20}{1.25 \times 120 - 0.75 \times 120} = -0.33$$

$$\pi_u = \frac{e^{R_f \times T} - d}{u - d} = \frac{e^{0.045 \times 1} - 0.75}{1.25 - 0.75} = 0.59$$

$$\pi_d = 1 - \pi_u = 0.41$$

该期权的价格为：

$$f = P_0 = (\pi_u P^+ + \pi_d P^-) \times e^{R_f \times T}$$
$$= (0.59 \times 0 + 0.41 \times 20) \times e^{-4.5\% \times 1} = \text{USD } 7.84$$

**备考小贴士**

对于二叉树的计算，无论是单步二叉树还是后续的多步二叉树，均可在折现时采用连续复利或普通复利形式，结果相差不大。

# 第三节 多步二叉树

## 一、基本概念

描述（describe）多步二叉树，以及二叉树中的标的资产波动性（★★★）

多步二叉树（multi-step trees）是在单步二叉树的基础上，通过增加节点的方式构建更加符合实际的估值模型。多步二叉树可被看作是在单步二叉树的基础上扩展至更多的节点得到的，因此期权定价式为：

$$f = C_0 = (\pi_u C^+ + \pi_d C^-) \times e^{-R_f \times \Delta t} \tag{41.9}$$

$$\pi_u = \frac{e^{R_f \times \Delta t} - d}{u - d}, \ \pi_d = 1 - \pi_u \tag{41.10}$$

另外，上涨幅度 $u$ 和下跌幅度 $d$，应该反映股票价格的波动性。因此，如果每

年的波动性为 $\sigma$，则 $u$ 和 $d$ 的合理价值为：

$$u = e^{\sigma\sqrt{\Delta t}}$$

$$d = e^{-\sigma\sqrt{\Delta t}}$$

其中，$\Delta t$ 的计量单位是年。

## 二、两步二叉树定价步骤——欧式期权

**利用两步二叉树计算（calculate）欧式期权的价值（★★★）**

两步二叉树定价模型，基本逻辑与单步二叉树模型一致，如图41.3所示。

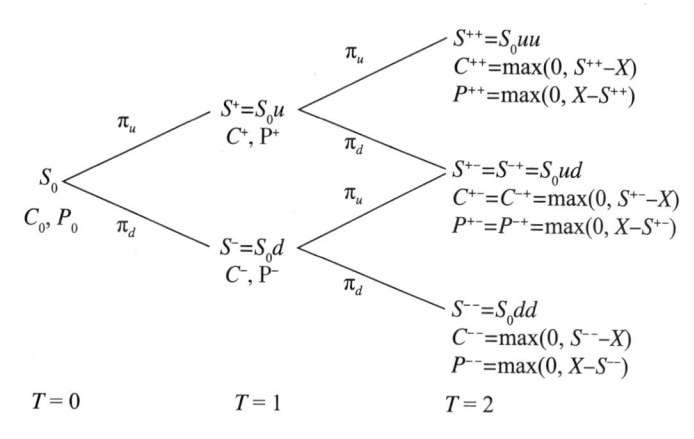

图41.3 两步二叉树示意图

两步二叉树的计算方法与单步二叉树相同，这里我们假设步长为1，到期日为 $T=2$。根据最终的三种价格状态，由终值折现到初始状态。具体步骤如下：

第一步，计算在 $T=2$ 时刻三种可能的股票价格：$S^{++} = S_0 uu$，$S^{+-} = S^{-+} = S_0 ud$，$S^{--} = S_0 dd$。

第二步，根据第一步所得的最终股价，计算期权的价值。

看涨：$f_{uu} = C^{++} = \max(0, S^{++} - X)$

看跌：$f_{uu} = P^{++} = \max(0, X - S^{++})$

看涨：$f_{ud} = f_{du} = C^{+-} = C^{-+} = \max(0, S^{+-} - X)$

看跌：$f_{ud} = f_{du} = P^{+-} = P^{-+} = \max(0, X - S^{+-})$

看涨：$f_{dd} = C^{--} = \max(0, S^{--} - X)$

看跌：$f_{dd} = P^{--} = \max(0, X - S^{--})$

第三步，计算期权在 $T=1$ 时刻的现值，即将第二步的结果以无风险利率进行折现。该过程与单步二叉树的计算过程一致。

$$C^+ = (\pi_u C^{++} + \pi_d C^{+-}) \times e^{-R_f \times \Delta t}$$

$$C^- = (\pi_u C^{+-} + \pi_d C^{--}) \times e^{-R_f \times \Delta t}$$

$$P^+ = (\pi_u P^{++} + \pi_d P^{+-}) \times e^{-R_f \times \Delta t}$$

$$P^- = (\pi_u P^{+-} + \pi_d P^{--}) \times e^{-R_f \times \Delta t}$$

第四步，根据第三步的结果再次以无风险利率进行折现，计算初始期权的价值/价格：

$$C_0 = (\pi_u C^+ + \pi_d C^-) \times e^{-R_f \times \Delta t}$$

$$P_0 = (\pi_u P^+ + \pi_d P^-) \times e^{-R_f \times \Delta t}$$

**备考小贴士**

对于两步二叉树的计算步骤，建议考生借助图像进行记忆，而非死记硬背公式。

## 例题 41.3

假设存在某个标的资产为无分红的股票的欧式期权，股票当前价格为 USD 75，该期权期限为 2 年，其执行价格为 USD 75。若无风险利率为 4.5%，$u=1.15$，$d=0.85$。根据两步二叉树模型，当该欧式期权看涨或看跌时当前价格分别为多少？

**名师解析**

根据题目，已知 $S=$ USD 75，$T=2$，$X=$ USD 75，$r=4.5\%$，$u=1.15$，$d=0.85$。

第一步，计算在 $T=2$ 时刻 3 种可能的股票价格。

$$S^{++} = S_0 uu = \text{USD } 99.19$$

$$S^{+-} = S^{-+} = S_0 ud = \text{USD } 73.31$$

$$S^{--} = S_0 dd = \text{USD } 54.19$$

第二步，根据以上各节点的股票价格，计算期权价值，看涨期权被行权的条件

为 $S>$USD 75，看跌期权被执行的条件为 $S<$USD 75。

看涨：$f_{uu} = C^{++} = \max(0, S^{++} - X) = $ USD 24.19

看跌：$f_{uu} = P^{++} = \max(0, X - S^{++}) = $ USD 0

看涨：$f_{ud} = f_{du} = C^{+-} = C^{-+} = \max(0, S^{+-} - X) = $ USD 0

看跌：$f_{ud} = f_{du} = P^{+-} = P^{-+} = \max(0, X - S^{+-}) = $ USD 1.69

看涨：$f_{dd} = C^{--} = \max(0, S^{--} - X) = $ USD 0

看跌：$f_{dd} = P^{--} = \max(0, X - S^{--}) = $ USD 20.81

第三步，计算在 $T=1$ 时刻，期权的价值。

$$\pi_u = \frac{e^{R_f \times \Delta t} - d}{u - d} = \frac{e^{0.045 \times 1} - 0.85}{1.15 - 0.85} = 0.65, \quad \pi_d = 1 - \pi_u = 0.35$$

$C^+ = (\pi_u C^{++} + \pi_d C^{+-}) \times e^{-R_f \times \Delta t} = (0.65 \times 24.19 + 0.35 \times 0) \times e^{-0.045 \times 1} = $ USD 15.03

$C^- = (\pi_u C^{+-} + \pi_d C^{--}) \times e^{-R_f \times \Delta t} = (0.65 \times 0 + 0.35 \times 0) \times e^{-0.045 \times 1} = $ USD 0

$P^+ = (\pi_u P^{++} + \pi_d P^{+-}) \times e^{-R_f \times \Delta t} = (0.65 \times 0 + 0.35 \times 1.69) \times e^{-0.045 \times 1} = $ USD 0.57

$P^- = (\pi_u P^{+-} + \pi_d P^{--}) \times e^{-R_f \times \Delta t} = (0.65 \times 1.69 + 0.35 \times 20.81) \times e^{-0.045 \times 1} = $ USD 8.01

第四步，根据第三步的结果再次以无风险利率进行折现，计算初始期权的价值。

$C_0 = (\pi_u C^+ + \pi_d C^-) \times e^{-R_f \times \Delta t} = (0.65 \times 15.03 + 0.35 \times 0) \times e^{-0.045 \times 1} = $ USD 9.34

$P_0 = (\pi_u P^+ + \pi_d P^-) \times e^{-R_f \times \Delta t} = (0.65 \times 0.57 + 0.35 \times 8.01) \times e^{-0.045 \times 1} = $ USD 3.04

两步二叉树示意图如图 41.4 所示。

注意：对于欧式期权，在期权的标的资产、到期期限以及执行价格都相同的情况下，只要知道欧式看涨期权的价格，通过期权平价公式就可以求得相应欧式看跌期权的价格。因此，本题的另一种算法便是，利用二叉树模型获得欧式看涨期权的价格，即 USD 9.34，然后根据期权平价关系得到：

$$S_0 + P_0 = C_0 + PV(X)$$

$$P_0 = C_0 + PV(X) - S_0 = 9.34 + \frac{75}{(1 + 4.5\%)^2} - 75 = \text{USD } 3.02$$

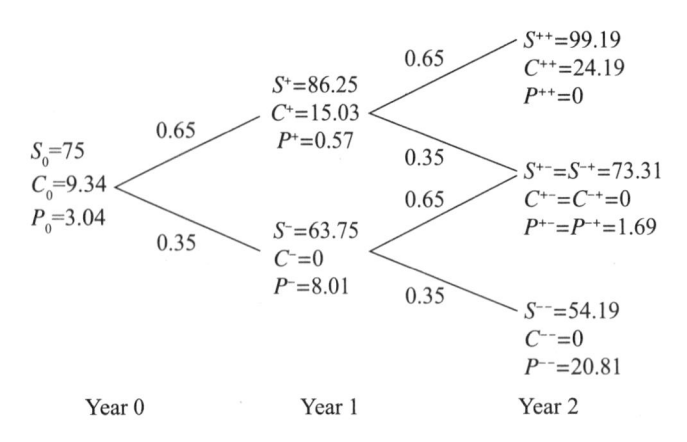

```
                                    0.65    S⁺⁺=99.19
                                            C⁺⁺=24.19
                        S⁺=86.25            P⁺⁺=0
                0.65    C⁺=15.03
                        P⁺=0.57     0.35
        S₀=75                               S⁺⁻=S⁻⁺=73.31
        C₀=9.34                     0.65    C⁺⁻=C⁻⁺=0
        P₀=3.04                             P⁺⁻=P⁻⁺=1.69
                0.35    S⁻=63.75
                        C⁻=0
                        P⁻=8.01     0.35
                                            S⁻⁻=54.19
                                            C⁻⁻=0
                                            P⁻⁻=20.81

        Year 0          Year 1              Year 2
```

图 41.4　例题 41.3 两步二叉树示意图

由此可见，这两种算法所得出的结果十分相近。

## 三、两步二叉树定价步骤——美式期权

**利用二叉树计算（calculate）美式期权的价值（★★★）**

由欧式期权单步以及两步二叉树的计算过程，我们可以得出美式期权二叉树定价基本的计算方法如下。

（1）将期权从初始到到期的时间段分为若干阶段，根据股价的上涨或下跌及其相对应的概率模拟整个期限内所有可能的变化路径，即各树杈分支。

（2）在每一树杈末端的节点计算期权的行权收益，并将该结果以无风险利率进行贴现，得到初始的期权价格。而美式期权由于可能被提前行使，故在计算美式期权价值时，我们需要在每一个树杈末端节点决定期权是否行权：如果提前行权价值（收益）大于理论价值（即基于无套利原则计算获得的价值），那么提前行权则更有利。简单而言，就是在每个节点都需要选择执行价值与理论价值中较高的一个。我们通过例题 41.4 来更直观地理解欧式期权价值与美式期权价值在计算上的不同。

### 例题 41.4

假设存在某个标的资产为无股息股票的看跌期权，到期期限为 2 年，股票的当前价格为 USD 85，该股票期权的行权价格为 USD 90。若无风险利率为 3%，$u =$

1.122，$d=0.542$，根据两步二叉树模型，分别计算该股票的欧式看跌期权与美式看跌期权的当前价格。

**名师解析**

根据已知条件：$S_0 =$ USD 85，$T=2$，$X=$ USD 90，$R_f = 3\%$，$u=1.122$，$d=0.542$。

（1）该股票的欧式看跌期权的初始价格。

第一步，计算在末端（$T=2$ 时刻）三种可能的股票价格：

$$S^{++} = S_0 uu = \text{USD } 107.01$$

$$S^{+-} = S^{-+} = S_0 ud = \text{USD } 51.69$$

$$S^{--} = S_0 dd = \text{USD } 24.97$$

第二步，根据以上各节点的股票价格计算期权价值，看跌期权被执行的条件为 $S<$ USD 90。

看跌：$f_{uu} = P^{++} = \max(0, X - S^{++}) = $ USD 0

看跌：$f_{ud} = f_{du} = P^{+-} = P^{-+} = \max(0, X - S^{+-}) = $ USD 38.31

看跌：$f_{dd} = P^{--} = \max(0, X - S^{--}) = $ USD 65.03

第三步，计算在 $T=1$ 时刻，期权的价值：

$$\pi_u = e^{R_f \times \Delta t} = \frac{e^{0.03 \times 1} - 0.542}{1.122 - 0.542} = 0.84, \quad \pi_d = 1 - \pi_u = 0.16$$

$$P^+ = (\pi_u P^{++} + \pi_d P^{+-}) \times e^{-R_f \times \Delta t} = (0.84 \times 0 + 0.16 \times 38.31) \times e^{-0.03 \times 1} = \text{USD } 5.95$$

$$P^- = (\pi_u P^{+-} + \pi_d P^{--}) \times e^{-R_f \times \Delta t} = (0.84 \times 38.31 + 0.16 \times 65.03) \times e^{-0.03 \times 1} = \text{USD } 41.33$$

第四步，根据第三步的结果再次以无风险利率进行折现，计算初始期权的价值：

$$P_0 = \pi_u P^+ + \pi_d P^- \times e^{-R_f \times \Delta t} = (0.84 \times 5.95 + 0.16 \times 41.33) \times e^{-0.03 \times 1} = \text{USD } 11.27$$

所以欧式看跌期权的初始价格为 USD 11.27。欧式看跌期权两步二叉树示意图如图 41.5 所示。

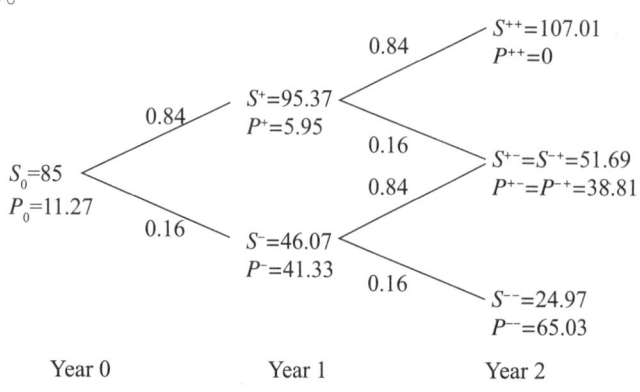

图 41.5　欧式看跌期权两步二叉树示意图

(2) 该股票的美式看跌期权的初始价格。

第一步和第二步与欧式期权一致，不再赘述。

第三步，计算在 $T=1$ 时刻，股票的价格为：$S^+ = S_0 u = $ USD 95.73，$S^- = S_0 d = $ USD 46.07。期权的价值：

$P^+ = (\pi_u P^{++} + \pi_d P^{+-}) \times e^{-R_f \times \Delta t} = (0.84 \times 0 + 0.16 \times 38.31) \times e^{-0.03 \times 1} = $ USD 5.95

与欧式看跌期权不同的是，在计算美式看跌期权的价值时需判断会不会提前行权，在 $T=1$ 时的第一个节点，股票价格 $S=$ USD 95.37 与执行价格 $X=$ USD 90 相比较，$S>X$，故期权不被行使，$P^+=0$。两个价值相比较，取较大的一个，即 $P^+=$ USD 5.95。

$P^- = (\pi_u P^{+-} + \pi_d P^{--}) \times e^{-R_f \times \Delta t} = (0.84 \times 38.31 + 0.16 \times 65.03) \times e^{-0.03 \times 1} = $ USD 41.33

在 $T=1$ 时的第二个节点，股票价格 $S=$ USD 46.07 与执行价格 $X=$ USD 90 相比较，$S<X$，故期权被行使，$P^-=90-46.07=$ USD 43.93。两个 $P^-$ 相比较，取较大的一个，即 $P^-=$ USD 43.93，提前行权美式期权价值更大。

第四步，根据第三步的结果再次以无风险利率进行折现，计算初始期权的价格：

$P_0 = (\pi_u P^+ + \pi_d P^-) \times e^{-R_f \times \Delta t} = (0.84 \times 5.95 + 0.16 \times 43.93) \times e^{-0.03 \times 1} = $ USD 11.68

所以，美式看跌期权的初始价格为 USD 11.68。美式看跌期权两步二叉树示意图如图 41.6 所示。

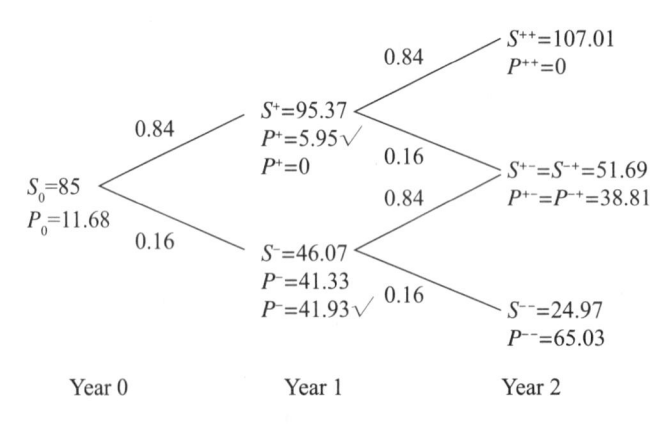

图 41.6 美式看跌期权两步二叉树示意图

> **备考小贴士**
>
> 考生需要重点定量掌握两步二叉树法下期权价值的计量。

## 第四节 其他标的资产的期权定价

### 一、股指期权

> 解释（explain）如何用二叉树对股指期权进行定价（★★★）

对于以股票指数作为标的资产的期权合约，通常假定股票指数会支付股息。在前文中提到的期权定价，其标的资产统一为不付红利的股票。对于支付红利的股票组合，假设红利率为 $q$，则需在无风险利率的基础上扣减红利率。由于股票指数本质上是一篮子股票，因此分红带来的收益率 $q$ 需要通过加权平均的方法进行计算。

因此，式（41.5）可转化为：

$$\pi_u \times S_0 u + \pi_d \times S_0 d = S_0 \, e^{(R_f - q) \times \Delta t} \tag{41.11}$$

式（41.11）可转化为：

$$\pi_u = \frac{e^{(R_f - q) \times \Delta t} - d}{u - d}, \quad \pi_d = 1 - \pi_u \tag{41.12}$$

### 二、外汇期权

> 解释（explain）如何用二叉树对外汇期权进行定价（★★★）

对于以外汇作为标的资产的期权合约，通常假定外汇是一项收益率为外国无风险利率的资产。因此，需要在本国无风险利率的基础上扣减外国无风险利率，

式 (41.12) 转化为：

$$\pi_u = \frac{e^{(R_f - r_x) \times \Delta t} - d}{u - d}, \quad \pi_d = 1 - \pi_u \tag{41.13}$$

其中，$r_x$ 是外国无风险利率；$R_f$ 是本国无风险利率。

## 三、期货期权

**解释（explain）** 如何用二叉树对期货期权进行定价（★★★）

对于以期货作为标的资产的期权合约，由于期货合约每日结算，即当日实现盈亏，其收益等于无风险利率。这相当于将期货合约等同于分红收益率为 $R_f$ 的股票。这意味着，式 (41.12) 转化为：

$$\pi_u = \frac{1 - d}{u - d}, \quad \pi_d = 1 - \pi_u \tag{41.14}$$

> **备考小贴士**
> 考生需要定性掌握股指期权、外汇期权，以及期货期权的二叉树定价方法。

# 第四十二章

# 期权定价：BSM模型

## 知识引导

1997年10月10日，瑞典皇家科学协会（The Royal Swedish Academy of Science）将第二十九届诺贝尔经济学奖授予了两位美国学者——哈佛商学院教授罗伯特·默顿（Robert Merton）和斯坦福大学教授迈伦·斯科尔斯（Myron Scholes），以赞誉他们在期权定价方面的研究成果。他们创立和发展的布莱克-斯科尔斯期权定价模型（Black Scholes Option Pricing Model，BSM）为包括股票、债券、货币、商品在内的新兴衍生金融市场的衍生金融工具的合理定价奠定了基础。

斯科尔斯与他的同事——已故数学家费雪·布莱克（Fischer Black）在20世纪70年代初合作研究出了一个期权定价的复杂公式。与此同时，默顿也发现了同样的公式及许多其他有关期权的有用结论。结果，两篇论文几乎同时在不同刊物上发表。所以，布莱克-斯科尔斯定价模型亦可称为布莱克-斯科尔斯-默顿定价模型。默顿扩展了原模型的内涵，使之可运用于许多其他形式的金融交易。

## 考点聚焦

本章内容包括BSM模型的前提假设、BSM模型定价公式、其他类期权的BSM模型，以及隐含波动率与认股权证。考生需要重点关注BSM模型关于股价和收益率的假设、利用BSM模型计算期权价值，以及隐含波动率。

## 本章框架图

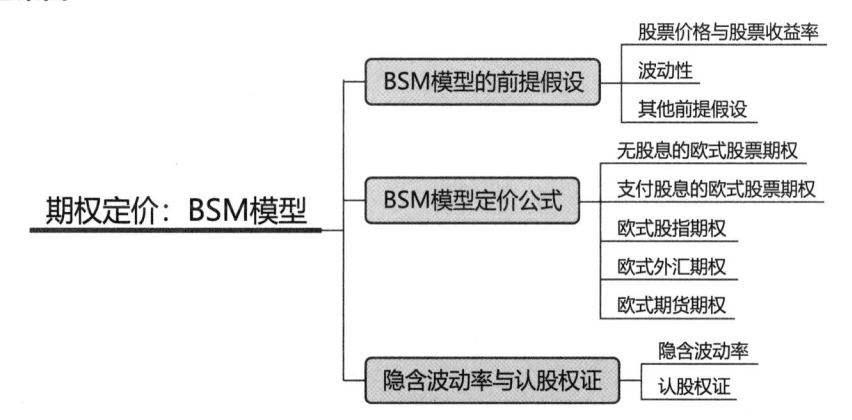

期权定价：BSM模型
- BSM模型的前提假设
  - 股票价格与股票收益率
  - 波动性
  - 其他前提假设
- BSM模型定价公式
  - 无股息的欧式股票期权
  - 支付股息的欧式股票期权
  - 欧式股指期权
  - 欧式外汇期权
  - 欧式期货期权
- 隐含波动率与认股权证
  - 隐含波动率
  - 认股权证

# 第一节　BSM 模型的前提假设

> 描述（describe）BSM 模型的前提假设（★★★）

任何一种经济金融理论都是在某些理想（非现实）状态的前提假设基础上，对某经济现象或某变量等进行研究。BSM 期权定价模型作为计算衍生品价格的模型，同样也是建立在一些理想化的前提假设条件下的。

## 一、股票价格与股票收益率

> 解释（explain）股票价格的对数正态性、股票收益率的分布和计算（★★）

### 1. 股票价格

标的资产（股票）的价格变化遵循几何布朗运动（geometric Brownian motion）：即价格走势呈随机变化。基于该假设，标的资产价格服从对数正态分布（lognormal distribution），并且价格上涨或下跌的走势较为平稳，具有连续性，没有任何大起大落的跳跃。

### 2. 股票收益率

BSM 模型假设不支付股息的股票收益率短期服从正态分布（normal distribution），均值为 $\mu$，标准差为 $\sigma$。因此，在 $\Delta t$ 的时间内，收益率的均值为 $\mu \Delta t$，标准差为 $\sigma \sqrt{\Delta t}$。在理论上，我们往往假设 $\Delta t$ 趋近于 0。在实务中，当 $\Delta t$ 很小的时候，该假设近似成立。

## 二、波动性

> 计算（calculate）收益率以及股票的历史波动性（★★）

股票收益率的波动性是指收益率的标准差。因此，需要先根据股票价格计算出收益率，之后利用收益率计算标准差。

### 1. 收益率

投资者对某只股票的价格数据进行收集汇总并选取合适的时间间隔，如每日股价、每月股价或每周股价。在一个时间间隔内，股票的收益率的计算如下：

$$u_i = \ln\left(\frac{s_i}{s_{i-1}}\right), \quad i = 1, 2, \cdots, n \tag{42.1}$$

其中，$s_i$ 代表第 $i$ 日的股价；$s_{i-1}$ 代表第 $i$-1 日的股价。注意 $u_i$ 不是一个数，而是一组样本量为 $n$ 的数据。

注意，这种计算收益率的方式被称为"对数收益率"，其假设条件是：资产价格服从对数正态分布，价格必为非负数。由此可见，对数收益率假设更接近实际。与此同时，对数收益率的计算公式是有明确指向的，并非一个无意义的数字，它等于连续复利时能形成同样实际收益率的名义收益率。

### 2. 历史波动性

历史波动性即历史收益率数据的标准差。利用得到的收益率数据，如果使用的是每日股价，则得到每日收益率，如果使用的是每周股价，则得到每周收益率。接下来，收益率的标准差则是对 $u_i$ 求标准差，而这个标准差与股价的时间频率匹配。最终，$J$ 期的波动性可用 1 期的波动性进行估计：

$$\sigma_{J\text{-period}} = \sigma_{1\text{-period}} \times \sqrt{J} \tag{42.2}$$

其中，$\sigma_{J\text{-period}}$ 是 $J$ 期的收益标准差；$\sigma_{1\text{-period}}$ 是 1 期的收益标准差；$J$ 是期数。通常，公式左边是 1 年的收益标准差。如果使用每日股价，则 $J$ 等于 252（1 年有 252 个交易日）；如果使用每周股价，则 $J$ 等于 52（1 年有 52 周）。

### 三、其他前提假设

BSM 模型还有一些非常重要的前提假设，具体如下。

（1）BSM 模型的应用范围有限。BSM 期权定价公式一开始应用于标的资产为不支付股息的欧式股票期权，之后扩展到标的资产为以离散形式支付股息的欧式股票期权，最后可应用于标的资产为其他资产的欧式期权。值得注意的是，BSM 期权定价公式不可用于美式期权，美式期权定价需要采用二叉树方法。

（2）允许投资者以无风险利率进行借贷，无风险利率也同样采用连续复利形式，并且为已知且不变的常数。

（3）股价的波动率为已知且不变的常数。

（4）市场是无摩擦的。包括市场上的交易无税收、无交易成本和监管限制；市场上不存在任何无风险的套利机会；标的资产具有高流动性，可以连续交易并可以无限分割；允许卖空标的资产，并可将所获资金用于无风险利率的投资。

## 第二节　BSM 模型定价公式

> 计算（calculate）无股息的欧式股票期权与支付股息的欧式股票期权的价值（★★★）

### 一、无股息的欧式股票期权

将二叉树模型推广到无限多个时间节点，每一个时间间隔都是无穷小，那么我们就得到了 BSM 定价模型。

不支付股息的欧式看涨期权 BSM 模型公式为：

$$C_0 = S_0 N(d_1) - X e^{-R_f^c T} N(d_2) \tag{42.3}$$

不支付股息的欧式看跌期权 BSM 模型公式为：

$$P_0 = X e^{-R_f^c T} N(-d_2) - S_0 N(-d_1) \tag{42.4}$$

其中：

$$d_1 = \frac{\ln\left(\dfrac{S_0}{X}\right) + \left(R_f^c + \dfrac{\sigma^2}{2}\right) \times T}{\sigma\sqrt{T}}; \quad d_2 = d_1 - \sigma\sqrt{T}$$

$N(X)$ 为标准正态分布的累积分布函数，$T$ 为到期期限，$R_f^c$ 为连续复利形式的无风险利率。如何理解 BSM 期权定价模型？该模型看似复杂，但有多种便于理解的角度，其本质与我们学过的其他衍生品的定价模型是十分类似的。我们在这里从两方面来理解 BSM 模型。

一方面，根据风险中性定价的原理，欧式期权的价格可以被看作是到期日该期权预期价值的现值，即：

$$C_0 = e^{-R_f^c T} E[\max(S_T - X, 0)] = PV[S_0 e^{R_f^c T} N(d_1) - X N(d_2)]$$

$$= S_0 N(d_1) - X e^{-R_f^c T} N(d_2) \tag{42.5}$$

$$P_0 = e^{-R_f^c T} E[\max(X - S_T, 0)] = PV[X N(-d_2) - S_0 e^{R_f^c T} N(-d_1)]$$

$$= X e^{-R_f^c T} N(-d_2) - S_0 N(-d_1) \tag{42.6}$$

就欧式看涨期权而言，其现值是将未来的预期价值 $S_0 e^{R_f^c T} N(d_1) - X N(d_2)$ 以 $R_f^c$ 予以折现，即乘以 $e^{-R_f^c T}$ 得到式（42.5）。欧式看跌期权同理。$N(d_2)$ 是用于衡量看涨期权到期被行使或者处于实值情况（$S_T > X$）的概率。$N(-d_2)$ 为看跌期权到期被行使或者处于实值情况（$S_T < X$）的概率。如果到期时 $S_T > X$，那么看涨期权被执行，折现后的到期收益为 $e^{-R_f^c T}(S_T - X)$；如果到期时 $S_T < X$，则看涨期权不被执行，收益为 0。看跌期权同理。

另一方面，我们从式（42.3）与式（42.4）可见，BSM 模型可以被看作由两部分组成：股票与零息债券。具体而言，欧式看涨期权可以视为以无风险利率借入 $X e^{-R_f^c T} N(d_2)$ 资金 [等价于以价格 $X e^{-R_f^c T}$ 卖空 $N(d_2)$ 份零息债券] 用于购买 $N(d_1)$ 股股票的（完全对冲的）无风险组合，到期时股票价值为 $S_0 e^{R_f^c T} N(d_1)$，可卖出股票用于偿还 $X N(d_2)$ 资金。同样，看跌期权是卖空 $N(-d_1)$ 股股票用于购买 $N(-d_2)$ 份价格为 $X e^{-R_f^c T}$ 的零息债券的无风险组合。

## 二、支付股息的欧式股票期权

我们在前面章节中计算远期价格时提及过持有收益/成本。持有收益（carry benefits）包括股票股息、债券的利息、货币期权的外币利率等，用 $\gamma$ 表示。而持有成本（carry costs）则是如储存费用、保险费等成本，它与持有收益的效果相反，故用 $-\gamma$ 表示。

(1) 当付息采用离散形式时，则：

支付股息的欧式看涨期权定价公式：

$$C_0 = (S_0 - PVD)N(d_1) - X e^{-R_f^c T} N(d_2) \tag{42.7}$$

支付股息的欧式看跌期权定价公式：

$$P_0 = X e^{-R_f^c T} N(-d_2) - (S_0 - PVD) N(-d_1) \tag{42.8}$$

其中，$PVD$ 是所有未来股息用无风险利率折现的现值。

(2) 当付息采用连续形式时，则：

支付股息的欧式看涨期权定价公式：

$$C_0 = S_0 e^{-\gamma T} N(d_1) - X e^{-R_f^c T} N(d_2) \tag{42.9}$$

支付股息的欧式看跌期权定价公式：

$$P_0 = X e^{-R_f^c T} N(-d_2) - S_0 e^{-\gamma T} N(-d_1) \tag{42.10}$$

$$d_1 = \frac{\ln\left(\frac{S_0}{X}\right) + \left(R_f^c - \gamma + \frac{\sigma^2}{2}\right) \times T}{\sigma \sqrt{T}}; \quad d_2 = d_1 - \sigma \sqrt{T}$$

持有收益会降低标的资产未来的预期价值，这个结论与之前的远期定价一致。不过这里需要注意，持有收益率 $\gamma$ 会降低欧式看涨期权的价值，而增加欧式看跌期权的价值。

### 例题 42.1

A 公司当前股价为 USD 23，并宣布其股票会在 1 个月后和 3 个月后分别派息 USD 0.5，无风险利率为 2%。与此同时，BSM 模型中 $N(d_1) = 0.8997$，$N(d_2) = 0.8643$，6 个月看涨期权和看跌期权行权价格均为 USD 18。请利用 BSM 模型计算 6

个月股票看涨期权和看跌期权的价值。

**名师解析**

$$C_0 = (S_0 - PVD)N(d_1) - X e^{-R_f^c T}N(d_2)$$
$$= (23 - 0.5 e^{-2\% \times \frac{1}{12}} - 0.5 e^{-2\% \times \frac{3}{12}}) \times 0.8997 - 18 \times e^{-2\% \times \frac{6}{12}} \times 0.8643$$
$$= USD\ 4.3938$$

$$P_0 = X e^{-R_f^c T}N(-d_2) - (S_0 - PVD)N(-d_1)$$
$$= 18 \times e^{-2\% \times \frac{6}{12}} \times (1 - 0.8643) - (23 - 0.5 e^{-2\% \times \frac{1}{12}} - 0.5 e^{-2\% \times \frac{3}{12}}) \times (1 - 0.8997)$$
$$= USD\ 0.2114$$

### 三、欧式股指期权

如果股票指数支付股息带来的回报率为 $q$，且 $S_0$ 为期初股票指数的价值，则股指期货的 BSM 模型如下。

股指期权（看涨）：

$$C_0 = S_0 e^{-qT}N(d_1) - X e^{-R_f^c T}N(d_2) \tag{42.11}$$

股指期权（看跌）：

$$P_0 = X e^{-R_f^c T}N(-d_2) - S_0 e^{-qT}N(-d_1) \tag{42.12}$$

其中：

$$d_1 = \frac{\ln\left(\frac{S_0}{X}\right) + \left(R_f^c - q + \frac{\sigma^2}{2}\right) \times T}{\sigma \sqrt{T}}$$

$$d_2 = d_1 - \sigma \sqrt{T}$$

### 四、欧式外汇期权

以外汇作为标的资产的期权价值的计算类似股票期权，将外国无风险利率 $r_f$ 看作股利率。因此，外汇期权的 BSM 模型如下。

外汇期权（看涨）：

$$C_0 = S_0 e^{-r_f T} N(d_1) - X e^{-R_f^c T} N(d_2) \tag{42.13}$$

外汇期权（看跌）：

$$P_0 = X e^{-R_f^c T} N(-d_2) - S_0 e^{-r_f T} N(-d_1) \tag{42.14}$$

其中：

$$d_1 = \frac{\ln\left(\dfrac{S_0}{X}\right) + \left(R_f^c - r_f + \dfrac{\sigma^2}{2}\right) \times T}{\sigma\sqrt{T}}$$

$$d_2 = d_1 - \sigma\sqrt{T}$$

注意，本国无风险利率为 $R_f^c$，外国无风险利率为 $r_f$。

## 五、欧式期货期权

根据前面章节已学的期货知识，我们知道期货通常是在交易所完成交易，因此，当期权的标的资产是期货时，投资者需要先在交易所开设保证金账户，缴纳一定的初始保证金。但在BSM模型中，我们则忽略期货应有的保证金要求以及逐日盯市/按市值计价（mark-to-market）的制度。

从初始进入期货合约直至到期日的期货价格为 $F_0 = S_0 e^{R_f^c T}$，当期权的标的资产为期货时，用 $e^{-R_f^c T} F_0$ 替代原BSM模型中的 $S_0$，便得到了BSM公式。

欧式看涨期货期权的BSM模型为：

$$C_0 = F_0 e^{-R_f^c T} N(d_1) - X e^{-R_f^c T} N(d_2) \tag{42.15}$$

欧式看跌期货期权的BSM模型为：

$$P_0 = X e^{-R_f^c T} N(-d_2) - F_0 e^{-R_f^c T} N(-d_1) \tag{42.16}$$

其中：

$$d_1 = \frac{\ln\left(\dfrac{F_0}{X}\right) + \left(\dfrac{\sigma^2}{2}\right) \times T}{\sigma\sqrt{T}}$$

$$d_2 = d_1 - \sigma\sqrt{T}$$

## 第四节 隐含波动率与认股权证

### 一、隐含波动率

> 定义（define）隐含波动率并描述（describe）如何利用期权市场价格进行隐含波动率的计算（★★）

从以上 BSM 期权定价模型，我们可以看到，在该模型中有 5 个输入值，即股票当前价格 $S$、期权执行价格 $X$、到期期限 $T$、无风险利率 $R$ 以及股价的波动率 $\sigma$。看涨或看跌期权的价格是这些输入值的方程，以方程的形式表示即 $f(S, X, T, R, \sigma)$，这些输入值中的前 4 个都是可观察的，唯有股票价格的波动率是无法观测到的，通常采用代入期权的市场价值的方法反求出相应的波动率。因此，我们称期权市场价格中隐含了标的资产收益率的波动率（标准差）。只要有了市场的期权价格，那么该波动率便可通过 BSM 模型计算获得。在 BSM 模型中，我们假设 $\sigma$ 是已知的常量，但是在实践中，隐含的 $\sigma$ 会随着期权执行价格 $X$、到期期限 $T$、看涨还是看跌的不同而变化。在期权市场中，我们通常不以期权价格而是以隐含波动率报价。譬如，一个 3 个月期实值看涨期权的报价为 25%，而不是对应的价格 USD 13。这意味着交易者可以通过波动率对比两种行权价格和到期日显著不同的期权的价值。

### 二、认股权证

> 描述（describe）认股权证并计算（calculate）因行权导致的股价下跌幅度（★★）

认股权证（warrant）是由股份有限公司发行的可认购其股票的一种买入期权。它赋予持有者在一定期限内以事先约定的价格购买发行公司一定股份的权利。对于筹资公司而言，发行认股权证是一种特殊的筹资手段。认股权证本身含有期权条款，其持有者在认购股份之前，对发行公司既不拥有债权也不拥有股权，而只是拥有股票认购权。

认股权证与期权的差异主要在于：期权属于嵌入类型（embedded），而认股权证属于附加式（attached）。当期权行权的时候，并不影响发行在外的股票数量。而认股权证在行权的时候，发行主体需要发行新股来满足投资者认购需求。在外流动的股票数量与股价均会收到认股权证行权的影响，这是因为如果市场是有效的，股价会下跌以反映由认股权证行权带来的稀释作用。

假设 $S$ 是股票价格，$K$ 是行权价格，$N$ 是行权之前在外发行的股票数量，$W$ 是因行权新增的股票数量。

行权后，权益的总价值变为：

$$NS + WK \tag{42.17}$$

行权后，股票价格变为：

$$\frac{NS + WK}{N + W} \tag{42.18}$$

认股权证的行权价值为：

$$\frac{NS + WK}{N + W} - K = \frac{N}{N + W}(S - K) = \frac{N}{N + W} \times \text{Call value} \tag{42.19}$$

因此，公司股票价格的降低幅度为：

$$S - \frac{NS + WK}{N + W} = \frac{W}{N + W}(S - K) = \frac{W}{N + W} \times \text{Call value} \tag{42.20}$$

> **备考小贴士**
>
> 考生需要定量掌握认股权证行权后股价的降低幅度。

# 第四十三章

# 期权敏感度计量：期权的希腊字母

## 知识引导

在著名的 BSM 期权定价模型中，期权的价格受多种因素影响，包括标的价格、标的波动率、到期时间、行权价格以及无风险利率。如何量化各类风险，较为准确地估计持仓损益，进行合理有效的风险管理和投资决策非常重要。由 BSM 模型衍生出的希腊字母体系则是这样一套风险管理工具：该体系将期权头寸风险分解成若干风险组成部分，包括标的价格风险、时间风险、波动率风险和利率风险，并用希腊字母估计当其他风险条件不变时，某个风险因子的一单位变动所造成的期权价值变化。通过量化每一种风险类型的风险暴露，投资者就可以将期权风险管理转化为希腊字母的管理。

## 考点聚焦

本章内容主要包括：概述、期权的希腊字母，以及资产组合保险。考生需要重点关注 5 个希腊字母的含义、计算，以及对冲策略。本章考查内容既包括定性理解，也含有部分重要计算。

## 本章框架图

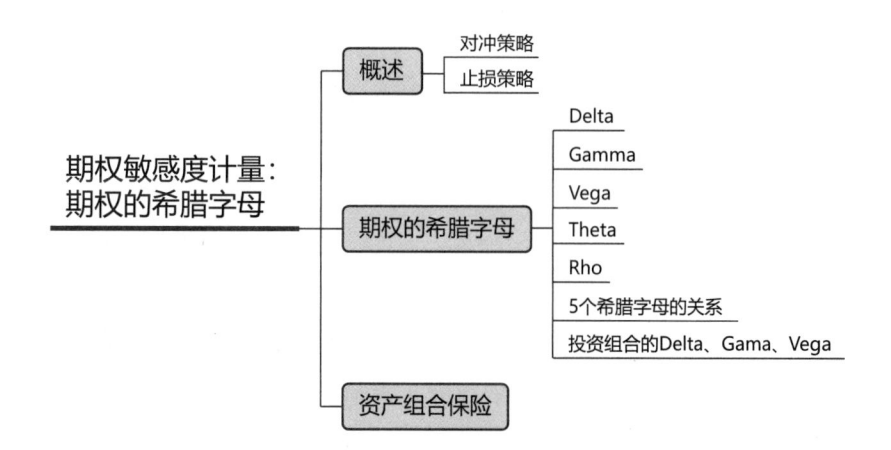

```
期权敏感度计量：      ┌─ 概述 ─┬─ 对冲策略
期权的希腊字母 ──────┤        └─ 止损策略
                    │
                    │              ┌─ Delta
                    │              ├─ Gamma
                    │              ├─ Vega
                    ├─ 期权的希腊字母 ─┼─ Theta
                    │              ├─ Rho
                    │              ├─ 5个希腊字母的关系
                    │              └─ 投资组合的Delta、Gama、Vega
                    │
                    └─ 资产组合保险
```

## 第一节 概述

### 一、对冲策略

> 描述（describe）并评价（assess）裸头寸和抵补头寸的风险（★★）

在讲述期权的希腊字母（the Greek Letters）之前，先介绍几个相对简单的管理衍生品风险的策略。假设某交易员已在 OTC 市场上出售了欧式看涨期权，期权的标的资产为 100 万股股票。那么，为了对冲出售看涨期权的风险，该交易员可采取以下 3 个策略之一。

策略一，交易者买入同样份数的看涨期权，看涨期权与卖出期权的类型完全一样。这样可以做到完全对冲，然而成本很高。这是因为，这样具体的期权往往由另一位交易者提供，对方也需要从出售期权中获利，而利润已经反映到了售价当中。

策略二，不做任何后续对冲。最终，交易者手中仅有卖出的看涨期权头寸，这被称为裸头寸（naked position）。

策略三，买入 100 万股股票。最终，交易者手中既有卖出的看涨期权头寸，也有买入的标的资产头寸，这被称为抵补头寸（covered position）。

### 二、止损策略

> 描述（describe）止损策略的使用（★★）

止损策略（stop-loss strategy）也是对冲策略中的一种，是上文中策略二和策略三的混合运用。具体来讲，当出售的期权处于虚值状态时，则采用策略二；当出售的期权处于实值状态时，则立即采用策略三。止损策略对于一开始便处于实值状态的期权也很有效。这种情况下，交易员一开始便买入标的资产，可通过后续标的资产升值获利。然而，止损策略对于交易者的考验在于：当标的资产价格等于执行价格时，后续期权也许会在实值和虚值之间不断转化，那么交易者就必须不断买入又卖出标的资产，这样的频繁交易会带来额外的成本。

## 第二节　期权的希腊字母

### 一、Delta

#### 1. Delta 的定义

> 计算期权的 delta 值（★★★）

在期权中，delta（$\Delta$）描述了标的资产价格对于期权价格的一阶（导数）影响，假设 $\Delta=0.4$，这意味着当股票价格发生很小的变动时，相应期权的价格变化等于股价变化的40%。如何理解这一概念？以欧式看涨期权为例，图43.1中的折线代表的是欧式看涨期权的收益，转折点为执行价格 $X$，在该点的左边由于 $S<X$，看涨期权不会被执行，故我们说看涨期权处于虚值（out-of-the-money）状态；而在该点的右边 $S>X$，看涨期权会被行使，期权则处于实值（in-the-money）状态。期权的实值与虚值代表的是期权的内在价值（intrinsic value）。在期权到期前，其价值=内在价值+时间价值，因此，看涨期权的价值实际是一条曲线而不是折线。在执行价格 $X$（切点）处，该曲线的斜率便是 $\Delta$，因此，我们可以说 $\Delta$ 是期权价格与标的资产价格变化曲线在执行价格处切线的斜率。

因此，我们可以得到标的资产为支付红利股票的欧式看涨期权，其 $\Delta_c$ 为：

$$\Delta_c = \frac{\partial c}{\partial S} = \frac{C^+ - C^-}{S^+ - S^-} = e^{-\delta T}N(d_1) \qquad (43.1)$$

其中，股票的股息 $\delta$ 以连续复利形式表示，若股票不支付股息，则 $\delta=0$。标的资产为支付红利股票的欧式看跌期权，其 $\Delta_p$ 为：

$$\Delta_p = \frac{\partial p}{\partial S} = \frac{P^+ - P^-}{S^+ - S^-} = e^{-\delta T}N(-d_1) \qquad (43.2)$$

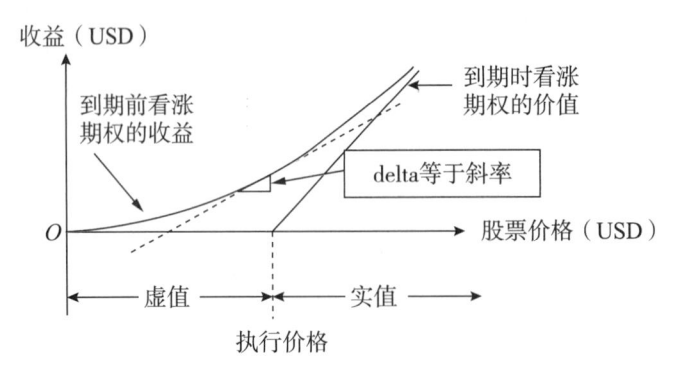

图 43.1 Delta 示意图

值得注意的是，在前面的章节中，我们定义过 delta 对冲比率，即：

$$h = \frac{C^+ - C^-}{S^+ - S^-} \text{ 或 } h = \frac{P^+ - P^-}{S^+ - S^-} \qquad (43.3)$$

若标的股票不支付股息，即 $\delta = 0$，那么看涨期权的 $\Delta = N(d_1)$，也就是前文提到的最优对冲比率，即期权到期时处于实值状态的概率；而看跌期权则是 $\Delta = -N(-d_1)$。因此，看涨期权 $\Delta$ 的取值范围也就是 $N(d_1)$ 的取值范围，即 $[0, 1]$；而看跌期权的 $\Delta = -N(-d_1) = N(d_1) - 1$，其取值范围为 $[-1, 0]$。当期权处于平值（at-the-money）状态（$S = X$）时，则看涨期权和看跌期权的 $\Delta$ 分别为 0.5 和 -0.5。

由于 delta 衡量的是股价变动对于期权价格的影响，那么随着股价的上升，欧式看涨期权多头头寸的 $\Delta_c$ 会从 0 上升至 1：深度虚值（$S < X$）看涨期权的 $\Delta$ 趋向于 0，而深度实值（$S > X$）看涨期权的 $\Delta$ 趋向于 1。同样，随着股价的上升，欧式看跌期权多头头寸的 $\Delta_p$ 从 -1 上升至 0：深度虚值（$X < S$）看跌期权的 $\Delta$ 趋向于 0，而深度实值（$X > S$）看跌期权的 $\Delta$ 趋向于 -1。图 43.2 则呈现了不支付股息股票期权的 $\Delta$ 与股票价格之间的变化关系。

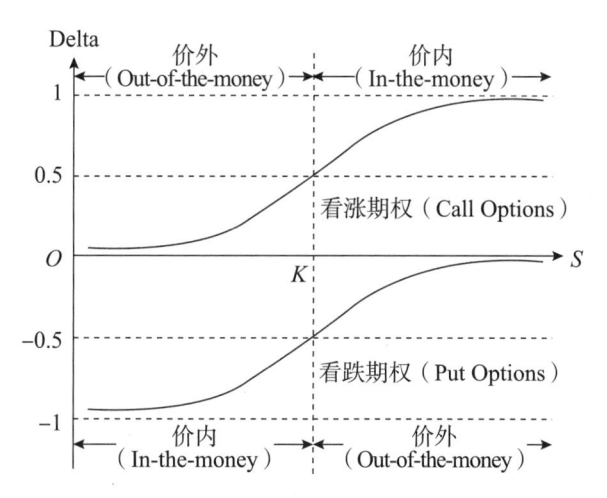

图 43.2 不支付股息的股票期权：**Delta** 与股票价格之间的关系

> **备考小贴士**
> 考生需要定量掌握期权的 delta 值计算。

## 2. 其他金融工具的 Delta

**计算投资组合的 delta 值（★★★）**

（1）对于支付股息的股票、股票指数，以及外汇，当它们作为标的资产时，自身带来的收益率为 $q$。注意，外汇的 $q$ 即外国无风险利率。

$$d_1 = \frac{\ln(S_0/X) + (R_F^c - q + \sigma^2/2) \times T}{\sigma\sqrt{T}}$$

$$d_2 = \frac{\ln(S_0/X) + (R_F^c - q - \sigma^2/2) \times T}{\sigma\sqrt{T}} \tag{43.4}$$

因此，这些资产作为标的资产的看涨期权，其 delta 为：

$$\Delta_{call} = e^{-qT} N(d_1) \tag{43.5}$$

这些资产作为标的资产的看跌期权，其 delta 为：

$$\Delta_{put} = e^{-qT} [N(d_1) - 1] \tag{43.6}$$

(2) 股票的 delta=1，股票价格变化对自身价格的影响永远为100%。

(3) 远期合约的 delta=1 或 $e^{-qT}$；期货合约的 delta= $e^{R_F^c T}$ 或 $e^{(R_F^c-q)T}$。远期合约和期货合约的 delta 都是在计算 $\Delta_F = \dfrac{\partial F}{\partial S}$。

(4) 投资组合的 delta 为各个资产 delta 的加权平均，公式为：

$$\text{Portfolio delta} = \sum_{i=1}^{n} w_i \Delta_i \tag{43.7}$$

其中，$w_i$ 是指单个资产占整个投资组合的权重。

---

**备考小贴士**

考生需要定量掌握投资组合的 delta 值计算。

---

### 3. Delta 对冲

**描述（describe）delta 对冲、静态对冲，以及动态对冲（★★★）**

Delta 中性投资组合是将标的资产与期权相结合，从而使投资组合的价值不会随标的资产价格的变化而变化。换句话说，delta 对冲期权的本质在于，通过用标的资产的头寸来复制期权的相反头寸，从而使投资组合不会随标的资产价格如股票价格的上升或下跌而变化，即 $\Delta=0$，保持整个组合 delta 中性（delta neutral）。

所谓复制，即 delta 份标的资产的多头头寸相当于1份看涨期权的空头头寸，具体对冲策略为：

(1) 看涨期权多头（空头）头寸应使用标的资产的空头（多头）头寸来对冲；

(2) 看跌期权多头（空头）头寸应使用标的资产的多头（空头）头寸来对冲。

用于 $\Delta$ 对冲的期权数量则是对冲标的资产股票的数量与期权 $\Delta$ 之间比率的相反数，我们用 $N_{call}$ 代表看涨期权的份数，$N_{stock}$ 代表对冲工具股票的数量，对冲 $N_{call}$ 份看涨期权所需要的股票数量为：

$$N_{call} = -\dfrac{N_{stock}}{\Delta_{call}}, \quad N_{put} = -\dfrac{N_{stock}}{\Delta_{put}} \tag{43.8}$$

其中，负号代表对冲头寸的反向关系，即对冲股票头寸需要做空看涨期权，对看跌期权也是同样的道理。如果将式（43.8）中分母移项至等号左边，并将所有项全部移到等号的一边，如：$N_{stock} + N_{put} \times \Delta_{put} = 0$，这就是一个 delta 中性的对冲组合。

需要注意的是，delta（$\Delta$）对冲可分为动态对冲（dynamic-hedging）和静态对冲（static-hedging/hedge-and-forget）。动态对冲是指由于标的资产价值变化较大导致 delta 中性组合不再"中性"。为了保证对冲的效果，投资组合需要按时进行再平衡。静态对冲是指无论 delta 中性组合之后如何，都不再进行再平衡。

**例题 43.1**

假设我们出售了 5 000 股股票的看跌期权。看涨期权的 $\Delta$ 值为 0.793，看跌期权的 $\Delta$ 值为 −0.207。每一份股票期权对应一股股票。如果对冲工具是股票，那么需要多少股股票来进行 delta（$\Delta$）对冲？如果对冲工具是看涨期权，那么需要多少份看涨期权来进行 delta（$\Delta$）对冲？

**名师解析**

已知 $\Delta_{long\ call} = 0.793$，$\Delta_{long\ put} = -0.207$，看跌期权数量为 5 000 股，期权与股票数量 1∶1。根据式（43.8）：

$$N_{call} = -\frac{N_{stock}}{\Delta_{call}}, \quad N_{put} = -\frac{N_{stock}}{\Delta_{put}}$$

（1）如果对冲工具是股票，那么 $N_{stock} = -N_{put} \times \Delta_{short\ put} = -5\ 000 \times 0.207 = -1\ 035$ 股，注意题目中是出售看跌期权，因此 $\Delta_{short\ put} = -\Delta_{long\ put} = -(-0.207) = 0.207$。

所以，当对冲工具是股票，投资者需要出售 1 035 股股票。

（2）如果对冲工具是看涨期权，则得到：

$$N_{put} \times \Delta_{put} = N_{call} \times \Delta_{call} = -1\ 035$$

$$N_{call} = \frac{-1\ 035}{0.793} = -1\ 305$$

所以，当对冲工具是看涨期权，那么投资者需要出售 1 305 份看涨期权。

通过本题可得出一个重要结论：期权的数量总是比股票数量多，因为 $\Delta$ 的绝对值小于等于 1。股票数量除以 $\Delta$，自然得到的期权数量要大于股票数量。

> **备考小贴士**
>
> 考生需要重点掌握 delta 对冲的具体方法。

## 二、Gamma

### 1. Gamma 的定义

定义（define）、描述（describe）并计算（calculate）gamma（★★★）

Gamma（$\Gamma$）的数学定义为期权价格对标的资产（股票）价格的二阶偏导数，即 delta 对于标的资产价格的一阶偏导数。Gamma 衡量的是期权价格变化中没有被 delta（斜率）解释的部分。具有相同特征的看涨和看跌期权，其 gamma 值是相等的，即：

$$\Gamma = \frac{\partial^2 f}{\partial S_0^2} = \frac{\Delta^+ - \Delta^-}{S^+ - S^-} = \frac{\mathrm{e}^{-\delta T}}{S\sigma\sqrt{T}}N(d_1) \qquad (43.9)$$

按照数学定义，gamma 为期权 delta 的变化与标的资产价格变化之间的比率，更直观地理解，它实际是图 43.2 中看涨或看跌期权 delta 曲线的斜率，也可以说是期权价格函数曲线的弯折程度，即曲率（curvature）。由于两条 delta 曲线是平行的，并且斜率都为正，所以，看涨或看跌期权的 gamma 值总是为正值，即 $\Gamma_{\text{call}} = \Gamma_{\text{put}} > 0$。

图 43.3 显示了不同剩余期限的 gamma 曲线，我们可以看到，当期权处于实值或虚值的情况时，gamma 值变得越来越小，在深度实值或深度虚值处甚至趋向于 0。当 gamma 处于期权平值状态（$S=X$）时，其取值为最大，但取值最大为多少还取决于时间，因此，无法给出确切的最大值范围。当期权离到期日越远，时间价值变得越大，平值点的曲率变得越小，即 gamma 值越小；随着实值和虚值程度的加深，到期时间越长，曲线的曲率相比更短到期时间的曲率越大，因此，gamma 值相对就会比较大。

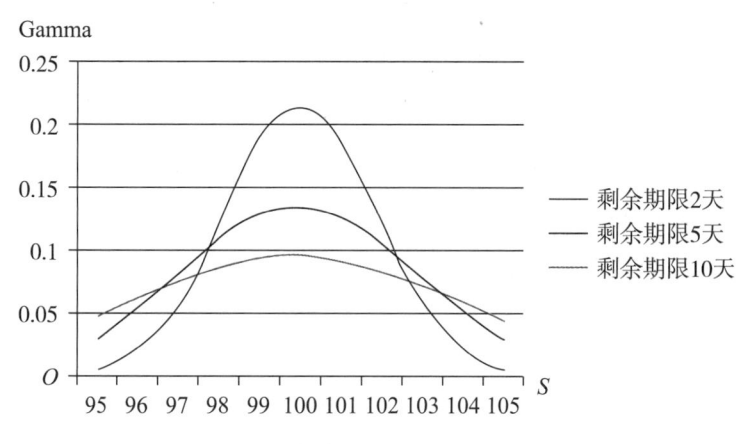

**图 43.3　期权购买方的 gamma 值与剩余期限**

正如图 43.4 所示，gamma 存在的必要性在于：使用 delta 衡量期权价值时会出现误差，因为 delta 仅衡量期权价值与股票价格之间的线性关系，然而，期权价值与股票价格之间实际是非线性关系，因而就需要二阶导的 gamma。

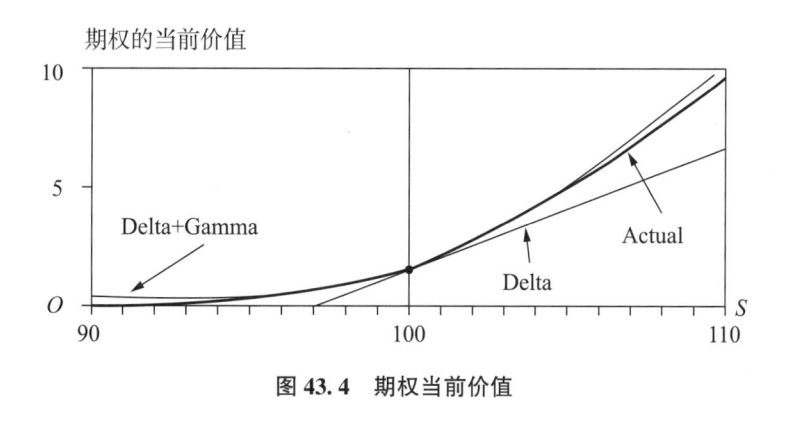

**图 43.4　期权当前价值**

## 2. Gamma 对冲

解释（explain）如何构建 delta 中性且 gamma 中性的组合头寸（★★★）

当 BSM 模型中价格连续变化的假设不成立，即股票价格发生了突然跳跃式的上升或下跌，打破了股价连续平稳的变动，那么即使是 delta 中性的投资组合，其价值也不会再等于 0，我们称这样的 delta 非中性敞口为 gamma 风险。如果 BSM 模型的假设都成立，那么我们就不会遭遇 gamma 风险。

为了对冲 gamma 风险，投资者往往构建 delta 中性且 gamma 中性的组合头寸，即同时考虑 delta 和 gamma 后，该组合价值不受标的资产价格变化的影响。具体分为两个步骤：

第一，利用非线性金融工具（期权）来构建 gamma 中性头寸；（在这个过程中，投资组合的 delta 很有可能被改变）

第二，在第一步的基础上利用股票和远期合约等线性金融工具来构建 delta 中性头寸。

### 例题 43.2

某交易员构建了一个投资组合，包括股票 X 和以 X 为标的资产的期权。目前该组合达到 delta 中性，但 gamma 值为 5 000。已知期权的 gamma 为 4，delta 为 0.5。请问交易员如何将组合调整至 delta 和 gamma 均中性？

**名师解析**

第一步，利用期权来构建 gamma 中性组合。

$$4 \times N_{option} + 5\,000 = 0$$

由此可得 $N_{option} = -1\,250$。

第二步，利用股票来构建 delta 中性组合。

$$-1\,250 \times 0.5 + 1 \times N_{stock} = 0$$

由此可得 $N_{stock} = 625$。

因此，交易员需要做空 1 250 个期权并做多 625 股股票。

**备考小贴士**

考生需要重点掌握 gamma 对冲的具体方法。

## 三、Vega

定义（define）、描述（describe）并计算（calculate）vega（★★）

Vega 是期权价格变化对标的资产波动率的敏感度,即两者之间的比率。通常 vega 的绝对值越大,该期权的价格对于标的资产波动率的变化越为敏感。与 gamma 类似,vega 对于具有相同特征的看跌期权和看涨期权是相同的,且期权多头方的 vega 值一定是正的,即波动率的上涨对于期权购买方是有利的,因为波动率上涨,期权价格更有可能往有利的方向运动。特别是在平值附近,即标的资产的价格等于执行价格($S=X$)时,vega 具有比虚值和实值的期权更大的绝对值,如图 43.5 所示。而 vega 与 gamma 最大区别在于,期权距离到期的剩余时间越长,vega 越大,但 gamma 则越小。

标的资产不支付股息的情况下,欧式看涨或看跌期权的 vega 的计算公式如下:

$$\Lambda = S_0 \sqrt{T} N'(d_1) \tag{43.10}$$

其中,$N'(x) = \dfrac{1}{\sqrt{2\pi}} e^{-\frac{x^2}{2}}$,是标准正态概率密度函数。

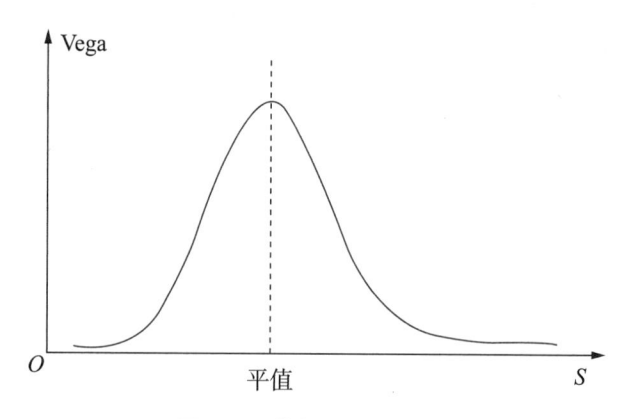

图 43.5 期权 Vega 示意图

**备考小贴士**

考生需要定量掌握 vega。

## 四、Theta

> 定义（define）并描述（describe）theta（★★）

Theta（$\theta$）被定义为由于时间损耗而引起期权价值变化的敏感度，也被称为时间损耗 $t$（time decay），与其他影响因子不同，时间不是一个风险因子。值得注意的是，$T$ 代表的是期权到期期限，$T-t$ 代表的是期权距到期日的剩余时间，$t$ 则是期权到期前的任何一个时间点。无论是看涨期权还是看跌期权，$\theta$ 通常为负值，意味着随着时间的流逝，期权的价值会不断下降，但深度实值看跌期权的 $\theta$ 可能为正值。在所有期权中，短期平值期权的 $\theta$ 值为最大负数（greatest negative theta）。由于时间的流逝是确定时间，因此不用对 theta 进行对冲。对于深度实值的看跌期权（特别是在标的资产价格接近零时），由于标的资产价格不可能为负，期权价值的时间损耗可能放缓，在这种极端情况下 Theta 可能为正，但这种情况在实际市场中是及其罕见的。因此，从时间价值损耗的角度来说，其对期权买方不利，对卖方有利。这也就意味着在持有期权的过程中，如果仅从时间价值的角度看，期权买方持有的头寸的价值是在不断降低的。

**备考小贴士**

> 考生需要定性掌握 theta。

## 五、Rho

> 定义（define）并描述（describe）rho（★★）

Rho（$\rho$）衡量的是期权价格对无风险利率的敏感性：

$$\rho_{\text{call}} = \frac{\partial c}{\partial R_f^c} = XT\,e^{-R_f^c T} N(d_2)$$

$$\rho_{\text{put}} = \frac{\partial p}{\partial R_f^c} = -XT\,e^{-R_f^c T}N(-d_2) \qquad (43.11)$$

当利率上涨，意味着标的资产的价格会以更快的速度增长。因此，看涨期权的价格会上涨，增加了看涨期权被执行的可能性，故看涨期权的 rho 是正值。换句话说，购买看涨期权允许投资者从本来应该购买股票的资金中赚取利息。利率越高，赎回的价值自然越高。同理，看跌期权的 rho 为负值。

**备考小贴士**

考生需要定性掌握 rho。

## 六、5 个希腊字母的关系

**描述（describe）5 个希腊字母之间的关系（★★★）**

我们在前面章节讨论了期权的定价模型，在 BSM 模型中我们也接触了期权定价模型——含有 5 个输入值的方程式 $f(S_0, X, T, R_f^c, \sigma)$，如果这些输入值发生变化，那么对期权价格会产生怎样的影响？这就是我们本节所要讨论的话题，即希腊字母。每一个希腊字母都用于衡量期权的某一特定风险，度量期权的价格对各种因素（BSM 模型输入值）的敏感度。从数学角度来讲，希腊字母是导数的概念，即期权的价格变化随各因素变化的程度，具体如表 43.1 所示。

欧式期权价格的影响因素也就来源于 5 个输入值，包括标的资产价格 $S_0$（由 delta 和 gamma 衡量）、距离到期日时间 $T$（由 theta 衡量）、标的资产波动率 $\sigma$（由 vega 衡量）、无风险利率 $R_f^c$（由 rho 衡量）。

Delta（$\Delta$）：在其他 4 个变量（输入值）不变的情况下，当标的资产如股票价格 $S_0$ 发生较小的变化时，期权价格所发生的变化。$\Delta$ 是期权价格对当前股价的一阶偏导，$\Delta = \dfrac{\partial f}{\partial S_0}$。

Gamma（$\Gamma$）：在其他 4 个变量不变的情况下，当标的资产价格如股票价格 $S_0$ 发生较小的变化时，期权的 delta 所发生的变化。$\Gamma$ 是 $\Delta$ 对当前股价的一阶偏导，或者说是期权价格对当前股价的二阶偏导，$\Gamma = \dfrac{\partial^2 f}{\partial S_0^2}$。

Theta（$\theta$）：在其他四个变量不变的情况下，Theta 表示当期权到期前的任意时间点 $t$ 发生微小变化时，期权价格的变化量。Theta 有时也被称为时间损耗（time decay），即期权价值因时间流逝而减少的速度。$\theta$ 是期权价格对时间 $t$ 变化的一阶偏导，$\theta = \dfrac{\partial f}{\partial t}$。

Vega（$\Lambda$）：在其他 4 个变量不变的情况下，当股价波动率发生较小的变化时，期权价格所发生的变化。$\Lambda$ 是期权价格对股价波动率的一阶偏导，$\Lambda = \dfrac{\partial f}{\partial \sigma}$。

Rho（$\rho$）：在其他 4 个变量不变的情况下，当无风险利率发生较小的变化时，期权的价格发生的变化。$\rho$ 是期权价格对无风险利率的一阶偏导，$\rho = \dfrac{\partial f}{\partial R_f^c}$。

表 43.1　　　　　　　　　　希腊字母总结

| 希腊字母<br>(Greek Letter) | 敏感因子<br>(Sensitivity Factor) | 做多看涨期权<br>(Long a Call) | 做空看涨期权<br>(Short a Call) | 做多看跌期权<br>(Long a Put) | 做空看跌期权<br>(Short a Put) |
| --- | --- | --- | --- | --- | --- |
| Delta（$\Delta$） | $S$ | $\Delta>0$ | $\Delta<0$ | $\Delta<0$ | $\Delta>0$ |
| Gamma（$\Gamma$） | $\Delta$ | $\Gamma>0$ | $\Gamma<0$ | $\Gamma>0$ | $\Gamma<0$ |
| Vega（$\Lambda$） | $\sigma$ | $\Lambda>0$ | $\Lambda<0$ | $\Lambda>0$ | $\Lambda<0$ |
| Theta（$\theta$） | $T$ | $\theta<0$ | $\theta>0$ | $\theta<0$ | $\theta>0$ |
| Rho（$\rho$） | $r$ | $\rho>0$ | $\rho<0$ | $\rho<0$ | $\rho>0$ |

> **备考小贴士**
>
> 考生需要重点掌握 5 个希腊字母之间的关系。

## 七、投资组合的 Delta、Gamma、Vega

### 1. 投资组合的 Delta

投资组合的 Delta 值可以用投资组合内各个期权的 Delta 来计算。如果一个组合由数量为 $n$ 的期权（$1 \leq i \leq n$）组成，那么投资组合的 Delta 值为：

$$\Delta = \sum_{i=1}^{n} w_i \Delta_i$$

其中，$\Delta_i$ 代表组合中单个期权的 delta，$w_i$ 代表单个期权的份数。

### 2. 投资组合的 Gamma

投资组合的 Gamma 值可以用投资组合内各个期权的 Gamma 来计算。如果一个组合由数量为 n 的期权（1≤i≤n）组成，那么投资组合的 Gamma 值为：

$$\Gamma = \sum_{i=1}^{n} w_i \Gamma_i$$

其中，$\Gamma_i$ 代表组合中单个期权的 gamma，$w_i$ 代表单个期权的份数。

### 3. 投资组合的 Vega

投资组合的 Vega 值可以用投资组合内各个期权的 Vega 来计算。如果一个组合由数量为 n 的期权（1≤i≤n）组成，那么投资组合的 Vega 值为：

$$vega = \sum_{i=1}^{n} w_i \, vega_i$$

其中，$vega_i$ 代表组合中单个期权的 Vega，$w_i$ 代表单个期权的份数。

### 4. Delta 中性、Gamma 中性、Vega 中性

为了保证投资组合保持 delta 中性、gamma 中性、Vega 中性，让投资组合的 delta、gamma、Vega 都保持为 0 即可。

## 第三节 资产组合保险

> 描述（describe）如何进行资产组合保险，以及这种策略与 Delta 对冲的对比（★）

资产组合保险（portfolio insurance）也叫证券组合保险，是指动态资产配置策略中最重要的一个方面。概括地说，资产组合保险为有价证券组合确保了最低的回报率，而又不会失去从市场有利变动中获利的机会。最常用的方法就是在持有资产多头头寸的时候，购买看跌期权加入组合当中。另外，如果不直接购买看跌期权，投资者也可以通过合成看跌头寸的方法来对冲掉资产价格下跌的风险。

投资组合保险的方法主要有两种。

方法一：组合经理利用标的资产来构建反向头寸，保证该反向头寸的 delta 值与要求期权的 delta 值相等。具体来讲，如果当前组合价值为 10 亿美元，投资组合经理需要保证资产价值在接下来 3 个月不低于 9 亿美元，并且组合的波动率为 20%，无风险利率为 2%，股息率为 1%。此时，经理应构建一个看跌期权，当前价值为 10 亿美元，行权价格为 9 亿美元，无风险利率为 0.02，收益率 $q$ 为 0.01，波动率 $\sigma$ 为 0.2，时间 $T=0.25$。由此得到的看跌期权的 delta 可根据上文式（43.6）进行计算：

$$d_1 = \frac{\ln(10/9) + (0.02 - 0.01 + 0.2^2/2) \times 0.25}{0.2 \times \sqrt{0.25}} = 1.1286$$

因此，delta 值为：

$$\Delta = e^{-0.01 \times 0.25}[N(1.1286) - 1] = -0.129$$

为了与 delta 匹配，投资组合经理应该卖出 12.9% 的投资组合。随着时间的流逝，delta 也会产生变化。如果投资经理可以经常卖出 delta 比例的投资组合来匹配 delta，那么要求的看跌期权就这样被创造了。当然，当市场价格走低时，经理需要卖出资产来创造看跌期权长头寸，而当市场走高的时候则需要把资产买回。这个过程不可避免地涉及交易成本问题。

方法二：如果投资组合是追踪某指数而建立的，那么经理可在不更改组合的同时，通过在交易所购买标的资产为指数的期权来达到组合保险的目的。如果期权市场无法满足经理的需求，经理可通过交易期货合约来构建以指数期货作为标的资产的期权合约。

资产组合保险策略在 20 世纪 80 年代盛行一时，而其弊端也非常明显。一旦市场走低，组合经理会下达卖出资产的指令，这会使市场下行压力加剧，而交易所也无法及时处理如此巨大的卖单，最终导致该策略的效果大打折扣。

# 第四十四章

# 银 行

## 知识引导

英文中的"银行"一词源于意大利文"banco",意思是板凳,是早期的银行家在市场上进行交易时使用的。英语转化为 bank,意思为存放钱的柜子,早期的银行家被称为"坐长板凳的人"。近代最早的商业银行是 1580 年建于意大利的威尼斯银行。商业银行是金融机构之一,而且是最主要的金融机构。商业银行通过存款、贷款、汇兑、储蓄等业务,扮演信用中介的角色。投资银行则萌芽于 15 世纪的欧洲。早在商业银行发展之前,一些欧洲商人就开始通过承兑贸易商的汇票,为他们自身和其他商人的短期债务进行融资,这便是投资银行的雏形。随后欧洲的工业革命极大地促进了投资银行的发展,将其业务扩大至协助公司融资、交易、提供投资顾问服务等。本章将分别对商业银行、投资银行,以及二者之间的关系进行系统的阐述。

## 考点聚焦

本章主要从六个层面介绍了银行:银行的概念、银行面临的风险、商业银行监管、投资银行业务、商业银行与投资银行的利益冲突,以及"发起-分销"模式。考生需要重点关注银行面临的风险、巴塞尔协议的内容,以及"发起-分销"模式的利弊。主要考查方式为定性选择题。

**本章框架图**

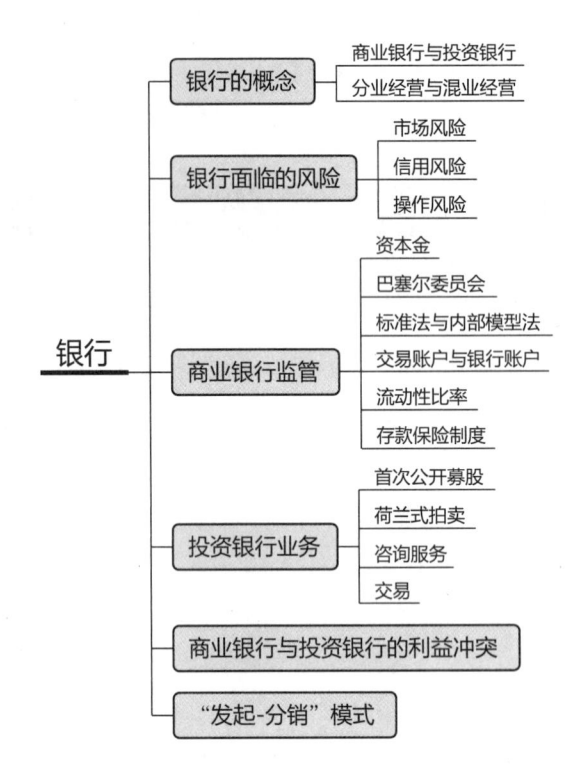

```
银行
├── 银行的概念
│   ├── 商业银行与投资银行
│   └── 分业经营与混业经营
├── 银行面临的风险
│   ├── 市场风险
│   ├── 信用风险
│   └── 操作风险
├── 商业银行监管
│   ├── 资本金
│   ├── 巴塞尔委员会
│   ├── 标准法与内部模型法
│   ├── 交易账户与银行账户
│   ├── 流动性比率
│   └── 存款保险制度
├── 投资银行业务
│   ├── 首次公开募股
│   ├── 荷兰式拍卖
│   ├── 咨询服务
│   └── 交易
├── 商业银行与投资银行的利益冲突
└── "发起-分销"模式
```

## 第一节　银行的概念

### 一、商业银行与投资银行

银行是整个金融体系的基石。根据经营业务的不同，银行业可分为商业银行和投资银行两大类。

商业银行（commercial bank）是银行的一种类型，是通过存款、贷款、汇兑、储蓄等业务，承担信用中介的金融机构。其主要的业务是吸收公众存款、发放贷款以及办理票据贴现等。根据服务对象不同，商业银行业务进一步被分为零售银行业务（retail banking）和批发银行业务（wholesale banking）。零售银行的服务对象包括个人和小型企业。批发银行业务的主要客户对象是大企业、事业单位和社会团体，业务涉及的金额较大。

投资银行（investment bank）是在资本市场上从事证券发行、承销、咨询、交易，以及相关的金融创新和开发等活动，为资金的盈余者和短缺者提供资金融通服务的机构。

### 二、分业经营与混业经营

针对同一金融机构是否可以同时从事商业银行和投资银行两种业务，我们把银行业分为分业经营模式和混业经营模式。从20世纪初期到现在，分业经营和混业经营的理念经历过一个周期性的改变。

1929年美国大萧条，导火索是美国股市泡沫破裂，根本原因是美国银行业的混业经营模式导致的风险传染。危机之后，美国在1933年出台了《格拉斯-斯蒂格尔法案》（Glass-Steagall Act），严格限制商业银行从事股票交易和证券业务，禁止商业银行关联企业以证券业务为主业，禁止投资银行从事商业银行业务，目的在于隔离商业银行业务和投资银行业务之间的风险。从这以后，美国金融机构进入了半个多世纪的分业经营的时代。

进入20世纪90年代之后，由于利益驱使，很多美国的商业银行通过银行控股公司的形式进入了资本市场，进行了实际意义上的混业经营。在这个背景下，美国在 1999 年出台了《金融服务现代化法案》（Financial Services Modernization Act），允许银行、证券、保险混业经营，推动了混业经营的发展，商业银行开始控股投资银行、财务公司、SIV、SPV、对冲基金和货币市场基金等非银行金融机构，使银行资金大量进入房地产市场和场外衍生品市场，然而房地产泡沫破裂，引发次贷危机，最后导致全球金融危机。

2008 年全球金融危机之后，各个主要经济体进行了金融监管体制改革，在某种程度上分业经营的理念又开始回归，如美国 2010 年通过的《多德-弗兰克法案》，其中的沃尔克规则禁止了银行集团的混业经营。英国 2011 年的维克斯报告提出了"围栏法则"，旨在隔离零售银行和批发银行以及投资银行业务。欧盟 2012 年的利卡宁报告，要求银行集团强制隔离银行法人实体和其他银行业务法人实体，建立起有效的防火墙。

## 第二节 银行面临的风险

> 识别（identify）银行面临的主要风险并解释（explain）各类风险产生的原因（★）

### 一、市场风险

市场风险（market risks）是指由利率、股票价格、汇率以及大宗商品等因素价格波动导致的风险。以上提及的因素被称为风险因子（risk factor），其价格是根据市场交易确定的，因此市场风险通常源于经济基本面改变或者经济、产业以及特定公司的突发事件。具体而言，当银行持有的资产或债务价值有可能因风险因子的变化而改变时，银行就面临市场风险。由于银行经常为客户提供做市商服务（market making），作为客户交易金融资产的对手方，因此银行也常常暴露在资产或负债价格变动的风险中。虽然银行会尽力控制其对于风险因子的敞口，但往往不会将风险敞口完全消灭。

## 二、信用风险

信用风险（credit risks）是指合约一方无法履行义务从而对交易对手造成损失的风险，故也称为违约风险（default risk）或对手方风险（counterparty risk）。例如，在借贷关系中，只有一方面临信用风险，即借款方（borrower）存在无法按约定支付利息或本金的可能性，故贷款方（lender）面临信用风险。银行所面临的信用风险主要源于对个人和企业的贷款。企业破产会导致无法按时按量偿还银行贷款，最终贷款损失的额度则取决于该笔贷款是否有抵押物以及银行在企业破产清偿中的排序。因此，银行往往把期望损失（expected loss）纳入贷款利率的计量中。除贷款业务外，银行在交易衍生品时也会面临来自对手方的违约风险。此时，银行会通过计算信用价值调整（credit value adjustment，CVA）来估计对手方违约的期望损失。

## 三、操作风险

操作风险（operational risks）是指在生产经营过程中由于人员、操作流程或者计算机系统有误导致的风险。操作风险的来源有内部欺诈、外部欺诈、雇员操作、商业操作、固定资产损坏、系统失效、执行流程管理等。2008—2017年，北美及欧洲的银行因操作风险事件所遭受的来自监管当局的天价罚单屡屡出现。这些风险事件包括洗钱、操纵市场、恐怖主义融资等一系列不合规的业务活动。

# 第三节　商业银行监管

商业银行的监管旨在保护存款人并维持金融系统的信心及稳定。以下内容将针对商业银行监管环境的发展进行阐述。

## 一、资本金

比较（compare）监管资本和经济资本（★）

商业银行为了应对风险，必须拥有足够的资本来维持银行的稳定运行。商业银行的资本分为两类：权益资本（equity capital）和债务资本（debt capital）。权益资本又被称为持续经营资本（going concern capital），因为商业银行在持续经营的情况下必须竭尽全力保持足够的权益资本来吸收未来潜在的损失，维持其偿付能力（solvency）。而商业银行的债务资本又被称为破产清算资本（gone concern capital），通常包括资本票据和债券，如混合债务工具和次级债券。混合债务工具（hybrid debt instrument）包括可转换债和累计优先股，这些工具的特点是具有权益的部分特征，如可以不支付或延期支付利息，因此可以用于吸收损失。只有在银行倒闭的时候，债务资本才会受到损失的影响。

与此同时，我们需要区分监管资本（regulatory capital）和经济资本（economic capital）。监管资本是银行监管当局为满足监管要求、促进商业银行审慎经营、维持金融体系稳定而规定的商业银行必须持有的资本。经济资本又称作风险资本，是商业银行内部管理人员根据银行所承担的风险计算的、商业银行需要保有的最低资本量，用于衡量和预防银行实际承担的损失超出预期损失的那部分，是防止商业银行破产的最后防线。计算经济资本的主要目的是帮助银行维持较高的信用评级，且经济资本会配置给商业银行不同业务单元以便进行业绩比较。

## 二、巴塞尔委员会

> 总结（summarize）巴塞尔委员会关于监管资本金的要求及其背后动机（★）

巴塞尔委员会于1974年年底成立，目前已成为事实上的银行监管的国际标准制定者。

### 1. 巴塞尔协议Ⅰ

1988年7月，巴塞尔委员会通过了《关于统一国际银行的资本计算和资本标准的协定》，简称《巴塞尔协议》（Basel Ⅰ）。根据协议，银行必须使用相同的方式计算资本金要求。银行的资本分为核心资本和附属资本两大类，用于吸收来自贷款和衍生品合约的损失。协议规定银行的资本与风险加权总资产之比不低于8%，其中核心资本与风险加权总资产之比不得低于4%。

2. 巴塞尔协议 II

直至 20 世纪 90 年代，随着银行交易活动的显著增加，巴塞尔委员会要求银行必须为市场风险和信用风险持有资本金，这是对巴塞尔协议 I 的修订，称为《市场风险修正案》（Market Risk Amendment）。2004 年 6 月，巴塞尔协议 II 正式发表，在市场风险和信用风险的基础上，新增了有关操作风险的资本金要求。在最低资本要求的基础上，增加了监管部门监督检查和市场约束的新规定，形成了资本监管的"三大支柱"。

3. 巴塞尔协议 III

次贷危机爆发后，巴塞尔委员会推出巴塞尔协议 III，银行股权资本的要求再次被提升。其中，核心一级资本充足率不得低于 4.5%，一级资本充足率不得低于 6%，总资本充足率不得低于 8%。随后，2010 年 12 月发布的巴塞尔协议 III 体现了微观审慎监管和宏观审慎监管相结合这一新监管思维，按照资本监管和流动性监管并重、资本数量和质量同步提高、资本充足率与杠杆率并行、长期影响与短期效应统筹兼顾的总体要求，确立了国际银行业监管的新标杆。2027 年，巴塞尔协议 III 将得到全面实行。

### 三、标准法与内部模型法

银行资本金的计量模型分为标准法和内部模型法。标准法是巴塞尔委员会制定的，而内部模型法是银行自身制定的。一般来讲，银行的内部模型法需要得到监管机构的允许才可应用。

巴塞尔协议 I 中规定了信用风险资本金计量的标准法。随后的《市场风险修正案》引入了市场风险资本金计量的标准法和内部模型法，银行可以用内部模型法来决定市场风险资本，但前提是该内部方法符合巴塞尔委员会的要求并得到监管部门的认可。巴塞尔协议 II 则允许银行利用内部模型法来决定信用风险资本和操作风险资本。次贷危机之后，巴塞尔委员会决定减少银行对内部模型法的依赖，因为危机已说明之前银行的自由度过大。目前，银行必须使用标准法来决定操作风险资本。而对于市场风险和信用风险，银行可以使用标准法计算，也可以使用内部模型计算（必须得到事先批准）。重要的是，用内部模型法计算出的资本金要求不可低于标准法的最低额。至 2027 年为止，这一比率被规定为 72.5%。

$$\text{Required capital} = \max(\text{IMC}, 0.725 \times \text{SMC}) \tag{44.1}$$

式（44.1）中，IMC 代表内部模型计算出的资本金要求；SMC 代表标准化模型要求的最低资本额。

> **备考小贴士**
>
> 上述要求资本金的计算式（44.1），从定性的层面上理解即可，不需要掌握具体的计算过程。

## 四、交易账户与银行账户

描述（describe）交易账户与银行账户的区别（★）

在计算资本金要求的时候，区分交易账户和银行账户至关重要。交易账户（trading book）包括持有用于交易的资产和负债。银行账户（banking book）包括持有至到期的资产和负债。交易账户内的项目需要纳入市场风险资本的计算，而银行账户内的项目需要纳入信用风险资本的计算。对于一些无法明确属于交易账户还是银行账户的金融工具，如果银行拥有该金融工具的交易平台，那么该金融工具属于交易账户。否则，该金融工具属于银行账户。

## 五、流动性比率（Liquidity Ratios）

次贷危机揭示了一个重要问题：金融机构往往面临的问题并非资本金不足，而是流动性的缺失。根源在于，银行放弃通过长期债券融资，而选择短期商业票据进行融资，因为短期融资的成本更低。当短期票据到期需要偿付时，银行则发行新的短期商业票据用于支付上一期的本金和利息。这就是人们常说的借新债还旧债。如果市场情况良好，这种策略可以一直持续。但当市场对银行失去信心，那么借新债不再那么容易进行。或者即使可以进行，新债的融资成本也会大大提高。这些都会使银行流动性枯竭。次贷危机中，投资者对于住房抵押贷款市场的紧张情绪，使新的商业票据无法顺利发行。2008 年雷曼兄弟的破产，根源就在于其流动性的缺失。为了保证银行的流动性，Basel Ⅲ 中提出建立流动性风险量化监管标准，引入两个指标：流动性覆盖率（liquidity coverage ratio，LCR）和净稳定融资比率（net stable funding ratio，NSFR）。其中，流动性覆盖率旨在保证银行拥有足够的资金在为期 30 天的压力环境中存活下去，这些压力包括信用评级下调、丧失存款等。净稳定融资比率旨在限制资产和负债的期限错配的程度。

$$\text{LCR} = \frac{\text{优质流动性资产}}{\text{未来 30 日的资金净流出量}} > 100\% \quad (44.2)$$

$$\text{NSFR} = \frac{\text{银行可用的稳定资金来源}}{\text{业务所需的稳定资金来源}} > 100\% \quad (44.3)$$

**备考小贴士**

上述 LCR 和 NSFR 的计算公式（44.2）和（44.3），从定性的层面上理解即可，不需要掌握具体的计算过程。

## 六、存款保险制度

解释（explain）存款保险制度如何引发道德风险（★）

存款保险制度是指吸收存款的金融机构根据其存款的数额按规定的保费率，向存款保险机构投保，当存款机构破产而无法满足存款者的提款要求时，由存款保险机构承担支付法定保险金的责任。这项制度起源于 20 世纪 30 年代的美国，旨在提高金融体系稳定性，保护存款人的利益，促进银行业适度竞争，避免大规模银行挤兑加剧经济危机。但这项制度也存在问题，比如可能诱发道德风险，即因为存在存款保险制度，银行会更加无所顾忌地追逐更多风险。例如，银行会以稍高的利息吸收存款，再以更高的利息发放高风险贷款。目前，美国的存款保险最高偿付限额为 USD 250 000，中国的最高偿付限额为 RMB 500 000。超出最高偿付限额的部分，则依法从投保机构清算财产中受偿。

## 第四节 投资银行业务

投资银行（investment bank）是在资本市场上从事证券发行、承销、咨询、交易，以及相关的金融创新和开发等活动，为长期资金的盈余者和短缺者提供资金融通服务的机构。下文将从投资银行的主要业务出发，系统地对其进行阐述。

### 一、承销

> 描述（describe）投资银行的承销业务（★）

承销（under written）是指银行投资以债务、股权或更复杂的证券（如可转换债券）的形式为公司筹集资金。通常，公司会与投资银行接洽，讨论其发行证券的计划。投资银行一般通过路演向投资者推销这些证券。

承销具体可分为两种形式，私下募集（privateplacement）与公开发行（publicofferings）。私下募集是投资银行向少数大型机构投资者（如养老金计划和人寿保险公司）出售（或配售）证券。公开发行则是向公众出售证券的方式。

就公开发行而言，具体安排包括包销（under written offering）和代销（best effort offering）。

包销是指投资银行即包销人承诺从发行主体手中买入所有新发行证券，并承担所有后续向投资者销售证券的风险。参与包销的投行可以只有一家，也可以是多家，多家投行共同包销的情况被称为辛迪加或银团发行（syndicated offering）。

代销是指证券发行主体委托投资银行代其向投资者销售证券，投行在代销中担任经纪人，并不承担证券无法售出的风险，投资银行往往按销售额提取佣金。

### 二、首次公开募股

> 描述（describe）投资银行的IPOs业务（★）

首次公开募股（initial public offering，IPOs）是指企业第一次将它的股份向公众出售。通常在企业上市前，其股份被公司的创始人、风险投资机构，以及其他在公司早期为公司提供资金的人持有。一旦首次公开上市完成后，这家公司的股票就可以申请到证券交易所或报价系统挂牌交易，而对于上市前持有公司股票的投资者，他们可以利用IPO将自身所持的股票变现，这是一种常见的退出渠道。而对于公司的创始人，为了对公司继续保有控制权，往往会继续持有一部分股票。

最常见的公开发行机制包括投资银行承销（又分为包销和代销）与拍卖。拍卖方式则在后文进行具体介绍。

在IPO前，负责承销的投资银行必须确定公司股票的发行价。假设公司需要通过IPO融资2亿美元，那么投资银行需要利用式（44.4）为新股定价：

$$\frac{2亿美元现金注入后的公司价值}{IPO后的股票数量} \tag{44.4}$$

式（44.4）计算的结果是投资银行对于股价的估计，如果把发行价格定在该估计值以下，那么投资银行更容易以发行价将股票出售。通常在IPO之后，公司股价会有大幅度攀升，这意味着公司原本有机会融到更多资金，此次发行为折价发行。这种情况下，低价购入股票的投资者会因此收益颇丰。然而，IPOs的投资者主要集中在机构投资者，中小投资者很难参与进来。

### 三、荷兰式拍卖

描述（describe）投资银行的拍卖业务（★）

企业借助投资银行进行IPO的好处众多，如投资银行拥有更多的专业经验且可以帮助企业找到潜在的投资者。然而，一些企业偏向于让市场决定其股票的发行价格，其中一个常见的方式是通过荷兰式拍卖（Dutch auction）。在荷兰式拍卖IPO定价程序中，股票的定价和分配完全交由拍卖程序决定。

大致流程如下：首先，发行人和承销商先制作、注册并公布缺少证券价格的招股说明书，确定协商拍卖时间与拍卖起拍价格。其次，在拍卖程序开始后，投资人在网上或通过电话等方式参与报价。最后，在竞拍结束后，选取能够把全部股票销售出去的最低价格作为结算价，所有报价人都能以这一价格买入其申报数量的证券。

假设某企业想要发行股票 300 000 股，接收到的报价从高到低整合为表 44.1。根据荷兰式拍卖规则，能够将全部 300 000 股出售的最低价格为 USD 60/股，因此股票的发行价确定为 USD 60/股。投标人 A、B、C 和 E 均以 USD 60/股的价格购入他们所需的全部股票。而投标人 D 则以 USD 60/股的价格购入剩余的 60 000 股（300 000-240 000）。

表 44.1　　　　　　　　　荷兰式拍卖下的投标情况

| 投标人 | 要求的股票数量 | 累计要求的股票数量 | 投标价/USD |
| --- | --- | --- | --- |
| A | 20 000 | 20 000 | 75 |
| C | 50 000 | 70 000 | 70 |
| B | 70 000 | 140 000 | 68 |
| E | 100 000 | 240 000 | 65 |
| D | 200 000 | 440 000 | 60 |

一般来说，荷兰式拍卖有以下三个特点。

（1）荷兰式拍卖更准确地从市场供求平衡的角度对股票进行定价，从而避免 IPO 折价发行，实现发行人和投资者的利益最大化。

（2）荷兰式拍卖让投资银行失去了对 IPO 定价的部分主导权，同时压缩了投资银行的获利空间。采用这种递减的拍卖方式，避免了投资银行为了自身利益给机构投资者进行不合理的配股，投资银行在 IPO 过程中的利益链条被部分打破。

（3）虽然采用荷兰式拍卖方式的 IPO，投资银行的股票定价和分配权力被部分削减了，但依然需要投资银行参与到设计拍卖的时间、起拍价设定以及其他相关的拍卖程序中。

## 四、咨询服务

描述（describe）投资银行的咨询服务业务（★）

除了承担证券的发行和承销，投资银行还经常为企业提供关于兼并收购、股份转让，以及重组等相关的咨询服务（advisory services）。在一项收购业务中，投资银行可以服务收购方或目标公司。

如果投资银行服务收购方,那么投资银行需要帮助收购方分析目标公司的价值以及收购的方式。按照支付对价的方式,收购可分为现金支付(cash offer)、换股收购(share-for-share exchange)、混合支付。现金支付是指收购方用现金购买目标公司的资产或股票。换股收购是指收购方通过发行新股或债券来购买目标公司的资产或股票,因此目标公司的股东会成为收购方的股东。混合支付是指同时运用现金支付和换股收购。在整个收购的过程中,投资银行必须评估如何与目标公司管理层进行沟通,收购本身可以是恶意的或善意的,这取决于收购是否得到管理层的支持。与此同时,收购必须考虑到各国的反垄断法律要求。

如果投资银行服务于目标公司,那么投资银行会通过帮助企业实行"毒丸策略"(poison pills)来避免被收购。该策略是美国著名的并购律师马丁·利普顿(Martin Lipton)于1982年发明的,正式名称为"股权摊薄反收购措施"。最初的形式很简单,就是目标公司向普通股股东发行优先股,一旦公司被收购,股东持有的优先股就可以转换为一定数额的收购方股票。经过多年的发展,该策略还包括:赋予关键雇员具有吸引力的股票期权,收购发生即可行权;改变投票结构,以便目标公司的管理层可以拥有足够的投票权来否决收购等。"毒丸策略"在很多国家被禁止,但在美国被允许,然而必须得到公司绝大多数股东的同意。

## 五、交易

> 描述(describe)投资银行的交易业务(★)

投资银行还积极参与资本市场的交易活动。次贷危机后,监管机构开始限制投资银行投机性交易的规模。2010年1月21日,时任美国总统奥巴马宣布将对美国银行业做重大改革,采纳了时年82岁的美联储前主席保罗·沃尔克的建议,限制投资银行的自营交易(proprietary trading)。此方案被称为沃尔克法则(Volcker Rule)。在其他国家,投资银行开展自营交易必须将自有资产与客户资产进行隔离(ring fenced),以便保证客户的利益不受影响。

银行作为强大的做市商(market maker),不断为企业和机构投资者提供广泛的金融产品报价。这些产品的价格依赖于汇率、利率、贵金属价格等,有些产品还涉及期权、远期等更为复杂的衍生产品。银行作为做市商，会和企业签订这些金融产品合约，与此同时通过与其他金融机构交易来对冲合约中的风险。对于零售业务的客户，银行往往扮演经纪商（brokerage）的角色，接收来自客户的买卖指令并帮助客户在交易所中寻找交易对手，全能型的经纪商还能同时为客户提供投资研究服务和建议。有时候，经纪商会管理客户的委托账户（discretionary accounts），即投资者委托经纪商帮助其进行投资决策。

> **备考小贴士**
>
> 考生需要定性掌握投资银行的各项业务。

## 第五节 商业银行与投资银行的利益冲突

描述（describe）商业银行与投资银行的利益冲突以及解决方法（★★）

混业经营的银行业务存在很多潜在的利益冲突。例如，当一名投资银行家想要说服客户购买新发行的股票时，如果客户并不感兴趣，那么投资银行家可能通过投资银行的交易服务，试图让客户的经纪商将该股票推荐给客户。又如，当投资银行家正在为一个机构客户提供可能的并购机会，如果目标公司是同一银行集团中商业银行的客户，那么投资银行家可能试图通过商业银行获取该目标公司的内部信息，将其传达给意图收购方。

以上这些属于银行不同业务间的利益冲突，可以通过构建防火墙（Chinese Wall）来避免。防火墙机制是证券制度中的一个特定术语，它是指多功能服务证券商将其内部可能发生利益冲突的各项职能相互隔开，以防止敏感信息在这些职能部门之间相互流动所做出的努力。如果银行没有建立强大的防火墙，那么它会因此被监管机构处以高额的罚款。与此同时，银行也会声誉扫地。这些有形和无形的成本都会使银行自觉避免利益冲突。而利益冲突，也是美国曾经在《格拉斯-斯蒂格尔法案》中要求商业银行和投资银行之间要实行分业经营的原因。

## 第六节 "发起–分销"模式

**解释（explain）"发起–分销"模式及其优缺点（★★）**

美国的资产证券化交易是典型的"发起–分销"模式（originate-to-distribute model，OTD model）。在这种模式中，资产证券化的步骤如下：首先，原始债务人将住房抵押给发起人，发起人通过抵押担保债权出售或信托的方式，将住房抵押贷款债权交给特殊目的载体（special purpose vehicle，SPV）。其次，SPV通过一系列途径进行信用评级、信用增级。再次，SPV将基础资产证券化，并将其委托给投资银行等机构进行出售。从次，投资银行等机构将基础资产支持的证券出售给投资者。最后，在证券化抵押贷款债权产生预期现金流后，相关SPV托管机构向投资者支付本息。

这种"发起–分销"模式被广泛应用于美国的住房抵押贷款市场。早期的住房抵押贷款市场上的证券化产品（mortgage-backed security，MBS）由联邦机构（federal agency）以及政府支持机构（government sponsored entity，GSE）发行。其中，联邦机构本身代表了政府，而GSE是由政府支持设立的，所以这些证券背后都有政府的隐性背书，这类证券的信用程度非常高。从20世纪90年代末开始，由私人机构，如投行发行的该类证券日益活跃，次级抵押贷款市场也不断扩大，而这类证券的信用程度则参差不齐，具体见表44.2。

表44.2　住房抵押贷款支持证券的发行

| 类别 | 发行人 | |
|---|---|---|
| 政府机构居民住房抵押贷款支持证券 | 政府关联机构 | 联邦机构<br>如：吉利美（Ginnie Mae） |
| | | 政府支持机构<br>如：房利美（Fannie Mae）、房地美（Freddie Mac） |
| 非政府机构居民住房抵押贷款支持证券 | 私人机构 | 如：美银美林（Bank of America Merrill Lynch） |

从 20 世纪 90 年代开始，银行将大量贷款通过资产证券化的方式从其资产负债表上剥离，而这些贷款蕴涵的信用风险也进而转嫁给了该类资产支持证券的投资者。

如图 44.1 所示，在一个本金为 USD 100 million 的抵押贷款证券化的过程中，证券化的发起者即银行，将抵押贷款转移到 SPV，然后由该实体来发行各种贷款支持证券，并将这些证券按照评级分成不同的层级（tranche），这个分层级的过程被称为结构化（structuring）。根据贷款人的资质，获得现金流和承担违约损失的先后顺序，债券评级公司如 S&P、Moody's 和 Fitch 会对这些 MBS 进行评级划分。首先，AAA 级为优先级（senior tranche），占总贷款金额的 70%（USD 70 million），本金和利息的偿还都会优先流向优先级证券的投资者，保证其 5% 的收益率。其次，AA 和 A 级的为夹层级（mezzanine tranche），占总贷款金额的 25%（USD 25 million），在保证优先级的投资者回报率的情况下，剩余本金和利息流向夹层级证券的投资者，保证其 8% 的收益率。最后，有约 5%（USD 5 million）为无评级的最低的权益级（equity tranche），该权益级最先承受违约的损失。

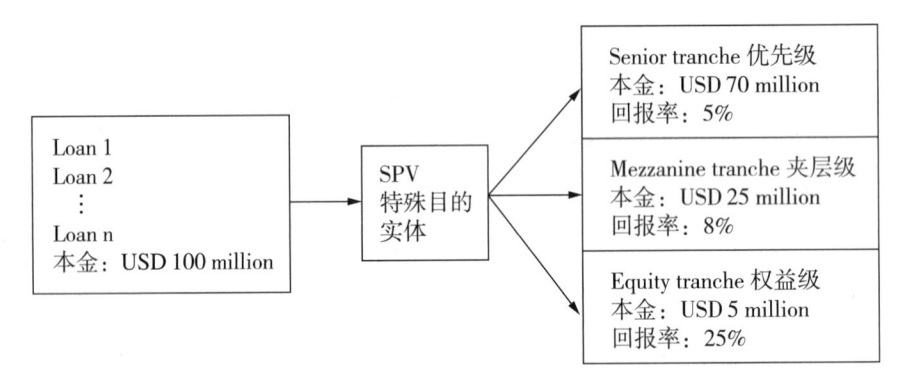

图 44.1　贷款抵押证券的结构化

"发起-分销"模式的优点如下。

（1）减少中间环节（disintermediation），降低融资成本，增加投资收益。

（2）提高金融资产的流动性。MBS 作为可以交易的金融资产，提供了比住房抵押贷款本身更好的流动性。

（3）投资人对于标的资产具有更直接的合法要求。

（4）投资人可以更好地选择适合自己的风险目标、收益目标以及投资期限的产品，结构化的 MBS 为投资人提供了丰富的选择。

"发起-分销"模式的弊端如下。

从 2007—2008 年次贷危机中可以清晰地看到，银行由于可以采用"发起-分销"模式将贷款从自身的资产负债表上剥离，进而放松了发放贷款的标准，次级贷款额度迅猛攀升。对于这些质量下滑的贷款，银行可以通过不断在原有的层级下进一步分层的方式继续发行贷款抵押证券。而后，随着这些次级贷款的违约情况日益严重，该类证券的投资者面临巨额的损失。最终，在危机后的一段时间里，由于广大的投资者已对其不再信任，"发起-分销"模式无法被使用。

**备考小贴士**

考生需要定性掌握"发起-分销"模式的优缺点。

# 第四十五章

# 保险公司与养老金

**知识引导**

　　自有人类以来，各种自然灾害、意外事故就时常威胁着人类的生存与发展。人类为了寻求防灾避祸、安居乐业之道，萌生了应对各种自然灾害、意外事故的保险思想和一些原始形态的保险做法，中外历史上对此均有记载。早在 11 世纪末，在经济繁荣的意大利北部城市，特别是热那亚、佛罗伦萨、比萨和威尼斯等地，就已经出现类似现代形式的海上保险，英文中的"保险单"一词就是源于意大利文"polizza"。与历史悠久的保险业不同，养老金是一个相对现代的概念。美国的养老体系主要分为五层，分别为：社会保障（social security）、房产、雇主发起的养老金计划、个人缴纳的养老保险，以及其他资产。保险业与养老金的相同点则是都汇集了来自各方巨额的资金，并且都具有未来给付义务。这些资金该如何投资，如何进行风险管理，如何进行行业监管，都是金融行业甚至整个国民经济中重要的问题。

**考点聚焦**

　　本章分别对保险公司和养老金进行了阐述。对于保险公司，主要介绍基本概念及分类、人寿保险、年金合约、财产与意外险、健康险、道德风险与逆向选择、保险投资，以及保险业监管。对于养老金，主要介绍两大类：缴纳确定型养老金与收益确定型养老金。考生需要重点关注人寿保险的分类、保费的计算、财产与意外险的业绩指标，各类风险的含义和管理手段等。其中，难点在于如何计算保费。本章考查方式以定性选择题为主，有少量计算。

**本章框架图**

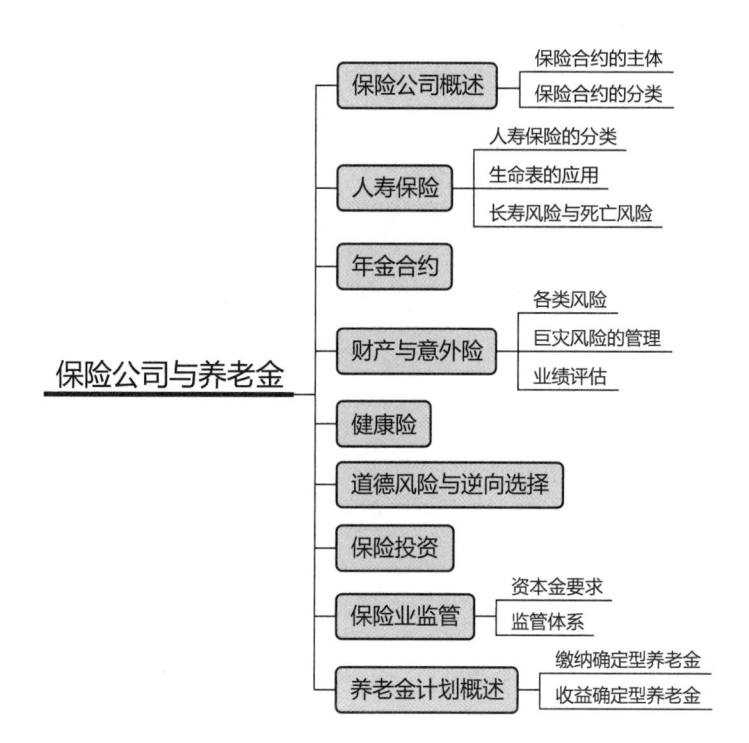

```
                                            ┌─ 保险合约的主体
                            ┌─ 保险公司概述 ─┤
                            │               └─ 保险合约的分类
                            │
                            │               ┌─ 人寿保险的分类
                            ├─ 人寿保险 ────┤─ 生命表的应用
                            │               └─ 长寿风险与死亡风险
                            │
                            ├─ 年金合约
                            │
                            │               ┌─ 各类风险
          保险公司与养老金 ──┤─ 财产与意外险 ┤─ 巨灾风险的管理
                            │               └─ 业绩评估
                            │
                            ├─ 健康险
                            │
                            ├─ 道德风险与逆向选择
                            │
                            ├─ 保险投资
                            │
                            │               ┌─ 资本金要求
                            ├─ 保险业监管 ──┤
                            │               └─ 监管体系
                            │
                            │                 ┌─ 缴纳确定型养老金
                            └─ 养老金计划概述 ┤
                                              └─ 收益确定型养老金
```

# 第一节　保险公司概述

保险是一种经济补偿制度。该制度通过对有可能发生的不确定性事件的数理预测和收取保险费的方法，建立保险基金，并且以合同的形式将风险从被保险人转移到保险公司，由大多数人来分担少数人的损失。

## 一、保险合约的主体

在一份保险合约中，涉及以下 3 个主体：投保人（policyholder）、被保险人、受益人（beneficiary）。

### 1. 投保人
投保人向保险公司支付保险费（premiums），保险公司则对合同中约定的可能发生的事故所造成的损失承担赔偿责任。

### 2. 被保险人
被保险人是保险的承保对象。人寿保险中，被保险人和投保人往往是同一个人。

### 3. 受益人
受益人是指保险赔偿金的受领人。

## 二、保险合约的分类

> 描述（describe）各类保险公司及其面临的风险（★）

### 1. 人寿保险
人寿保险（life insurance）是以被保险人的寿命为保险标的，以被保险人的生存或死亡为保险事故的人身保险。值得注意的是，人寿保险所承保的风险可以是生存风险，也可以是死亡风险。投保人或被保险人向保险公司缴纳约定的保险费后，当被保险人于保险期内死亡或生存至一定年龄时，保险公司给付保险金。

### 2. 财产与意外险

财产与意外险（property-casualty insurance）又被称为损害保险。广义的财产与意外险是指以财产及其有关的经济利益和投保人的损害赔偿责任为保险标的的保险；狭义的财产与意外险是指以物质财产为保险标的的保险。

### 3. 健康险

健康险（health insurance）又称疾病保险，是以被保险人的身体为保险标的，针对被保险人在疾病或意外事故中所遭受的伤害或损失进行补偿的一种保险。健康险的支付范围通常包括医疗费用、收入损失、丧葬费及遗属生活费等。

## 第二节 人寿保险

### 一、人寿保险的分类

#### 1. 根据保险期限分类

（1）定期寿险

定期寿险（term life insurance）又称定期死亡保险，是指当被保险人在保险合同有效期间发生死亡事故时由保险公司给付保险金的保险。如果保险期内被保险人生存，则无赔偿。此类保险适用于被保险人是家庭的主要经济来源的情形，被保险人一旦身故，保险赔偿可为其家人提供保障。

（2）终身寿险

终身寿险（whole life insurance）是指以投保人的死亡为给付保险金的条件，并且保险期限为终身的人寿保险。这种保险合约为投保人终生提供保险，投保人在其余生内每月或每年定期向保险公司支付保费，在投保人死后，保险公司向投保人指定的受益人提供赔偿。其保费相比定期寿险稍高，因为给付是一个必然事件（人固有一死），优点是终身保险可以得到永久性保障，而且有退费的权利，如果中途退保，可以得到一定数额的退保金。终身寿险也可以作为融资的抵押品。

如图 45.1 所示，终身寿险往往采取年金的缴纳形式，即每年保费额相等（又称均衡保费），而死亡的概率随年龄的增大而增大，因此早期的预期盈余（expected surplus）会用于投资以支持后续的保费不足的状况，即预期赤字（expected deficit）。

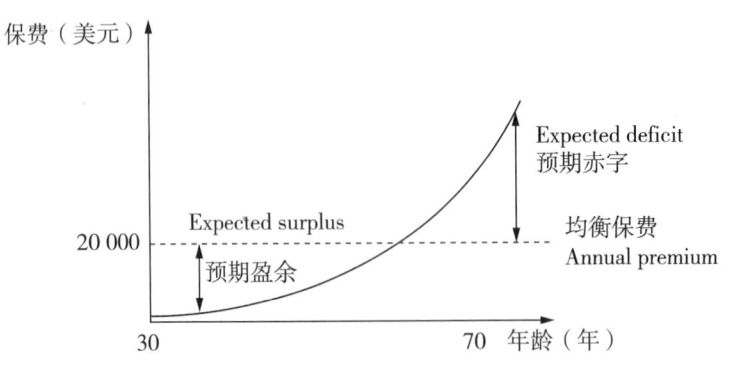

图 45.1　年度保费与保费盈余关系图

（3）储蓄寿险

储蓄寿险（endowment life insurance）有一定期限，是指无论保险人在保险期限内死亡还是在保险期满时生存，都能获得保险公司给付的保险金。

### 2. 根据盈余保费分类

（1）变额寿险

变额寿险（variable life insurance）是一种固定缴费的产品，可以采用趸缴（即一次性缴清保费）或分期缴。与传统终身寿险的相同之处在于，两者均为终身保单，签发时亦载明了保单面额。而两者间最明显的差别在于变额寿险的盈余保费（surplus premium choice）由投资人投资，投资方式可以是股票基金、债券基金以及货币基金，其投资报酬率无最低保证。因此，其现金价值并不固定。两者间的另一项差别是传统终身寿险的身故保险金固定，而变额寿险身故保险金的给付会受投资绩效的影响。

（2）万能寿险

在万能寿险（universal life insurance）中，投保人可以将保费减至不造成保险失效的某个最低水平，盈余保费往往被保险公司投资于固定收益产品，保险公司将担保最低回报率。具体来讲，万能寿险在死亡发生时的最低给付是确定的，而投保人有两种选择：第一，投保人可以缴纳最低保费，得到固定的给付；第二，投保人可选择支付更多的保费，给付金额可上浮。

（3）变额万能寿险

变额万能寿险（variable-universal life insurance）是融合保费缴纳灵活的万能寿

险与投资灵活的变额寿险后形成的新的险种。变额万能寿险遵循万能寿险的保费缴纳方式，保单持有人可以根据自己的意愿将保额降至保单规定的最低水平，也可以在具备可保性时，将保额提高。变额万能寿险的投资通常是多种投资基金的集合。变额万能寿险的死亡给付与万能寿险相同，投资收益的变化，只反映在保单现金价值中，而不改变保险给付金额。

综上所述，变额寿险、万能寿险和变额万能寿险都属于投资型保险。投资型保险是人寿保险下面一个分支，这类保险属于创新型寿险，最初在西方国家是为防止经济波动或通货膨胀对长期寿险造成损失而设计的，之后演变为客户与保险公司风险共担、收益共享的一种金融投资工具。

**3. 根据被保险人分类**

（1）个人人寿保险

个人人寿保险（individual insurance）是为满足个人和家庭需要，以个人作为承保单位的保险。

（2）团体人寿保险

团体人寿保险（group insurance）是以团体为对象，以团体的所有成员或者大部分成员为被保险人的一种人寿保险。一般都不进行体检，由保险公司签发一张总的保险单，为该团体的成员提供保障。具体来说，就是以公司作为投保人，由保险公司和公司签订一张总的保险单，保障对象为公司的集体成员。

## 二、生命表的应用

> 描述（describe）生命表的使用并计算（calculate）保费（★★）

**1. 生命表**

生命表（mortality table），是指保险公司依据特定人群的年龄组死亡率所编制出来的一种统计表，如表 45.1 所示。生命表广泛应用于寿险产品定价、现金价值计算、准备金评估、内含价值计算、风险管理等各个方面。1693 年，埃德蒙·哈雷以德国西里西亚勃来斯洛市 1687—1691 年按年龄分类的死亡统计资料为依据，编制了世界上第一张生命表，奠定了现代人寿保险的数理基础。他精确标示了不同年龄的人的死亡率,并首次将生命表用于计算人寿保险费率。生命表的制定在人寿保险发展史上是一个里程碑。

表 45.1 人寿保险生命表

| 年龄 | 男性 | | | 女性 | | |
|---|---|---|---|---|---|---|
| | 1年内死亡概率 | 生存概率 | 预期寿命 | 1年内死亡概率 | 生存概率 | 预期寿命 |
| 30 | 0.001498 | 0.97520 | 47.86 | 0.000673 | 0.98641 | 52.06 |
| 31 | 0.001536 | 0.97373 | 46.93 | 0.000710 | 0.98575 | 51.1 |
| 32 | 0.001576 | 0.97224 | 46 | 0.000753 | 0.98505 | 50.13 |
| 33 | 0.001616 | 0.97071 | 45.07 | 0.000805 | 0.98431 | 49.17 |
| ... | ... | ... | ... | ... | ... | ... |
| ... | ... | ... | ... | ... | ... | ... |
| 50 | 0.004987 | 0.92913 | 29.64 | 0.003189 | 0.95794 | 33.24 |
| 51 | 0.005473 | 0.92449 | 28.79 | 0.003488 | 0.95488 | 32.34 |
| 52 | 0.005997 | 0.91943 | 27.94 | 0.003795 | 0.95155 | 31.34 |
| 53 | 0.006560 | 0.91392 | 27.11 | 0.004105 | 0.94794 | 30.57 |
| ... | ... | ... | ... | ... | ... | ... |
| 70 | 0.023380 | 0.73427 | 14.32 | 0.015612 | 0.82818 | 16.53 |
| 71 | 0.025549 | 0.71710 | 13.66 | 0.017275 | 0.81525 | 15.78 |
| 72 | 0.027885 | 0.69878 | 13 | 0.019047 | 0.80117 | 15.05 |
| 73 | 0.030374 | 0.67930 | 12.36 | 0.020909 | 0.78591 | 14.34 |

**2. 保费的计算**

(1) 未来1年内死亡概率(probability of death within 1 year):每一个年龄段的人在接下来1年内死亡的概率。例如,一个70岁男性有2.338%的概率在1年内死亡。

(2) 生存概率(survival probability):一个人活到 $n$ 岁的累计概率。例如,一个男性能活到30岁的累计概率为97.52%。注意,一个人能活到0岁的概率是100%。

(3) 第 $n+1$ 年的生存概率:通过第 $n$ 年的生存概率与未来1年内没有死亡的概率相乘得到。公式如下:

第 $n+1$ 年的生存概率 = 第 $n$ 年的生存概率 × (1 − 未来1年内的死亡概率)

(43.1)

例如，一个男子可以活到71岁的概率，可以通过他活到70岁的概率与未来1年内没有死亡的概率相乘得到：0.73427 × (1 − 0.023380) = 0.71710。

同理，一个70岁的男子将在71岁至72岁之间死亡的概率为：(1 − 0.023380) × 0.025549 = 0.024952。70岁男子将在72岁至73岁之间死亡的概率为：(1 − 0.023380) × (1 − 0.025549) × 0.027885 = 0.026537。

（4）预期寿命（life expectancy）：该年龄的人预期还能生存的年数。在计算预期寿命的时候，往往假设一个人在年中死亡，那么上文中的70岁男子的预期寿命为：

14.32 = 0.023380 × 0.5 + 0.024952 × 1.5 + 0.026537 × 2.5 + …

（5）保费的计算。

利用生命表（表45.1）以及寿险合约的其他信息，可计算出投保人的最低年缴保费金额。具体计算分为以下4步。

步骤1：计算保单期限内，各年死亡的可能性（0.5年、1.5年、2.5年等）。

步骤2：计算各年给付额的期望值的现值之和，用给定利率折现。

步骤3：设每年缴纳的保费为 $X$，第一年保费发生在 $t=0$ 时刻且缴纳概率为100%；第二年保费发生在 $t=1$ 时刻且缴纳概率为（1−未来1年内的死亡概率）；后续年份以此类推。计算各年期望保费的现值之和，用给定利率折现。

步骤4：步骤2中的给付额的期望值的现值之和＝步骤3中的期望保费的现值之和，可计算得出 $X$。

## 例题 45.1

XYZ保险公司推出一份为期2年、面额USD 1 million的定期寿险。假设客户是一位71岁的女士，她为自己购买该保单。根据表45.1，请问该客户需要每年至少缴纳的保费是多少？（假设利率为3%且每年复利一次，支付客户死亡赔偿金的时间为年中。）

### 名师解析

步骤1，计算保单期限内，各年身故的可能性（0.5年、1.5年）：

$$死亡概率(t = 0.5) = 0.017275$$

$$死亡概率(t = 1.5) = (1 − 0.017275) × 0.019047 = 0.018718$$

步骤2，计算各年给付额的期望值的现值之和，用给定利率折现：

$$\frac{0.017275 × 1\,000\,000}{1.03^{0.5}} + \frac{0.018718 × 1\,000\,000}{1.03^{1.5}} = USD\ 34\,928$$

步骤 3，设每年缴纳的保费为 X，未来 1 年存活的概率为 1 − 0.017275 = 0.982725，则有：

$$X + \frac{0.982725X}{1.03} = 1.954102X$$

步骤 4，步骤 2 中的给付额的期望值的现值之和 = 步骤 3 中的期望保费的现值之和，可计算得出 X。

$$1.954102X = \text{USD } 34\ 928$$

$$X = \text{USD } 17\ 874$$

> **备考小贴士**
>
> 考生需要定量掌握保费的计算。

## 三、长寿风险与死亡风险

> 区分（differentiate）长寿风险与死亡风险并描述（describe）如何进行风险管理（★）

长寿风险（longevity risk）是指个人或总体人群未来的平均实际寿命高于预期寿命产生的风险，这源于经济社会的发展、医学进步，以及生活方式转变和健康意识的提高。长寿风险的研究对养老保险、商业保险和企业补充保险等诸多方面都有重大影响：长寿风险会降低保险公司从年金合约中获取的利润（需要支付年金的时间拉长），但同时会增加绝大多数人寿保险合约的利润（身故给付赔偿的时间推迟）。

死亡风险（mortality risk）是指个人或总体人群未来的平均实际寿命低于预期寿命产生的风险，这源于流行病、战争等。死亡风险对于年金合约以及人寿保险合约的影响与长寿风险相反。具体来讲，死亡风险会增加年金合约的利润（需要支付年金的时间缩短），但会降低人寿保险的利润（身故给付赔偿的时间提前）。

保险公司往往使用衍生产品或通过再保险的方式对长寿风险和死亡风险进行管理。

> **备考小贴士**
> 
> 考生需要定性掌握长寿风险与死亡风险。

## 第三节 年金合约

绝大多数的人寿保险公司除了提供人寿保险之外，还向客户提供年金合约（annuity contracts）。两者的差异在于：人寿保险是将一系列前期支付的保费转化为身故之后一次性的赔偿给付；而年金合约则正好相反，是将一次性的前期支付转化为后续一系列的现金流入，即年金。年金合约这一过程本质上是保险公司代表投保人将前期的支付用于投资金融资产，后续将这些资产的回报用年金的形式返还给投保人。而后续的年金收入可以从支付完成后开始收取，也可以递延数年之后开始收取。后者采用递延方式收取的年金，被称为递延年金（deferred annuities）。

年金合约拥有税务上的优势。如果投保人自行投资，那么投资收入要按年缴税。如果投保人选择年金合约，那么税务的缴纳一般发生在获取年金之时。一方面税务的递延使投资以免税的方式增值，另一方面投保人所缴纳的边际税率也更低。

年金合约的投资总额被称为累计价值（accumulation value），投资收益使累计价值增加，投资损失使累计价值降低。一些年金合约拥有内嵌期权，以保证其累计价值不会下降。例如，令累计价值追踪标准普尔500指数，并且限制其收益率在0至7%之间波动。另外，对于递延年金而言，如果投保人要求提前支取，则会面临罚息。

## 第四节 财产与意外险

财产与意外险（property-casualty insurance）可以进一步分为：财产险（property insurance）和意外险（casualty insurance）。财产险是对财物的意外损坏进行赔偿，如水险、火险。意外险是对由于被保险人的行为而造成的对他人伤害或损害的责任承保。通常，保险公司会将财产险和意外险合并为一张保险合同进行出售。与人寿保险不同的是，财产与意外险合约通常期限为 1 年，到期投保人可选择是否继续购买同类合同。如果保险公司认为该投保人风险上升，则会提高保费。例如，如果投保人当年驾车发生了事故，那么下一年该车的车险费就会上调。

## 一、各类风险

提供财产与意外险的保险公司需要关注两大类风险。

（1）由于许多相互独立的投保人索赔，导致根据历史数据可合理估计的保费增加的风险。例如，车险。

（2）巨灾风险（catastrophe risks）即某个单一事件（龙卷风或地震）可同时引起众多赔偿要求的风险。由于众多赔偿要求同时发生且具有不可预测性，对于保险公司而言，有效管理此类风险尤为重要。

## 二、巨灾风险的管理

通常，保险公司会使用再保险（reinsurance）和巨灾债券（catastrophe bond, CAT）来管理巨灾风险。

再保险亦称分保，是保险公司在原保险合同的基础上，通过签订分保合同，将其所承保的部分风险和责任向其他保险公司（又称再保险公司）进行保险的行为。

巨灾债券属于一种衍生工具，由保险公司发行，未来债券本金及债息的偿还与否，完全根据巨灾损失发生情况而定。本质上，是通过发行收益与指定的承保损失相连接的债券，将保险公司所承保的部分风险转移给债券投资者。具体来讲，如果在约定期限内指定的承保损失超过一定限额，债券投资人的本金和票息收益将用于弥补保险公司超过限额的承保损失；若指定的承保风险损失没超过该限额，则债券投资者可得到高于无风险利率的票息回报，作为承担相应承保风险的补偿。与此同时，投资者购买巨灾债券的原因在于巨灾债券可更好地分散投资组合的风险且可以获得相对高额的回报。巨灾债券的本金金额主要取决于债券的结构、保险需求和市场需求，其金额会根据具体的债券设计有所不同。通常，票息的高低是为了补偿投资者承担的特定风险，取决于市场对该风险的定价和评估，而非直接由本金的高低决定。

## 三、业绩评估

> 计算（calculate）并理解（interpret）各种业绩评估指标（★★）

**1. 赔付率**

赔付率（loss ratio）是指赔付支出（payouts）占保费收入（premiums earned）的比例。赔付率越低，则说明保险公司效益越好。赔付率计算公式为：

$$赔付率 = \frac{赔付支出}{保费收入} \times 100\% \tag{45.2}$$

值得注意的是，保费收入超过赔付支出的金额并非全部都为保险公司的利润，保险公司还需要负担公司运营的各项成本。

**2. 保费费用率**

保费费用率（expense ratio）是指全部费用（total expense）占保费收入的比例，全部费用包括销售费用（selling expenses）和理赔费用（loss adjustment expenses）。保费费用率计算公式为：

$$保费费用率 = \frac{销售费用 + 理赔费用}{保费收入} \times 100\% \tag{45.3}$$

理赔费用是与确定索赔有效性有关的费用。

**3. 综合费用率**

综合费用率（combined ratio）等于赔付率与保费费用率之和，是反映保险企业经营管理状况的一个十分重要的效益指标。综合费用率计算公式为：

$$综合费用率 = 赔付率 + 保费费用率 = \frac{赔付支出 + 销售费用 + 理赔费用}{保费收入} \times 100\%$$

$$\tag{45.4}$$

**4. 分红后的综合费用率**

保险公司也经常分红（dividend）给投保人，这是保险公司的另一项成本。分红后的综合费用率（combined ratio after dividend）计算公式为：

$$分红后的综合费用率 = 综合费用率 + 分红（\%） \tag{45.5}$$

**5. 运营费用率**

运营费用率（operating ratio）等于分红后的综合费用率减去投资收益率（运营

费用率是衡量成本的指标，所以要减去投资收益率），代表保险公司的毛利润情况（gross profitability）。运营费用率计算公式为：

$$运营费用率 = 综合费用率 + 分红(\%) - 投资收益率 \qquad (45.6)$$

> **备考小贴士**
>
> 关于以上各种比率的计算，考纲要求考生会描述，即进行定性理解，无须掌握计算。

## 第五节 健康险

健康险（health insurance）是以被保险人的身体为保险标的，针对被保险人在疾病或意外事故中所遭受的伤害或损失进行补偿的一种保险。在美国，购买个人医疗保险是必不可少的。健康险与其他类型保险的一个重要区别在于其保费会根据具体情况而变化。终身寿险的保费保持恒定，即便得知投保人的预期寿命会缩减，保费也不可增加。财产和意外险每年会根据风险来重新确定保费，保费与风险水平成正比。健康险的保费一般会随医疗费用升高而增加，但如果投保人患上了保单签订时没有预测到的疾病，则保费不能提高。因此，健康险的赔付具有变动性和不可预测性。

## 第六节 道德风险与逆向选择

> 描述（describe）道德风险与逆向选择及其解决方法（★★）

道德风险（moral hazard）是指个人在风险得到保障之后改变日常行为的一种倾向。道德风险有事前和事后之分。事前道德风险是指投保人得到保险保障后就丧失了预防损失的动力。事后道德风险是指损失发生后，投保人丧失减少损失、减轻损失程度的动力。为了更好地管理道德风险，保险公司可采用免赔额（deductible）、共同保险条款（co-insurance provision），以及保单限额（policy limit）的方式。

逆向选择（adverse selection）是指因投保人掌握的自身信息多于保险公司，可能导致高风险的个体倾向于购买更多保险，而低风险个体则可能不购买保险。其直接后果是保险公司难以准确甄别投保人的真实风险水平，导致既定的定价策略失效。这也可能导致原有的保险价格吸引更多高风险投保人，进而提高了保险公司潜在的赔付水平。为有效应对逆向选择，保险公司在签订保单前应尽可能获取投保人的详细信息，采用差异化定价、健康检查等方式识别投保人风险水平，同时引入再保险等机制以分散风险。

## 第七节　保险投资

保险公司出售的各类保单和年金产品为其带来了巨额的可供投资资金。与此同时，保险公司具有天然的债务，即未来对投保人的赔付责任和年金给付。因此，保险公司的投资策略选择显得至关重要。

保险公司最主要的投资工具为长期债券，包括公司长期债券和政府长期债券。原因在于：第一，相对于股票来讲，债券作为固定收益产品的风险更低；第二，长期债券的期限可以帮助完成期限匹配策略。因为保险公司既有资产也有负债，在投资策略中，应使用资产负债管理策略（asset-liability management，ALM）。这种策略强调需要根据负债的情况进行投资。期限匹配则是一种在到期时间上做到资产负债相匹配的 ALM。

纵观保险公司的资产负债表，其中蕴含多种风险。在资产端，由于投资于长期债券，因而面临市场风险、信用风险和利率风险等。在负债端，保险公司还面临着与赔偿给付相关的长寿风险和死亡风险。综合整张报表，保险公司还面临操作风险。因此，监管者需要综合考量各类风险，用于确定保险公司的最低资本金要求。

## 第八节　保险业监管

银行业中，巴塞尔委员会负责制定全球的行业监管要求。然而，保险公司尚不存在类似的全球行业监管组织。在 2016 年，欧洲开始对全体保险公司实行欧洲偿付能力 II（Solvency II）监管准则。

## 一、资本金要求

> 评估（evaluate）资本金要求（★）

Solvency II 对在欧盟国家经营的保险公司提出了一套最新的监管标准，明确了最低资本金要求（minimum capital requirement，MCR）和偿付资本金要求（solvency capital requirement，SCR）。和巴塞尔协议类似，保险业资本金要求的计算也可采用标准法和内部模型法，即如果公司认为标准法不适合自己，也可以用公司自己的偿付能力模型（internal model）来计算所需的资本金，而每一个偿付能力的模型，都要在被各国的金融监管机构批准通过后才能够实施。一旦保险公司的资本金低于 SCR，则需要将资本金补足到 SCR 水平。如果资本金低于 MCR，则不允许其继续发展新业务，而现有业务也会被转移给其他保险公司。通常，MCR 为 SCR 的 25%~45%。

资本金要求的计量中需要考虑的风险包括投资风险、承保风险与操作风险。其中，投资风险属于保险公司资产端的风险；承保风险属于保险公司负债端的风险。

## 二、监管体系

> 比较（compare）保险业与银行业的监管保障系统（★）

在美国，保险业以州作为单位进行管理。大型保险公司的业务横跨诸多州，因而面临不尽相同的监管方法。美国保险管理委员会（National Association of Insurance Commissioners，NAIC）作为全国的协会，负责为各个州的监管主体提供相关数据和意见，包括各国保险公司赔付率的数据等。

与此同时，针对投保人的保障系统也与针对存款人的存款保险制度存在很大差异。并没有一个持续的基金为投保人提供保护，且保险公司的偿付问题各州自行解决。当一个保险公司面临偿付困难时，其他保险公司需要向保险基金注资，但过程中设有诸多限制且结算存在延时。

## 第九节 养老金计划概述

> 描述（describe）两个类型的养老金并解释（explain）二者的差异（★★）

养老金计划（pension plan）是指企业和职工之间签订的关于退休后支付养老金的协议。在职工退休时，企业按协议上规定的方法，计算给付一定的养老金。按照养老金给付方式不同，可分为缴纳确定型养老金和收益确定型养老金。

### 一、缴纳确定型养老金

缴纳确定型养老金（defined contribution pension plan，DC pension plan），又称设定提存计划，简称 DC 型养老金，是指一个企业与其职工之间所签订的合同。按合同规定，职工和公司共同出资，以固定比例的工资向养老金账户定期存入资金，并进行投资。最终养老金的数额取决于所缴纳的养老金数额及其投资收益。这类养老金的相关风险完全由职工个人承担，即如果投资业绩不佳，则最终养老金的数额可能不足以支持其退休生活。在此类养老金中，企业的角色仅仅是一个养老金的共同缴纳者和中介而已。

### 二、收益确定型养老金

收益确定型养老金（defined benefit pension plan，DB pension plan），又称设定收益计划，简称 DB 型养老金。收入确定型养老金计划是指雇主在员工退休之后，有义务定期向退休人员支付固定金额的养老金。退休人员可选择一次性拿走全部养老金，也可以采用年金的方式收取。同时，养老金水平和员工退休前的工资水平、工作年限等有关。为了确保其养老金的数额足够应对未来的给付（负债），企业往往通过精算师来计量未来负债的现值，并与当前计划中资产的价值相比。如果资产价值小于未来负债的现值，不足的部分将由雇主来补足。会计法规定计算现值使用的折现率应为 AA 级别债券的回报率。与保险不同的是，此类养老金往往将大多数资金投资于股票市场，因为债券的收益并不足以支撑未来的给付。这同时意味着，一旦股票市场表现糟糕，养老金很可能处于资不抵债的境况。

**备考小贴士**

考生需要定性区分 DC 型养老金与 DB 型养老金。

# 第四十六章

# 共同基金与对冲基金

**知识引导**

　　基金是指基金管理公司发行的，集中投资者的资金，由特定的个体管理和运用资金，从事股票、债券等金融工具投资，投资者共担投资风险，分享收益的一种投资工具。最早的基金可以追溯到19世纪的荷兰。19世纪20年代，欧洲大陆刚刚结束了拿破仑战争，流亡海外的荷兰国王威廉一世回国继位。威廉一世便创立了一个私人信托投资基金，由荷兰银行托管（主要负责交易结算、清算），聘请专业人士打理自己的家族财富，这便是最早的证券投资基金雏形。随后，英国成为世界的头号强国，在对外倾销商品的过程中，黄金大量流入英国，国民的私人财富迅速积累。然而投资者缺乏专业的投资知识，但又不想让自己的财产随着日益增长的物价而发生贬值，因此，迫切需要某种集合式代理投资工具。1868年，英国成立了第一家基金——海外及殖民地政府信托基金。该基金的运营方式和现代的封闭式基金基本相同，通过契约的形式约束投资者和管理人之间的关系，委托基金管理人管理基金资产，并实行固定利率制。投资基金在20世纪20年代传到美国后得到了大发展。第一次世界大战后，在美国经济大繁荣的背景下，马萨诸塞州投资信托基金于1924年诞生于波士顿，而这就是第一家开放式投资基金，自此，基金大发展的时代到来。目前，基金已经成为非常普遍的一种集合投资产品，基金经理的专业性、交易成本的低廉性，与风险的分散性使基金产品类型不断发展壮大。

**考点聚焦**

　　本章主要介绍了三种基金：共同基金、交易型开放式指数基金以及对冲基金。考生需要重点关注三种基金之间的差异、基金价值的计量、不当交易行为、对冲基金的策略以及对冲基金的费率计算。本章主要考查方式为定性选择题，有少量计算。

**本章框架图**

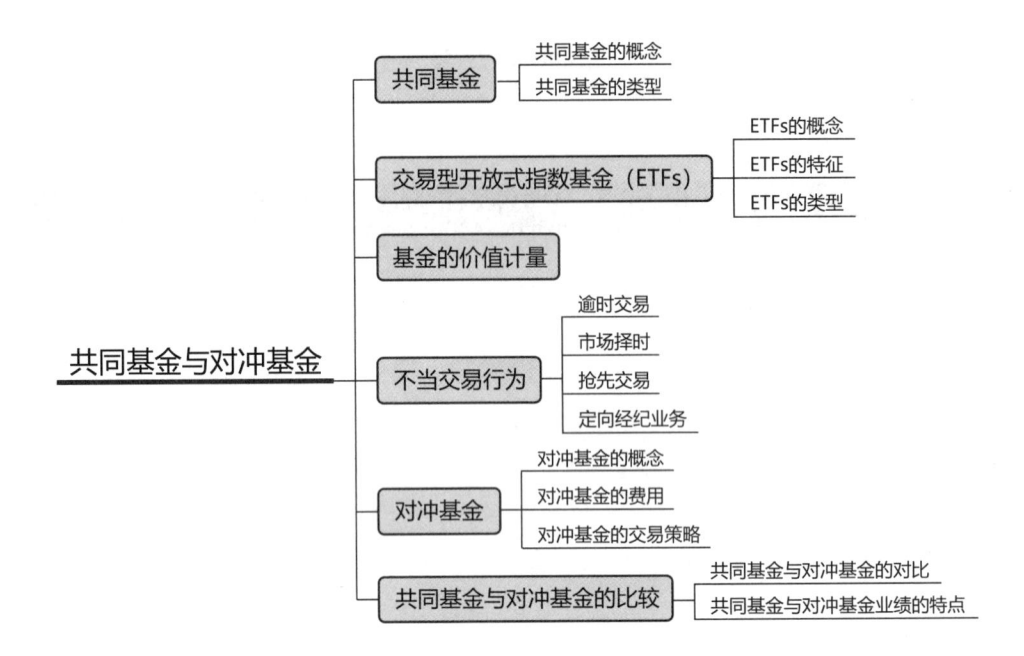

共同基金与对冲基金
- 共同基金
  - 共同基金的概念
  - 共同基金的类型
- 交易型开放式指数基金（ETFs）
  - ETFs的概念
  - ETFs的特征
  - ETFs的类型
- 基金的价值计量
- 不当交易行为
  - 逾时交易
  - 市场择时
  - 抢先交易
  - 定向经纪业务
- 对冲基金
  - 对冲基金的概念
  - 对冲基金的费用
  - 对冲基金的交易策略
- 共同基金与对冲基金的比较
  - 共同基金与对冲基金的对比
  - 共同基金与对冲基金业绩的特点

# 第一节 共同基金

> 区分（differentiate）开放式基金、封闭式基金与 ETFs（★）

## 一、共同基金的概念

共同基金（mutual fund）本质为一篮子证券，是一种集中所有投资人的资金进行组合管理的方式。投资人通过认购该基金的份额来获取相应比例的收益。基金的资产净值（net asset value，NAV）是根据对应的一篮子证券的结算价加权平均得到。每股资产净值（NAV per share）是通过将基金的 NAV 除以发行的总份额数得到的。

假设共同基金 A 以 USD 1/份的价格发行了 1 000 万份基金产品，那么共同基金 A 总共募集了 USD 10 million 的资金并且发行了 1 000 万份基金。随后该基金经理使用募集到的资金在金融市场上购买各类有价证券，一段时间后由于证券市场价格的波动，共同基金 A 的资产净值变为 USD 11 million，那么对应的基金的价值为 USD 1.1/份。

## 二、共同基金的类型

### 1. 封闭式基金（Closed-End Funds）

封闭式基金一旦开始运行便不再接受新的申购，存续期间投资人也不能赎回其份额，所以基金总份额是不会变化的。新的投资人可以在二级市场上购买已存在的份额进行投资，持有基金份额的投资人则可通过在二级市场上卖出份额来变现。这可能会导致封闭式基金在投资人之间的买卖价格和基金的基金净值不等，出现溢价或折价销售的情况。

封闭式基金有两个优势：其一，份额可以在交易日内任何时间点买卖，且可以做空；其二，封闭期满之前不需要过度担心投资人的赎回压力，可以更专心地将全部资金进行投资,一般会用于投资周期较长的投资项目。因此,封闭式基金在私募证券投资基金中较为常见。

### 2. 开放式基金（Open-End Funds）

开放式共同基金的特点体现在投资人可以在基金存续期间不断申购新的或赎回已有的基金份额,申购或者赎回的价格按照当日的基金净值（net asset value,NAV）计算,因此开放式共同基金的总份额是随着投资者的申购和赎回而变化的。值得注意的是,开放式基金的NAV在交易日下午4点才会核算,因此投资者在下午4点前向经纪商发出的申购和赎回基金的指令要等到下午4点才会被执行。

开放式基金的规模能快速扩大,但由于开放式基金需要应对投资者不定期的赎回,因此该类型基金必须留存部分现金而无法做到完全投资。与此同时,一旦出现大额的净申购或者净赎回,很有可能造成基金净值和投资组合标的的巨额波动,因此开放式基金一般用在流动性强、体量较大的主动或被动式公募基金。

开放式基金根据其投资的证券种类可进一步分为以下四类。

（1）货币市场基金

货币市场基金（money market funds,MMFs）是指投资于货币市场上短期（一年以内）有价证券的一种投资基金。该基金资产主要投资于短期货币工具如国库券、商业票据、银行定期存单、银行承兑汇票、政府短期债券、企业债券等短期有价证券。货币市场基金采用红利转投资的方式。美国市场上的货币市场基金价值始终保持在1美元/股,超过1美元/股后的收益会按时自动转化为基金份额,拥有多少基金份额即拥有多少资产。而其他类型的开放式基金的单位净值是累计的。如果MMFs的价值跌破1美元/股,则称为"breaking the buck"。2008年,美国历史上最悠久的货币市场基金——主要储备基金（Reserve Primary Fund）就曾受雷曼兄弟倒闭影响而跌落到97美分/股,加剧了整个市场的恐慌情绪。随后,美联储紧急采用临时保险才稳定住局面。

（2）债券型基金

债券型基金（bond funds）是指以国债、金融债等固定收益类金融工具为主要投资对象的基金,因为其投资的产品收益比较稳定,又被称为固定收益基金。债券型基金具有低风险、低收益、低费用和收益稳定等特点。

（3）股票型基金

股票型基金（equity funds）是指以上市公司股票为主要投资对象的基金。作为炙手可热的共同基金类型,股票型基金根据其投资策略可被分为:主动管理型基金(actively managed funds)和指数基金(index funds)。

主动管理型基金的基金经理试图战胜大盘,获得超额回报。如果某主动管理型基金的投资目标是为投资者获得更高的分红收益,那么该基金组合中的低分红类股票就会被出售。

指数基金,顾名思义就是以特定指数(如沪深 300 指数、标普 500 指数、纳斯达克 100 指数、日经 225 指数等)为标的指数,并以该指数的成分股为投资对象,通过购买该指数的全部或部分成分股构建投资组合,以追踪标的指数表现的基金产品。通常而言,指数基金以减小跟踪误差(tracking error)为目的,使投资组合的变动趋势与标的指数相一致,以取得与标的指数大致相同的收益率。跟踪误差是最常用的衡量不同收益间差异波动性的指标,等于该基金收益率与其基准指数收益率之间差异的年化标准差。

基金的费率(expense ratio)等于基金的管理费用(management fees)除以所管理的资产价值,用于衡量基金的成本。投资者在投资基金的时候需要缴纳各种费用,其中包括管理费、申购费和赎回费等。需要注意的是,主动管理型基金的收费要远高于指数基金的收费。

(4)混合型基金

混合型基金(hybrid funds)是投资组合中既有成长型股票、收益型股票,又有债券等固定收益投资的共同基金。设计混合型基金的目的是让投资者通过选择一款基金品种就能实现投资的多元化,而无须分别购买风格不同的股票型基金、债券型基金和货币市场基金。

混合型基金会同时使用激进和保守的投资策略,其回报和风险要低于股票型基金,高于债券和货币市场基金,是一种风险适中的基金产品。一些运作良好的混合型基金回报甚至会超过股票基金的水平。

封闭式共同基金与开放式共同基金的主要区别在于基金的份额能否发生改变。

封闭式共同基金中基金的份额是固定的。在基金存续期间已有的基金份额只能在投资者之间相互流转,即从原有投资者手中转移到新投资者手中,而总份额不变。

开放式共同基金中基金的份额是随时变化的。如果投资者申购或者赎回基金份额,那么该基金的总份额则相应地增加或者减少。

> **备考小贴士**
>
> 考生需要定性区分封闭式与开放式共同基金的差异。

# 第二节 交易型开放式指数基金（ETFs）

## 一、ETFs 的概念

交易型开放式指数基金（exchange-traded funds，ETFs）是一种在交易所上市交易的、基金份额可变的开放式基金。究其本质，一只 ETF 代表一篮子证券，这些证券被称为该 ETF 的"成分证券"。

## 二、ETFs 的特征

ETFs 结合了封闭式基金和开放式基金的运作特点，投资者既可以向基金管理公司按基金单位净值申购或赎回基金份额，同时又可以像封闭式基金一样在二级市场上按市场价格买卖 ETFs 份额。不过，申购和赎回必须以一篮子股票换取基金份额或者以基金份额换回一篮子股票，这被称为实物申购/赎回机制（in-kind creation/redemption）。

由于同时存在二级市场交易和一级市场实物申购/赎回机制，投资者可以在 ETFs 市场价格与基金单位净值之间存在差价时进行套利交易。套利机制的存在，使 ETFs 大致上避免了封闭式基金普遍存在的溢价或折价问题。

ETFs 的一级市场采用场外交易模式，二级市场采用交易所交易模式。基金管理人（ETF manager/issuer/sponsor）负责创建和管理 ETFs。授权参与人（authorized participants，APs）往往由大型券商担任，其主要业务包括在一级市场上进行实物申购/赎回，在二级市场上作为经纪人代客买卖，以及作为二级市场的做市商与其他投资者进行交易。

### 三、ETFs 的类型

根据投资方法的不同，ETFs 可以分为指数型基金和积极管理型基金。传统的 ETFs 被看作被动投资策略的主要投资工具，它们又被统称为 beta 基金。这些 ETFs 以追踪普通指数为目标，希望追踪误差越小越好。国外绝大多数 ETFs 是指数型基金，目前国内推出的 ETFs 也是指数型基金。

然而，许多长期投资者希望获得超额回报（alpha），因此 ETFs 的主动投资策略就诞生了。目前市场上有两大类以获得 alpha 为目标的指数基金，一大类是策略不透明、靠基金经理主动操作的增强型指数基金，还有一大类是策略透明的指数基金，也就是 smart beta ETFs。Smart beta ETFs 之所以能带来 alpha，是因为它在资产配置权重和选股上都进行了优化。

> **备考小贴士**
>
> 考生需要定性掌握 ETFs 的相关知识。

## 第三节　基金的价值计量

> 解释（explain）基金的 NAV 以及 NAV 与基金价格之间的关系（★）

资产净值（net asset value，NAV）是根据基金对应的一篮子证券的结算价加权平均得到的。每股资产净值（NAV per share）可以通过将基金的 NAV 除以该基金发行的总份额数得到：

$$每股资产净值 = \frac{基金资产净值}{基金发行总份数} \tag{46.1}$$

对于开放式基金，根据 NAV 进行申购或赎回，且 NAV 的计算仅发生在交易日交易结束后。

对于封闭式基金，NAV 可在交易日内持续计算，二级市场上基金的买卖价格与

NAV 可能有小幅差异，即存在溢价交易和折价交易。溢价交易是指二级市场上基金的买卖价格高于其每股 NAV。相反地，折价交易是指二级市场上基金的买卖价格低于其每股 NAV。溢价或折价比例计算方式为：

$$溢价或折价(\%) = \frac{二级市场基金买卖价格 - 每股 NAV}{每股 NAV} \tag{46.2}$$

在每日收盘后，ETF 会依据其成分证券的收盘价格计算当日的净资产值（NAV），这代表基金的日终估值。然而，在市场极端波动或流动性不足的情况下，NAV 可能无法完全反映基金的实际公允价值。为提升交易时段内的估值透明度，交易所通常会提供日内净资产值（iNAV, indicated NAV）。iNAV 基于成分证券的实时市场价格动态计算，旨在为投资者提供 ETF 交易时段内的估值参考，有助于更准确地衡量市场价格与 ETF 内在价值的关系。需要特别指出的是，iNAV 与实际交易价格之间可能存在偏差，这种偏差可能受市场流动性、价格波动以及成分证券所在市场情况的影响。因此，iNAV 仅作为估值的近似参考，而非 ETF 真实内在价值的精准反映。

> **备考小贴士**
>
> 考生需要了解 NAV、溢价与折价的含义。

## 第四节　不当交易行为

### 一、逾时交易

> 识别（identify）逾时交易行为（★）

逾时交易（late trading）是指投资者在市场收盘时间（通常为下午 4 点）后提交交易指令，却仍能按当日收盘价格进行开放式基金份额的交易。这种行为为投资者提供了不正当的时间优势，使其能够利用收盘后获取的市场信息进行操作，而其他投资者则需按照规定在收盘前提交指令。根据行业规范，开放式基金的交易指令应在市场收盘前提交，并以当日的净资产值（NAV）作为交易价格进行结算。然而，由于某些基金管理中的违规行为或内部控制的漏洞，逾时交易现象可能仍然发生。为了保护市场的公正性与透明度，美国证券交易委员会（SEC）严格禁止逾时交易，并持续开展监管和执法行动，以防止此类不当行为破坏市场秩序。

## 二、市场择时

> 识别（identify）市场择时交易行为（★）

市场择时（market timing）是指基金经理利用 NAV 数据过时（stale）的问题选择相应的交易时机，从而买入或卖出基金份额来盈利。开放式基金中，并非所有资产的交易都十分活跃。如果资产在日内交易不频繁，那么到收盘时，其价格可能反映的是过去的市场信息而非当前市场信息，即 NAV 数据是过时的。

NAV 数据过时的原因除了交易不活跃外，还有时差问题和市场问题。时差问题主要是因为基金的估值时间与其成分证券的估值时间不同。例如，基金投资于期货、外国股票等在其他市场交易的证券，其收盘时间与该基金不同。市场问题主要是因为基金的成分证券无法实时公开准确的交易价格。例如，该基金投资于债券，而绝大多数债券在 OTC 市场进行交易，因此无法得到实时公开准确的交易价格。此时，就需要利用做市商的报价。但如果该债券最近没有交易，则需要通过第三方获取债券价值。

NAV 数据的过时意味着基金成分证券的价值可能会比下午 4 点计算出的 NAV 略高，那么在下午 4 点购入基金则有利可图。相反地，成分证券的价值也可能比 NAV 略低，则此时卖出基金有利可图。市场择时并不违法，但这类交易的金额只有足够大才真的有利可图。如果基金允许该类交易，可能导致基金规模变动频繁，导致所有投资者的收益降低，因为基金必须保有足够的现金以面对赎回。并且监管者更加担忧在市场择时中某些投资者拥有的特权问题。

## 三、抢先交易

> 识别（identify）抢先交易行为（★）

抢先交易（front running）是指相关人员在知悉基金即将进行大额股票交易的非公开信息后，利用该信息在基金执行交易前为自己或特定客户账户提前下单，以获取价格波动带来的不当收益。例如，当某基金计划购买 100 万股某公司股票时，知情人员可能会率先以当前价格买入该股票，随后通过基金的大额交易推动股价上涨，从而获利。这种行为通常伴随非公开信息的滥用，可能涉及向特定客户泄露信息，甚至构成内幕交易。抢先交易严重损害基金投资者的权益，违反了受托义务，同时破坏了市场秩序和透明度。因此，在大多数法律框架下，抢先交易被明确定义为违法行为，并受到严格监管和严厉处罚。

## 四、定向经纪业务

> 识别（identify）定向经纪业务（★）

定向经纪业务（directed brokerage）是指经纪商向基金公司推荐客户，作为回报，基金公司则通过该经纪商发出的买卖证券的交易指令支付佣金。这种合作关系往往是一种非正式的私下协议，使经纪商有动机向投资者提供并不合适的基金产品。

# 第五节　对冲基金

## 一、对冲基金的概念

对冲基金（hedge funds），也称避险基金或套期保值基金，是一种"风险对冲过的基金"。它起源于 20 世纪 50 年代初的美国。当时的操作宗旨在于利用期货、期权等金融衍生产品对相关联的不同股票进行风险对冲，再通过加杠杆获得高额的回报。对冲基金成立的门槛低，监管宽松、风险高，并且只接受高净值个人和机构投资者作为其客户。1949年世界上诞生了第一个有限合伙制的琼斯对冲基金。虽然对冲基金在20世纪50年代已经出现，但是，它在接下来的30年间并未引起人们的太多关注，直到20世纪80年代，随着金融自由化的发展，对冲基金才有了更广阔的投资机会，从此进入了快速发展的阶段。

## 二、对冲基金的费用

### 1. 管理费

投资于对冲基金的客户需要缴纳管理费（management fee），一般为当年年初资产价值的1%~3%（通常为2%）。假设某投资者年初拥有USD 1 million的对冲基金，则当年需要缴纳USD 20 000（2%的管理费）作为管理费。一些更激进的对冲基金会以年末资产价值作为管理费的计量基础。

### 2. 业绩激励费

> 计算（calculate）对冲基金的业绩激励费（★★）

通常，对冲基金采用2+20%的收费模式。其中，2代表2%的管理费，而20%则代表业绩激励费（incentive fee），是对基金经理业绩优异的奖励。激励费为净利润的20%（如果净利润为正），一般在扣除管理费之后计提。具体计算如下：

$$\text{Incentive fee} = 0.2 \times \max(R \times A - 0.02 \times A, 0)$$
$$= 0.2 \times \max[(R - 0.02) \times A, 0] \quad (46.3)$$

其中，$A$代表年初基金管理的资产额，$R$代表资产在当年的回报率。由此可见，激励费本质上是一个期权，如果净利润率（$R-2\%$）大于0，则可收到激励费；如果净利润率（$R-2\%$）小于0，则无激励费。

> **备考小贴士**
> 
> 考生需要定量掌握对冲基金业绩激励费的计量。

### 3. 费用的其他决定因素

> 解释（explain）预设回报率、高水位线条款，以及薪酬追回条款（★）

（1）预设回报率

一些基金公司会预设回报率（hurdle rate），只有实际的回报率超过预设回报率，基金经理才可获得业绩激励。

（2）高水位线条款

对冲基金与共同基金的重要区别之一就是高水位线（high-water mark，HWM）条款。如果对冲基金在某一期发生了亏损，由于 HWM 条款规定了不得重复提取业绩报酬，下一期的收益必须弥补上一期的亏损，并且基金净值超过历史最高水平之后，基金经理才可以从超过历史最高水平的资产增值中提取业绩报酬。因此 HWM 条款充分体现了管理费制度对基金经理的激励约束和对投资者的保护功能。

在对冲基金的实际运作中，基于 HWM 条款的业绩激励在每个季度、每半年或者每年支付一次。以每年支付一次业绩激励为例，若投资者投资 100 万元，在第一年年末资产变成 110 万元，业绩激励的提取比例是 20%，那么基金经理获得的业绩报酬就是 2 万元（不考虑管理费用）。第二年投资亏损，资产变成 105 万元，则不能提取业绩激励。到了第三年，资产增值到 120 万元，由于 HWM 条款的规定，投资者不用为第三年年末相比第二年年末的全部 15 万元资产增值支付业绩激励，只需要从超过历史资产价值最高水平（110 万元）的 10 万元中计提业绩激励，相应业绩报酬为 2 万元。

（3）薪酬追回条款

薪酬追回条款（clawback clause）规定，往年基金经理获得的业绩激励可被追回，以弥补基金亏损给客户造成的损失。此条款可避免基金经理为了获得高额业绩激励而过度投机。

除了管理费和业绩激励费，对冲基金的投资者也需要在买卖时缴纳申购费和赎回费。

## 三、对冲基金的交易策略

> 解释（explain）各类对冲基金的交易策略（★）

根据对冲基金采取的投资策略，可将其分为以下类型。

### 1. 股票多空策略

股票多空策略（long/short equity strategy）是一种通过同时持有多头和空头仓位来对冲市场风险并从价差中获利的投资方法。其核心在于做多估值被低估的股票，同时做空估值被高估的股票，以捕捉个股间的相对价值变化。这一策略自1949年琼斯创立首支对冲基金以来，已发展超过70年，至今仍是对冲基金的主流策略之一。该策略对擅长选股并能识别股票相对估值差异的投资者尤为适用。通过在投资组合中灵活配置多头和空头仓位，股票多空策略有效降低了系统性风险，使收益更多依赖于个股的表现。当多头和空头头寸分布于不同板块并出现反向价格变动时，组合可能同时产生收益或亏损。为了进一步降低系统性风险，部分基金会采用配对交易（pair trading）策略，即对某只股票的多头头寸，通过持有同一行业或板块中高度相关股票的空头头寸进行对冲。此外，通常多头仓位的比例略高于空头仓位，以实现净多头配置，但具体比例会根据市场状况和策略需求动态调整。

### 2. 专事卖空策略

专事卖空策略（dedicated short strategy）是一种以空头操作为核心的投资策略，其投资组合主要由空头仓位构成，几乎不涉及多头头寸。该策略的目标是通过卖空高估值证券，从其价格下跌中获取收益。然而，该策略在证券价格上涨时，尤其是在牛市中，可能面临极高风险，因为空头头寸的潜在损失没有上限。当证券价格持续上涨时，空头头寸的负面敞口随之扩大，投资者可能需要追加保证金以维持仓位，这会带来额外的财务压力。因此，专事卖空策略要求投资者具备高度的风险意识和精细的管理能力，尤其是在市场上涨的环境中，以防止超出预期的损失。为降低风险，从事这一策略的投资者通常采用严格的仓位控制、动态调整保证金要求，并结合其他对冲手段，以在不利市场条件下有效保护资本。此外，对市场估值的深刻理解和对价格下跌机会的敏锐判断是实施该策略的关键。

### 3. 并购套利策略

并购套利策略（merger arbitrage strategy）属于事件驱动策略（event-driven strategy）的一种，最常见的做法是买入被收购公司的股票，同时卖出发起收购公司的股票。套利原理是：当收购发起公司向被收购公司发出收购要约时，出价一般会高于被收购公司股票现有价格，会导致被收购公司股价上涨，但因收购存在失败风险，股价一般不会立刻上涨到收购价格，同时发起收购公司股价会有下跌风险，存在套利空间。如基金经理判断收购会成功，即会买入被收购公司股票同时卖出发起收购公司股票，锁定价差收益空间。并购套利的风险来自并购活动的失败。

### 4. 固定收益套利策略

固定收益套利策略（fixed income arbitrage strategy）致力于从相似固定收益证券的错误定价中获取收益。与股票套利相似，通过买入低估的固定收益证券，同时卖出高估的固定收益证券获利。此外，一般的策略包括收益率曲线套利、公司债与国债利差套利、美国国债与其他国债套利、现金与期货套利等，相关的衍生策略有利率互换套利、远期收益率曲线套利等。

### 5. 可转换证券套利策略

可转换证券套利策略（convertible arbitrage strategy）通过挖掘任何可转换为公司普通股的证券（可转换债券、可转换优先股、权证等）中存在的错误定价机会获利。该策略主要通过高水平信用分析挖掘定价偏低的可转换证券品种或者标的股票转换价值定价错误的可转换证券品种。

### 6. 新兴市场策略

新兴市场策略（emerging markets strategy）主要投资于拉美、非洲、部分亚洲、东欧国家的股票和债券。该策略面临着市场风险、公司风险、信用风险、利率风险以及资本市场不稳定所带来的政策风险。此外，新兴市场国家衍生品市场的缺失和卖空交易被禁止导致多数对冲基金只能采取单边做多策略。

### 7. 全球宏观策略

全球宏观策略（global macro strategy）是指在全世界范围内对股票、债券、外汇、大宗商品进行投资，既可以使用多头策略，也可以使用空头策略；既可以使用基础证券，也可以使用期权和期货等衍生证券。该策略的特点是，依靠自上而下的全球视野对世界经济、大宗商品、货币、证券等走势进行预测，通常使用某个市场指数的 ETF 或者远期外汇合约，而不是购买单个股票或者债券。

### 8. 不良证券策略

不良证券（distressed debt strategy）指的是陷入经营困境、违约或者已经处于破产程序之中的公司或政府实体的证券，主要是指债券，但也会包括普通股或优先股。该策略偏重投资面临财务或者经营困境的公司，这些公司可能已开始出售资产并进行重组，实施债务股权置换或已申请破产保护，其证券相较于正常价位大幅折价。对冲基金经理会分析重组、出售或者清算带给证券所有者的潜在收益，评估市场对证券的定价，从而买入被市场严重低估的问题公司证券，卖空尚未被市场察觉的问题公司证券。不良证券的风险主要来自低流动性以及处理困境证券所面临的法律风险，如破产法等。

### 9. 管理期货策略

管理期货策略（managed futures strategy）试图预测未来的大宗商品价格并采取有利可图的期货头寸，多为动量跟随者，依据技术分析或者个人判断进行买卖，交易频繁但是在止盈或者止损上严格遵守操作纪律。

> **备考小贴士**
>
> 考生需要定性掌握对冲基金的交易策略。

## 第六节 共同基金与对冲基金的比较

### 一、共同基金与对冲基金的对比

> 解释（explain）共同基金与对冲基金的主要区别（★）

相较于共同基金，对冲基金具有以下特点。

第一，对冲基金的 NAV 并非每日计算，公布的频率也很低。

第二，对冲基金往往拥有自己的投资策略，且可以根据需要在不同投资策略间转换。不同于共同基金和 ETFs，对冲基金并不向市场公布其策略，只向潜在客户提供策略信息。

第三，对冲基金并没有杠杆限制，取决于银行愿意出借的资金量。共同基金则需要严格控制其杠杆率。

第四，对冲基金往往拥有投资锁定期（lock-up period），通常为1年。在锁定期内，客户不可以进行赎回。

二者的具体对比，详见表46.1。

表 46.1　　　　　　　　　共同基金与对冲基金的比较

| 比较项目 | 共同基金（Mutual Fund） | 对冲基金（Hedge Fund） |
| --- | --- | --- |
| NAV 计算 | 每日 | 长期 |
| 投资策略 | 全部披露 | 非全部披露 |
| 杠杆 | 有限使用 | 高杠杆 |
| 赎回期限 | 通常不存在投资锁定期 | 通常存在投资锁定期 |

## 二、共同基金与对冲基金业绩的特点

> 描述（describe）共同基金和对冲基金业绩的特点，并解释（explain）测量偏差对基金业绩衡量的影响（★）

### 1. 共同基金业绩的特点

根据过往的历史数据，研究发现：

平均来看，积极管理的共同基金在扣除费用后并不能击败市场，然而，在研究一只击败了市场一年或几年的共同基金能否在接下来的一年内再次击败市场的持久性测试中，人们发现只有50%的共同基金在一年内击败了市场后的第二年又击败了市场；连续两年击败市场的共同基金也只有大约50%的概率在接下来的一年中继续击败市场。由此可知，一只基金在一年内能够击败市场的概率为50%，它在四年内每年都能击败市场的概率为6.25%[$(1/2)^4 = 6.25\%$]。

这项研究导致许多投资者投资指数型基金而不是积极管理型基金，指数型基金比主动管理型基金收取的费用更低，平均而言，为投资者提供了更好的回报。

这些研究结论似乎与许多共同基金宣传的令人印象深刻的业绩相矛盾。很多时候，共同基金广告中的基金业绩可能只是基金经理管理的众多基金产品中的一种。如果一家基金公司有 16 只不同的共同基金，却只有 1 只基金能在四年内连续击败市场，那么往往只有这一只基金的业绩会被广而告之。

2. 对冲基金业绩的特点

相较于评估共同基金业绩，评估对冲基金业绩更加困难。有些机构收集不同类型对冲基金的业绩数据并提供业绩统计数据，但对冲基金在某种程度上是自愿对外公布业绩的，并非所有对冲基金都对外公布其业绩，这会导致报告提供的对冲基金的平均回报率偏高。

对冲基金的交易策略比共同基金的更复杂。在 2008 年之前，与标准普尔 500 指数相比，对冲基金的表现相当出色。然而，自 2008 年以来，对冲基金的表现一直不如标准普尔 500 指数。出现这些结果的一个可能原因是，对冲基金的大多数策略都不是为了顺应市场趋势而设计的。例如，多空对冲策略旨在减弱或消除市场波动的影响。这会导致对冲基金往往在牛市表现不佳，在熊市表现出色。

然而，令人惊讶的事实是，对冲基金在吸引投资者方面相当成功。根据全球对冲基金行业报告，2019 年年中，对冲基金管理的资产约为创纪录的 3.245 万亿美元。

> **备考小贴士**
>
> 考生需要定性掌握共同基金与对冲基金的差异。

# 第四十七章

## 中央对手方（CCPs）清算制度

**知识引导**

2007—2009年全球金融危机中，雷曼兄弟、美林，以及AIG等深度参与衍生品交易的大型金融机构发生了流动性危机甚至破产倒闭，引起全球市场的恐慌。在这次危机中，场外衍生品饱受诟病。与此同时，伦敦清算所有序处理了雷曼兄弟高达90亿美元的利率互换违约事件，经受住了残酷现实的考验。由此开始，原本只是用于场内期货交易的中央对手方（central counterparties，CCPs）清算制度已经成为全球主要资本市场共同的发展趋势。本章将从场外衍生品市场的中央对手方清算制度入手，对其进行简要介绍。

**考点聚焦**

本章主要介绍中央对手方清算制度。考生需要从7个层面对内容进行掌握：基本概念、运作、监管、标准化与非标准化交易、两种清算制度的比较、制度优缺点，以及涉及的风险。考生需要重点关注CCPs的基本概念、运作模式，以及优缺点。本章的主要考查方式为定性理解。

**本章框架图**

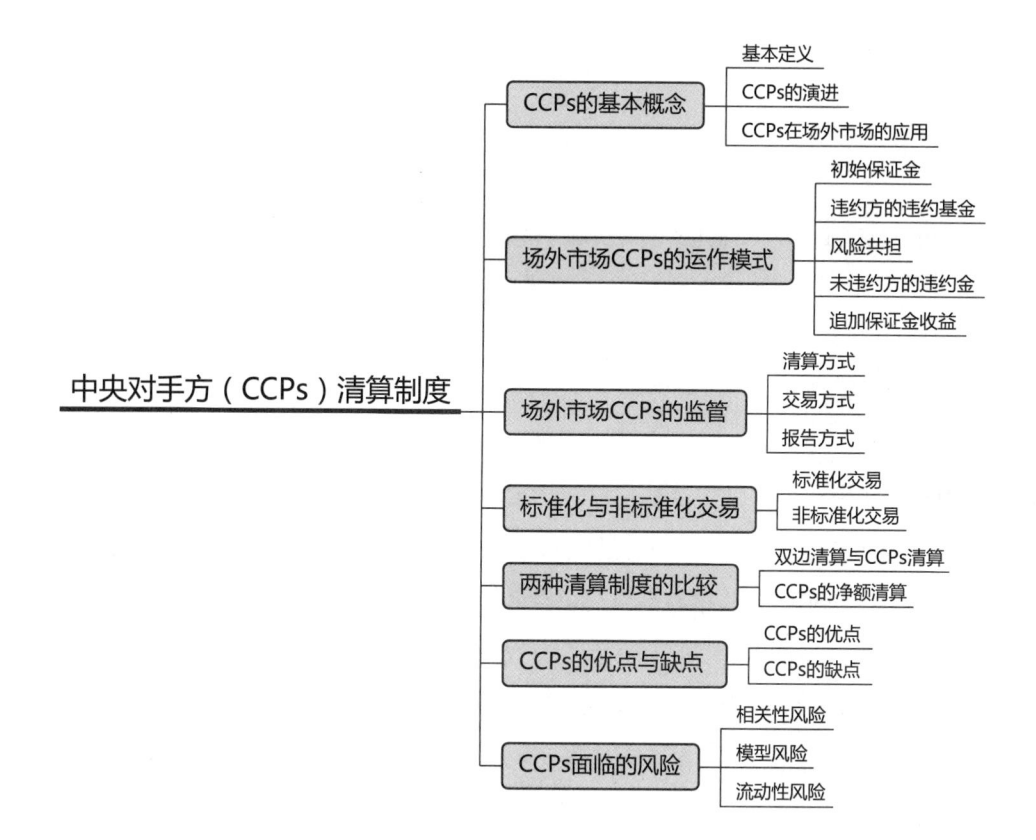

```
中央对手方（CCPs）清算制度
├── CCPs的基本概念
│   ├── 基本定义
│   ├── CCPs的演进
│   └── CCPs在场外市场的应用
├── 场外市场CCPs的运作模式
│   ├── 初始保证金
│   ├── 违约方的违约基金
│   ├── 风险共担
│   ├── 未违约方的违约金
│   └── 追加保证金收益
├── 场外市场CCPs的监管
│   ├── 清算方式
│   ├── 交易方式
│   └── 报告方式
├── 标准化与非标准化交易
│   ├── 标准化交易
│   └── 非标准化交易
├── 两种清算制度的比较
│   ├── 双边清算与CCPs清算
│   └── CCPs的净额清算
├── CCPs的优点与缺点
│   ├── CCPs的优点
│   └── CCPs的缺点
└── CCPs面临的风险
    ├── 相关性风险
    ├── 模型风险
    └── 流动性风险
```

# 第一节　CCPs 的基本概念

> 评价（assess）CCPs 对整个金融市场的作用（★★）

## 一、基本定义

中央对手方（central counterparties，CCPs），是指在证券交割过程中，以原始市场参与人的法定对手方身份介入交易结算，充当原买方的卖方和原卖方的买方，并保证交易执行的实体。其核心是合约更替和担保交收。

合约更替，是指 CCPs 介入原始买卖双方的交易合约，分别使用两张新合约替代直接合约关系，原始合约随之撤销。

担保交收，是指 CCPs 在任何情况下必须保证合约的正常进行，即便买卖中的一方不能履约，CCPs 也必须首先对守约方履行交收义务，然后再向违约方追究违约责任。

## 二、CCPs 的演进

从前面章节的衍生品交易可知，一些衍生品在交易所进行交易，而另外一些衍生品的交易则在场外。CCPs 则通过会员缴纳保证基金等方式，对交易所交易的衍生品进行有效的信用风险管理。然而，在历史上 CCPs 失灵的情况也存在。具体来讲，1974 年，在法国清算所（Caisse de Liquidation），白糖期货价格的大幅度下跌导致中央对手方需向空头方支付大量追加保证金，又称变动保证金（variation margin）。这些保证金应来源于多头方的亏损，但不幸的是，大量多头方无法追加保证金。1983 年，在吉隆坡商品结算所（Kuala Lumpur Commodity Clearing House），原油期货价格的大幅度下跌导致该 CCPs 无法支付空头的盈利，但亏损的多头方却没能追加保证金。这些事件有些共同点：都是长期限衍生品合约清算；违约前几周标的资产价格波动异常高；清算会员未能满足保证金要求引发违约。因此，当前的CCPs已经尽可能吸取历史教训，更灵活且频繁地根据市场情况来调整初始保证金的额度。另外，如果市场波动非常剧烈，初始保证金和追加保证金可能在交易日内即被要求缴纳。因此，会员通常只有1~2小时的时间来应对突然的追加保证金要求（margin call），如果无法追缴保证金，则交易所会对会员进行强制平仓。而CCPs也时刻检测各个会员的风险敞口。

## 三、CCPs在OTC市场的应用

场内外的金融工具有很大的区别。第一，场内合约一般是短期的，少则几个月多则3年到期。然而，OTC市场的合约通常期限长达10年甚至更久。第二，OTC市场比交易所市场体量要大很多。第三，场内交易的期货合约是连续交易的，而OTC市场则是间歇性的。因此，OTC市场的流动性一般偏低。第四，间歇性的交易方式使OTC市场的保证金计算比较困难，需要通过金融模型的方式确定。

OTC市场交易的3个大型CCPs分别是：

(1) SwapClear（伦敦清算银行的一部分）；

(2) ClearPort（CME集团的一部分）；

(3) ICE Clear Credit（洲际交易所的一部分）。

以上3家大型CCPs对于全球金融系统的稳定至关重要，被监管机关视为"大而不倒"（too big to fail）。这就意味着，如果发生灾难，这3家会接到紧急财政援助。同时，市场上还存在一些相对规模较小的场外CCPs，它们更多服务于以当地货币计价的金融交易。对于CCPs而言，规模效益很重要。因此，CCPs之间的兼并收购是未来的趋势。这类趋势已经在交易所发生了，CME集团就是芝加哥商业交易所与芝加哥期货交易所合并而来的。纽约-泛欧证交所（NYSE Euronext）则由纽约证交所和泛欧交易所在2007年4月合并而成，是全球最大的股票市场之一。

# 第二节　OTC 市场 CCPs 的运作模式

> 解释（explain）CCPs 的运行机制并比较（compare）保证金在场内场外的风险管理（★★）

场外 CCPs 的运作方式和交易所 CCPs 类似。会员均要求缴纳初始保证金和追加保证金，并向违约基金（default fund）缴纳资金。如不发生违约事件，所有会员每日的追加保证金之和为 0，即盈利方收到追加保证金，亏损方支付追加保证金，而 CCPs 作为所有交易者的交易对手，却不承担市场风险。然而，如果违约发生，CCPs 则需强制平仓违约会员的头寸，并承担支付盈利方收益的责任。CCPs 管理违约风险的具体运作方式，如图 47.1 所示。

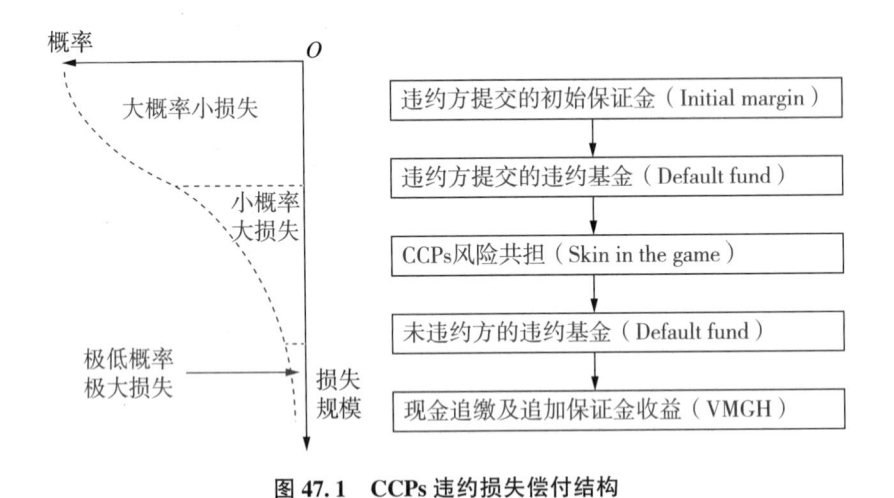

图 47.1　CCPs 违约损失偿付结构

## 一、初始保证金

清算会员违约时，CCPs 首先使用违约方提交的初始保证金来吸收损失。因此，初始保证金针对的是概率大但损失小的违约情况。而每个会员的初始保证金为多少，则需利用历史数据进行计算得出。通常来讲，CCPs 会将初始保证金设置在这样一个水平：如果强制平仓需要 5 天，那么该 CCPs 有 99% 的把握认为初始保证金可以覆盖损失。

## 二、违约方的违约基金

若初始保证金不足，CCPs 还可使用违约方提交的违约基金进行风险补偿。与此同时，交易所会邀请其他会员帮助违约方完成平仓。这种会员之间的合作对整个市场的稳定是意义重大的。如果 CCPs 可以很快地找到违约方的交易对手，那么其他未违约方的违约基金就很安全。

## 三、风险共担

CCPs 的风险共担（skin in the game，SITG）是指在管理自身及其清算会员行为时，SITG 鼓励 CCPs 秉持健康稳定的风险管理原则。具体来看，SITG 可分为两级概念：一是初级含义，鼓励 CCPs 尝试好的保证金新制度；二是高级含义，使关于违约的各类资源相互作用，鼓励建立健康稳定的违约基金度量体系。在验证 SITG 的有效性时，可通过对 CCPs 吸收亏损的各类资源进行定量分析。

## 四、未违约方的违约基金

如果没有会员可以帮助完成交易，那么 CCPs 有权利将损失在会员之间进行分摊；利用未违约方缴纳的违约基金来弥补损失；未违约方的违约基金、违约方的违约基金和 SITG 构成了处理概率低且损失大的违约事件的三大主要手段。

## 五、追加保证金收益

SITG 耗尽后，CCPs 仍可持续经营：它们还有其他资源可吸收信贷损失。一则，CCPs 可使用所有未违约清算会员的违约基金，这正是清算会员通过共同违约基金相互保险的意义。二则，CCPs 还可诉诸各会员的承诺，如要求未违约会员提交补充融资（现金追缴）或保留其（部分）追加保证金收益（VMGH）。

概言之，CCPs 的损失吸收能力不限于其资产负债表：只要风险共担机制起作用，CCPs 就不会违约。而 CCPs 的运行成本则由每笔交易的交易费来负担。CCPs 还可以利用保证金来赚取利息。其中一部分利息付给会员，剩下的利息则归 CCPs 所有。一些 CCPs 是会员所有的，那么超额的利润则分配给会员。还有一些 CCPs 由非会员所拥有，和普通企业一样承受着盈利的压力。而 CCPs 之间的竞争会促使它们提供更优质的服务，对投资者有利。但如果竞争促使 CCPs 降低初始保证金，则金融系统中的风险会加剧。

> **备考小贴士**
>
> 考生需要定性掌握 CCPs 的运行机制。

## 第三节　OTC 市场 CCPs 的监管

解释（explain）衍生品市场 CCPs 的监管（★★）

CCPs 违约很少见，过去 50 年只有 3 个例子：1974 年法国储蓄清算银行（Caisse de Liquidation）、1983 年吉隆坡商品交易所和 1987 年香港期货保证公司的违约。这些事件共同强调，尽管 CCPs 的设计初衷是为了提高安全性，但 CCPs 也可能违约。预防和管理此种可能性是监管机构致力于设置可行的恢复和处置计划的主要动力。2007—2009 年的全球性金融危机也促使场外衍生品市场 CCPs 的使用更加广泛。其中的逻辑在于，监管者认为正是那些复杂的场外衍生品才导致了危机的爆发，系统性风险需要更有效地进行管理。2009 年 G20 达成共识，OTC 衍生品市场改革逐步推进，CCPs 自 2015 年 1 月 1 日从美国、日本推行至欧洲地区。

### 一、清算方式

从清算方式来看，G20 达成的共识是所有标准化的场外衍生品必须通过 CCPs

进行清算。主要的标准化衍生品包括利率互换和标的为指数的信用违约互换。而更加复杂的衍生产品则被归为非标准化衍生品。这项要求的目标在于使做市商彼此间的信用敞口更低，降低系统性风险。

## 二、交易方式

从交易方式来看，G20达成的共识是所有标准化的场外衍生品必须通过电子平台进行交易，提高价格透明度。即如果买卖双方通过平台进行交易，那么交易信息向所有的市场参与者公开。这类平台在美国被称为掉期执行工具（swap execution facilities，SEFs），在欧洲则被称为有组织交易工具（organized trading facilities，OTFs）。实际操作中，标准化的金融工具一旦在电子平台上交易，就会自动流转到其对应的CCPs。

## 三、报告方式

从报告方式来看，G20达成的共识是所有OTC市场的交易需统一进行报告，这会令监管者更好地了解市场参与者所面临的各类风险和必要信息。值得注意的是，交易和清算的监管只针对金融机构，或者金融机构与系统重要型非金融机构之间。

# 第四节　标准化与非标准化交易

## 一、标准化交易

标准化交易是CCPs可以负责清算的交易。对于CCPs可以清算的交易，该交易的产品需具备以下特征。

第一，金融产品的法律和经济条款是标准化的。

第二，该金融产品有统一可接受的估值模型，因为CCPs需要至少每天计算追加保证金。

第三，该金融产品交易活跃。如果该产品交易不活跃，则很难进行平仓。一旦会员无法补充保证金，则会使其他投资者和 CCPs 面临信用风险。与此同时，交易不活跃则意味着估值困难，且 CCPs 没有动力发展相应的清算系统。

第四，该金融产品的价格拥有足够的历史数据，以便进行初始保证金的计量。

## 二、非标准化交易

对于不满足标准化产品要求的衍生品，通常需要进行双边清算，而不通过 CCPs 进行。监管者已经发现，一些衍生品的做市商为了逃避监管，在其标准化的衍生品内部嵌入其他复杂的结构，使该产品变得不那么标准。2011 年，G20 达成一致，对于这类非标准化的衍生品交易，金融机构也需要缴纳初始保证金和追加保证金。交易双方缴纳的初始保证金统一由第三方以信托的方式管理，其金额应该能够覆盖在市场紧张情况下该合约在 10 天、99% 置信度下的最大的价值损失。这是因为监管者意识到，如果一方违约，交易对手需要 10 天来平掉头寸。而追加保证金则是由一方直接支付给另一方。

# 第五节 两种清算制度的比较

## 一、双边清算与 CCPs 清算

> 比较（compare）双边清算与 CCPs 清算（★★）

随着场外衍生品的新监管不断实施，通过 CCPs 进行清算的场外衍生品的体量也与日俱增。根据国际清算银行（Bank for International Settlements，BIS）统计，截至 2018 年，76% 的利率衍生品和 54% 的信用违约互换是通过 CCPs 进行清算的，而其余则通过双边清算方式进行。

双边清算（cleared bilaterally）的方式，如图 47.2 所示，A、B、C、D、E 和 F

这六方彼此之间都签订了主合约。该主合约适用于所有六方之间的合约，并且对轧差净额结算、抵押品，以及违约处理等进行了统一规定。主合约的标准文件由国际掉期交易协会（International Swaps and Derivatives Association）统一提供。

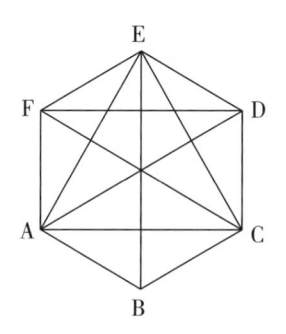

图 47.2　双边清算

标准化场外衍生品采用 CCPs 清算方式，如图 47.3 所示，六个交易方都与位于中央的 CCP 进行交易。但在实务中，CCPs 不止一家。实际情况是，众多的 CCPs 同时存在，因此交易者可能在多个不同的 CCPs 进行清算。而对于一些小型金融机构和非金融公司，它们不是 CCPs 的会员，其与会员的交易则需采用双边清算。同时，这些非会员也需要缴纳初始和变动保证金。与期货不同，场外衍生品交易并非每日结算，而是在合约到期时一次性结算。为了管理信用风险，CCPs 每日都会对合约进行估值，以保证亏损方及时补充保证金。

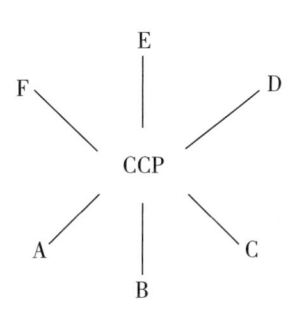

图 47.3　CCP 清算

对于 CCPs 清算的衍生品，初始保证金的利息由 CCPs 支付给会员。而追加保证金的利息则由对手方支付。假设 A 支付给 B 一笔追加保证金，则 B 需要以收到的追加保证金为基础支付给 A 利息，CCPs 在其中扮演中介的角色。

## 二、CCPs 的净额清算

> 解释（explain）CCPs 的净额清算（★★）

CCPs 促成了净额清算的增长。如果 3 个市场参与者进行双边清算，其清算过程如图 47.4 中左图所示。如果引入 CCPs，则三方均与中央对手方进行交易，CCPs 将每一个交易对手的交易进行轧差之后，变为图 47.4 右图。

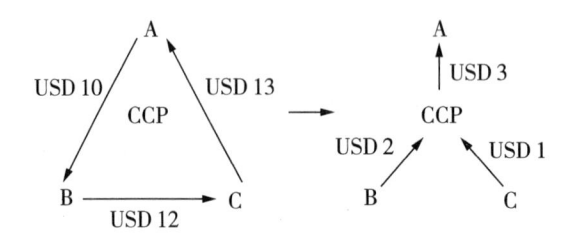

图 47.4 净额清算示意图

值得留心的是，由于市场上存在很多 CCPs，虽然一个 CCP 可以利用净额清算的方式降低信用风险敞口，但不同的 CCPs 之间是无法进行净额清算的。与此同时，非标准化的金融产品也无法通过 CCPs 进行清算。

> **备考小贴士**
>
> 考生需要定性掌握各种清算方式。

## 第六节　CCPs 的优点与缺点

### 一、CCPs 的优点

> 描述（describe）CCPs 的优点（★★）

**1. 快速平仓**

在双边清算制度下，某投资者想要平仓，则需要联系原交易对手并进行协商。如果原交易对手无法提供合理的平仓条款，那么该投资者需要与第三方签订一个方向合约。这就导致了信用风险的增加，因为第三方和原交易对手都有违约的可能。在 CCPs 制度下，交易对手都是中央对手方，原合约和反向合约的信用风险被消除。如果这两份合约分别与不同的 CCPs 签订，则投资者需要分别缴纳保证金。

**2. 风险共担**

在双边清算制度下，如果某投资者违约，则违约风险全部由交易对手承担。如果通过 CCPs 进行清算，则违约风险由所有会员承担。这样一来，将一个违约事件的损失分配给众多的市场参与者，降低了系统性风险。

**3. 多功能整合**

CCPs 集合了管理保证金、净额清算、结算，以及违约损失处理等功能于一身。相比双边清算模式下的单一市场参与者，CCPs 的监管更严格，其系统也更强，可以对市场进行更有效的管理。

**4. 提高流动性**

CCPs 可以提高 OTC 市场的流动性，原因就在于该模式为投资者提供了更方便的退出渠道。与此同时，CCPs 还大力促进标准化金融产品的发展，这也将提高市场的流动性。

## 二、CCPs 的缺点

描述（describe）CCPs 的缺点（★★）

### 1. 道德风险与逆向选择

CCPs 会催生道德风险，即当风险由 CCPs 进行管理之后，市场参与者就无需担心对手方违约，便丧失管理自身交易中的风险的动力了。因此形成的风险管理缺失反而会造成整个市场的风险加剧。

CCPs 会导致逆向选择，即当某做市商面临如何对一笔交易进行清算时，既可以选择双边清算，也可以选择 CCPs。如果他认为交易对手的信用风险高，则会说服对手通过 CCP 进行清算。如果交易对手信用状况良好，则做市商会采用双边清算。结果则是，风险都集中到了 CCPs。

### 2. 加剧顺周期性

CCPs 会加剧恶性经济事件的严重性，造成雪上加霜。当市场大幅震荡或处于经济危机中时，许多金融机构都会面临流动性不足的问题。与此同时，CCPs 则会要求增加初始保证金和违约基金的缴纳，逼迫原本陷入困境的机构不得不加速变卖资产，最终导致机构流动性枯竭。

### 3. 信用风险评估不易

CCPs 制度使会员很难评估自身正在承担的信用风险。注意，如果某会员违约，其他未违约的会员也会面临损失，即风险共担的问题。然而，一个 CCPs 会员能够管理好自己的交易，控制好自己的风险，但它无法确定其他交易者的财务状况。

> **备考小贴士**
> 考生需要定性掌握 CCPs 的优缺点。

## 第七节　CCPs 面临的风险

相比银行，CCPs 的组织架构比较简单，相对容易管理。CCPs 的主要功能包括严格的会员准入标准、交易估值、保证金及违约基金确定，以及清算结算等。

### 一、相关性风险

> 识别（identify）并解释（explain）CCPs 面临的相关性风险（★★）

CCPs 面临的一个主要问题是各个会员之间的正相关性带来的相关性风险（correlation risk）。如果在经济危机中，一个会员违约，那么其他会员也很可能违约。因此，监管者要求 CCPs 进行多个会员同时违约的情景分析，并且要求 CCPs 进行压力测试。与此同时，CCPs 对于所有会员一视同仁。然而，会员们的信用质量其实并不相同。在某会员违约时，CCPs 可能会采用强迫其他会员共担损失的方法，这会造成其他会员的损失甚至违约。一旦发生这种情况，会员可能会希望退出 CCPs，进一步影响 CCPs 的声誉。

### 二、模型风险

> 识别（identify）并解释（explain）CCPs 面临的模型风险（★★）

场外衍生品交易期限更长、个性化、价格透明度低，且交易不频繁。因此，场外 CCPs 更依赖估值模型来计算每个会员的初始保证金和追加保证金。如果模型计算有误，则会造成 CCPs 的运作问题，带来模型风险（model risk）。

## 三、流动性风险

> 识别（identify）并解释（explain）CCPs面临的流动性风险（★★）

CCPs也会面临流动性风险（liquidity risk）。大型CCPs持有巨额的初始保证金可供投资。然而，如果投资于流动性高的资产，如美国短期国债，则回报偏低。与此同时，CCPs需要保证其投资资产可以很快变现，用于应对会员的违约事件。这些投资资产不仅要在经济健康时流动性佳，在市场恶劣的时候更要保持流动性，因为违约往往与危机相伴而来。

除了以上风险以外，CCPs还面临着欺诈、电脑系统瘫痪、诉讼，以及保证金投资损失等一系列风险。

**备考小贴士**

考生需要定性掌握CCPs面临的各类风险。